제2판

교육사회학

이 위 환

창지사

머 리 말

이 책은 교육을 사회학적인 측면에서 다루었다. 교육은 학교 안에서 이루어지고, 그 학교는 지역사회에 포함되며, 또 그 지역사회는 전체사회와 연관을 맺고 있다. 그러므로 교육을 하기 위해서는 학교와 지역사회, 혹은 전체 사회와의 관계에 대한 이해가 전제되어야 한다.

우리나라의 대학에서 '교육사회학'이라는 과목명으로 강의된 지 50년이 다 되어 간다. 그전까지는 '학교와 지역사회'라는 과목명으로 강의되었으나 요즘은 좀 더 포괄적인 의미로 '교육사회학'이라는 과목명으로 개설되며, 주로 중등학교 교사가 되기 위해 교직을 이수하는 대학생, 또는 보육교사가 될 대학생이 이수하는 과목이다.

교사가 되기 위해서는 각각의 세부적인 전공에 대한 학습도 중요하지만 그것보다 더욱더 중요한 것은 교육을 전체 사회적, 거시적인 입장에서 바라볼 수 있어야 할 것이다. 그렇지 않으면 기능만 전달하는 교사, 지식만 전달하는 교사에 지나지 않을 것이다.

그러한 점에서 이 책은 기존에 교육사회학에서 다루어 왔던 사회화, 사회계층, 사회변동, 가정, 문화, 교육의 기회균등 외에도 요즘 우리 사회에서 관심의 대상이 되고 있는 평생교육과 다문화 교육으로 구성되었다.

2025년 2월

이위환

차 례

제 10 장 사회계층과 교육 ·· 185

제 11 장 사회변동과 교육 ·· 209

제 12 장 다문화 사회와 교육 ·· 225

제 13 장 평생교육 ·· 233

제1장

교육의 개념

인간은 교육(education)을 필요로 하는 동시에 교육이 가능한 유일한 존재이다. 인간 이외에 다른 동물은 교육이 불가능하다. 그들에게는 단순한 훈련이 가능할 뿐이다. 왜냐하면 동물은 교육받을 능력이 없기 때문이다(권이종, 2000).

인간에게 교육이 필요한 이유는 교육이 무엇인가를 정의해 봄으로써 밝혀질 수 있을 것이다. 본 장에서는 교육이 무엇인가, 교육의 대상인 인간이 무엇인가에 대하여 논의하고자 한다.

1. 교육의 정의

교육이란 말은 우리가 사용하는 말 가운데서 가장 많이 쓰이고 있는 용어 중의 하나일 것이다. 또한, 교육이라는 행위를, 사람이 사람을 가르쳐 키우는 일이라고 잠정적으로 본다면, 교육은 인간이 지구상에 존재할 때부터 있었다고 할 수 있다. 많은 문헌 가운데는 교육학(pedagogy) 및 교육의 개념적인 의의에 대하여 여러 가지로 해석을 하고 있으나, 여러 가지 이론을 무분별하게 사용하는 것을 흔히 볼 수 있다. 그러나 교육학과 교육 사이에는 그들의 용어가 표시하고 있는 것과 같이 엄연히 구별되므로 교육학 및 교육에 대하여 밝혀 둘 필요가 있다.

교육학(pedagogics, pedagogy, philosophy of education)이라는 용어를 살펴보면, 어원이 되는 'paidagogos'는 아동을 학교로 인도하는 임무를 말하는 것으로써, 교육학을 그 어원에서 생각한다면 '아동을 인도'하는 학문이라고 생각할 수 있으나, 오늘날 사용되는 학술용어로서는 깊고 넓은 뜻을 가지고 있다. 따라서 일반적인 정의를 보면 "교육에 관한 사실을 연구의 대상으로 하고, 그의 원리와 방법을 강구하는 과학"이라고 정의할 수 있다(이규환, 1978).

교육학은 교육에 관한 학문이므로, 교육학에 관한 견해는 스스로 교육에 관한 견해에 의존하고 있다. 따라서 교육학의 목적은 올바른 교육을 실현하기 위한 이론을 연구하는 데 있다. 교육학은 그와 같은 실천성을 가지고 있으며, 또한 다른 기초과학과 보조과학에 의해서 처음으로 성립하는 응용과학이라고 생각하는 학자가 있다.

그 대표적인 학자가 헤르바르트(F. Herbart, 1776~1841)이다. 그러나 오늘날 교육학은 하나의 독립과학이라고 주장하는 학자들이 많이 배출되었다. 오늘날 교육학의 자율성에 대해서 의심하는 사람은 아무도 없을 것이다.

교육학은 자율성을 가지고 하나의 독립과학으로 성립하는데, 이것이 성립되기 위해서는

① 독립의 연구 영역이 있어야 하고,
② 독자의 연구 목적이 있어야 하며,
③ 독자의 연구 방법이 있어야 한다.

그러므로 교육학에 교육이라는 독자적인 연구 영역이 있고, 이것은 다른 어떠한 과학에 있어서도 볼 수 없는 특징이라고 하겠다.

교육이란 무엇인가?를 간략하게 요약하여 "교육은 피교육자의 성장발달을 조성하고 보도하며, 일정한 방향으로 인도하는 작용이다."라고 생각할 때, 교육은 가르치고 기르고 또는 조성시키는 것을 의미한다. 교육이란, 단순히 사람이 사람에게 영향을 미치는 것이 아니라, 영향을 미치게 하는 사람(교육자)과 영향을 받는 사람(피교육자)으로 한정될 때 그 양자 간에 교육이란 작용이 성립되는 것이다.

'교육', '교육한다' 혹은 '교육을 받는다'라는 것은 무엇을 의미할까? 이와 같은 문제에 답함으로써 우리는 교육 활동에 참여하고 있는 사람들이 무엇을 어떻게 해야 하는지에 관한 실마리를 찾을 수 있다. '교육'의 의미를 탐구하기 위한 출발점으로서 피터스(R. S. Peters)의 견해를 살펴보자.

피터스(R. S. Peters)는 그의 저서 『윤리학과 교육(*Ethics and Education*)』에서 교육이란 말은 '규범적 의미'를 지니고 있다고 주장했다. 교육이란, 바람직한 것을 도덕적으로 인정할 수 있는 방법을 통해 의도적으로 전달하는 것을 의미한다. 피터스(R. S. Peters)의 표현에 따르면 "무엇인가 바람직한 것이 성취되어야 한다

는 기준"을 말한다. 따라서 교육이란 바람직한 것을 전달하는 것이다.

이와 관련지어 '교육한다'라는 말이 있다. 학생에게 공해, 선거, 도덕, 축구, 글씨 등 그 외 수많은 일에 관해서 항상 교육을 해야 한다는 말을 쓰고 듣는다. 이 경우에 교육한다는 말의 명확한 의미는 어떠한 지식을 가르쳐야 하며, 그 지식은 이해되어야 하고 이를 통해서 그 사람의 행동은 변화되어야 한다는 것이다. 이렇게 볼 때 교육받은 인간이란 지식이나 이해의 개념과 관련지어 전체적으로 변화된 사람이라고 볼 수 있다.

우리가 살고 있는 우주질서에 대한 견해에 따라 또는 인간과 사회를 어떻게 보느냐에 따라 교육관이 달라질 수 있다. 교육적 가치체제에 개인적 필요, 사회적 필요를 포함하며 이들은 세계관, 인간관, 사회관에 따라 달리 해석되는 것이다. 그러므로 시대와 그 교육적 가치와 교육사상에 따라서 각기 여러 가지로 교육의 정의를 내릴 수 있다.

칸트(I. Kant, 1724~1804)는 도덕적 · 인격적인 견지에서 "소박하고 미숙한 사람을 도덕적 · 인격적으로 인간답게 형성하는 작용이다."라고 정의하였다. 이것은 인간다운 인간은 교육을 통해서만 이루어질 수 있다는 의미이다. 또한, 그는 인간다운 인간을 도덕적이고 인격적인 사람으로 보고, 교육의 목표에서 도덕적이며 인격적인 면을 중시하였는데, 이는 고매한 성인으로 변화시키는 데 필요한 교육의 본질이라고 보았다.

또한 인간은 이성적인 존재이므로 사물의 올바른 지식이나 학문을 가르치고 배우면서 지성이 발달하여 이성(logos)이 계발되고 이를 행하게 되어 덕행을 하게 된다고 하였다.

루소(J. J. Rousseau, 1721~1778)나 케이(Ellen Key, 1849~1916)는 개인성, 자연성의 견지에서 "교육은 인간의 자연적 발달을 위한 모든 조성 활동이다."라고 교육을 정의하였다. 즉, "교육이 자연의 법칙에 따라 개체의 발달을 기술적, 지성적으로 조성하려는 인류 고유의 사업이라면, 미성숙한 자연인을 독립적인 생활인으로 성숙할 수 있도록 성숙자가 미성숙자를 육성하는 모든 작용이다."라고 정의하였다. 그는 인간의 자연성은 신의 섭리에 의해 이루어졌기 때문에 완전하고 선한 것이라고 하였다. 이 자연성이 자발자전(自發自展)할 수 있도록 교사가 조성하는 것이 교육의 본질이라고 규정했다.

어린이의 자연성을 실현하는 환경적 조성을 참다운 교육으로 보았으며, 어린이의 요구를 충족시켜 주어 스스로 지성이나 인격을 갖추게 하는 정의감정에 중점을 두었다. 오늘날 정의 교육의 강조와 아동 중심 교육을 강조하는 것은 루소(J. J. Rousseau)의 정의 교육이라고 할 수 있다.

페스탈로치(J. H Pestalozzi, 1746~1827), 나토르프(P. Natorp, 1854~1924), 크리크(E. Krieck, 1882~1947) 등은 사회적 견지에서 교육에 대해 정의하기를 "교육은 사회개선의 교육적인 수단이다."라고 하였으며, 또한 교육은 생활의 근본 기능이며 인간 생활과 인류 역사 발전에 큰 영향을 주는 것이라고 하였다.

특히 페스탈로치 3H(Head, Heart, Hand)의 조화를 주장하면서 인간을 자연적 상태(무율 동물인), 사회적 상태(타율 사회인), 도덕적 상태(자율 도덕인)로 구분하여 교육은 자연적 상태에서 사회적 상태로, 더 나아가서는 도덕적 상태로 높이는 작용이라고 하였다. 즉, 교육은 사람을 사회의 요구에 알맞도록 조화 있게 계발시켜 사회개선에 보람 있는 인간으로 변화시키는 작용이라고 보았다. 이러한 사회화(socialization)는 실제 사회과정에 참여함으로써 이루어지는 것으로 그 사회작용은 사람에 의해서 이루어져야 한다고 하였다. 이것이 바로 교육을 사회개선의 수단이라고 정의한 것이다.

슈프랑거(E. Spranger, 1882~1963)는 문화적인 견지에서 교육을 정의하기를 "교육은 성숙한 사람이 미성숙한 사람을 자연의 상태에서 이상의 상태로 끌어올리기 위해 문화재를 통하여 유의적, 구체적, 연속적으로 주는 문화적 작용이다."라고 하였다. 문화의 전달은 가치의 전달이라는 관점에서 교육은 인간의 가치추구 또는 가치의 실현이라고 하였다. 또 '가르친다'라는 의미를 '문화유산을 전달한다'는 의미로 해석하였다. 따라서 교육의 본질을 문화의 전달 · 전승으로 본 것이다.

마리탱(J. Maritain, 1822~1973)과 윌만(O. Willmann, 1839~1920)은 종교적 견지에서 "교육은 신의 의사를 실현시키는 과정이다."라고 정의하였다. 또한 "개개인의 교육은 소질을 지니고 어떤 환경에 태어났음은 신에 의해서 주어진 것이며 교육은 이러한 신의 모상(模相)으로서 인간 영혼 완성에 참여하고 공헌해야 한다."라고 하였다.

특히, 마리탱은 교육이란

① 인간을 형성 내지 완전하게 지향하게 하는 과정이며,

② 성인들이 의식적으로 젊은 청년들을 계발하는 것이며,

③ 가장 좁은 의미의 교육으로서 제반 학교 및 대학 같은 곳에서 취급되는 특수한 직분을 의미한다고 하였다.

코메니우스(J. A. Comenius, 1592~1670)는 인간이 신과 일체가 되어 영원한 행복을 누리도록 하는 것이 교육이라고 하면서, 인간은 지식과 도덕, 경건심을 가지고 태어났기 때문에 이것을 계발시킴으로써 신과 일체가 될 수 있다고 하였다. 또한, 교육은 지식을 수여하고 덕성을 함양하며 신앙을 갖도록 하는 것이라고 보았다.

듀이(J. Dewey, 1859~1952)는 생활경험의 견지에서 "교육이란 생활이며, 성장이고, 사회화 과정이며, 축적된 경험의 재구성"이라고 정의하였다. 또한 "교육이란 생물이 살아 있는 동안 계속되는 자연적 경험이며 사람의 생활 과정에서 자연적으로 성립되는 것이므로 교육은 곧 생활이다."라고 하였다. 그러므로 교육은 모든 사람이 하급자인 동시에 교육자이고 모든 장소가 교육의 장이 될 수 있다는 것이다. 이처럼 교육은 일생을 통해서 부모나 형제는 물론이요, 주위에 있는 모든 사람까지도 교육적 관계를 가지고 있다.

그러므로 "교육은 끝없는 경험 개조와 과정이며 경험을 사회적, 실용적으로 넓히고 깊게 하는 것이다."라고 하였으며, 또한 "교육은 생활의 사회적 연속을 위

한 수단이다."라고 정의하였다.

이상과 같이 교육에 관한 개념규정을 여러 학자가 각기 다르게 규정하고 있으나, 교육은 인간을 대상으로 하는 인간 형성과정인 동시에 작용이라는 공통적인 견해로 집약할 수 있다. 교육은 미성숙자의 성장발달을 조성하며 가치 있는 방향으로 인도하고 변화시키는 작용이다. 그러므로 교육이란 인간의 행동을 의도적이고 계획적이며 형식적으로 변화시키는 과정인 것이다.

인간행동의 변화란 인간의 특성을 개조하고 육성하는 것으로서, 지식과 사고와 태도, 가치관 등을 바람직한 방향으로 변화시켜 인간을 형성해 나가는 작업을 말한다. 교육에서는 인간의 행동이 자연적으로 변화하기를 기대하는 것이 아니라, 일정한 계획에 따라 의도적으로 인간행동을 변화시키는 과정이라 할 수 있다. 이러한 계획적인 인간행동의 변화는 목적의식과 체계적인 활동을 전제로 하는 것이며, 이것이 곧 교육인 것이다. 교육은 자연적 인간을 이상적 인간으로 육성하는 동시에 그 사회 · 문화적인 유산을 계승 · 발전시켜서 사회의 존속과 발전을 위해 사용하는 사회개혁의 수단이라고 할 수 있다.

2. 교육의 가능성

인간은 무한한 가능성을 갖고 태어났다. 학자에 따라서는 잠재적 능력이라고도 하고 가소성 또는 도야성이라고도 표현한다. 이러한 능력은 후천적 조건에 의하여 영향을 받는다.

성장 가능성을 분류해 보면 신체적 성장 가능성, 지적 가능성, 정서적 가능성, 사회적 가능성, 도덕적 가능성을 들 수 있다.

신체적 가능성은 영양 섭취에 따라 상당한 차이가 나타나며, 체력 단련에 따라서도 많은 차이를 보인다. 지적인 가능성은 유전설에도 불구하고 양육과정을 통해 후천적으로 극대화할 수 있음을 경험하게 된다. 정서적 가능성은 안정을 추구할 수 있는 능력을 말한다. 사회적 가능성은 인간이 어릴 때부터 타인과 관계를 맺으려는 능력을 말한다. 도덕적 가능성은 인간은 동물과 달리 도덕적 식별력을 갖고 있음을 말한다. 이러한 성장 가능성은 가능성으로 끝나는 것이 아니라 적극적으로 성장하려는 자체 추진력이 있다. 그것을 성장력이라고 말한다.

즉, 인간은 먹으려 하고 운동을 하려는 욕구를 갖고 있으며, 어릴 때부터 알고자 하는 충동이 매우 강해 주위 사람들에게 많은 질문을 하게 되고, 정서적 안정을 위해 여러 가지 행동 기제 즉, 동일시, 합리화, 보상, 대치, 공격, 도피 작용 등을 행사하게 된다. 사회적으로 집단에 소속하려는 욕구가 강하며 도덕적으로 착한 일을 하여 타인으로부터 인정받고 싶어 한다(이현청, 1994). 인간에게 이러한 잠재적 능력 또는 가소성이 있기에 교육이 가능한 것이다.

우리는 여기서 인간의 무서운 가능성과 잠재능력을 발견할 수 있다. 인간의 잠재 가능성에 대한 신념이 강할수록 교육 · 교육자의 교육력은 강하고 박력 있는 교육 활동 방향으로 전개될 것이다.

오스트리아의 퀸즐랜드주에 있는 브리즈번 재활원 학교에서는 약 50여 명의 소아마비 아동들을 모아 놓고 특수교육을 하고 있었는데, 놀라운 사실을 볼 수 있었다. 그중 태어날 때부터 팔다리 없이 얼굴과 몸만 있는 소년이 있었다. 자동 휠체어에 실려 이리저리 밀려다니는 그 소년의 모습이 불쌍해 보였다. 몸뚱이를 싣고 이리저리 움직이고 있을 뿐 보기에 너무 비참한 모습이었다. 그런데 놀라운 것은 당시 17세인 그 소년이 '타자'를 치는 것이었다. 머리에 강철 띠를 두르고 앞이마에 20cm가량의 뾰족한 침을 달고서 그것으로 타자기의 키를 누르는 것이었다. 더욱 놀라운 것은 그가 1급 타자 기능사 자격증을 가지고 있다는 사실이다.

3. 교육의 성립

교육의 요소(elements of education)란 의도적인 교육 활동이 이루어지기 위하여 필요한 요건을 말한다. 일반적으로 인적 요소와 물적 요소로 구분할 수 있으며, 교육의 3요소라고 하면 교육의 주체인 교사와 객체인 학생 그리고 매개체인 교재를 말한다.

교육이란 실천적인 작업이므로 실천의 주체와 대상이 있게 마련이다. 실천의 주체를 '교육의 주체(the subject of education)'라 하고, 실천의 대상을 '교육의 객체(the object of education)'라 한다. 그리고 교육의 주체와 객체의 매개체로서의 교육내용을 '교육의 재료(educational materials)' 또는 '도야재(bildungs gutter)'라고 한다. 교육은 이러한 3요소가 상호작용하는 가운데서 성립된다.

루소(J. J Rousseau)는 교육의 3요소로서 자연, 인간, 사물을 제시했다. 자연은 아동의 내재적 인간성 즉, 그의 소질과 성장의 힘을 말한 것이고, 인간과 사물은 이에 영향을 미치는 외적 환경을 의미하는 것이다. 그러므로 교육 요소 중에는 환경의 영향을 중요시하고 있다.

환경을 중요시한 대표적인 현대의 교육학자로는 듀이(J. Dewey)가 있다. 그는 "다만 학습자의 주위에 있는 것이 그대로 환경이 되는 것이 아니라 그것이 학습자의 행동과 접촉되고, 상호작용을 할 때 비로소 진정한 환경이 되는 것"이라고 하였다. 그러므로 교육 활동의 최소한의 요건은 본질에서 교사와 학생과 교재 등의 3요소가 상호작용할 때 비로소 성립된다.

1) 교사

교사는 교육의 주체로서 학생의 학습활동을 계획하고 지도하는 역할을 하는 사람이다. 교사의 최대 기능은 비록 그 형태가 어떻든 교수의 기능이다. 그러므로 교사는 가르쳐야 할 내용에 대한 정확한 이해와 학습자에 대한 올바른 이해가 선행되어야 하며 유효한 교수 방법을 체득하고 있어야 한다. 또한, 교사는 미성숙한 학습자의 올바른 인도자요, 안내자요, 학습자의 잠재력을 최대한 키워주고 도와주는 조성자 및 조언자로서 책임과 기능을 가지고 있다.

학습의 주체는 학생이라고 할 수 있으나 교육의 주체는 분명히 교사가 되어야 한다. 주체로서의 교사는 적어도 다음과 같은 몇 가지 자질을 갖추어야 한다고 길버트 하이트(Gilbert Highet)는 말하고 있다. ① 담당 교과에 대한 깊은 이해, ② 전공에 계속해서 정열을 쏟는 것, ③ 학생을 좋아하는 것, ④ 학생의 성장발달에 대하여 과학적으로 깊이 이해하는 것, ⑤ 기타의 자질로서 유머감 등이 있다. 또한, 교육의 주체자로서의 교육자는 ① 인간의 탐구자이어야 하며, ② 역사와 사회의 연구자이어야 하며, ③ 진리의 추구자이어야 하며, ④ 사랑의 자각자이어야 하며, ⑤ 교육의 전문가이어야 하며, ⑥ 진정한 예술가이어야 하며, ⑦ 철저한 실천가이어야 한다.

2) 학생

학생은 교육 활동의 핵심적인 작용의 대상자이자 학습 활동에서는 주체자이다. 학생 없이 학습 활동을 한다는 것은 불가능하다. 교사의 교수 없이도 학습은 일어날 수 있으나 학생 없이 학습은 있을 수 없으므로 학습의 주체는 학생인 것이다.

그러므로 학생은 교육의 객체이며 대상자인 동시에 단순히 수동적 위치에 있는 것이 아니라, 스스로 타고난 천부의 가능성과 잠재력을 능동적으로 실현해 가는 학습의 적극적인 주체자이기도 하다. 학생은 내면에 스스로 알려고 하는 욕망과 성장하려는 적극적인 힘을 가지고 있다. 그러나 목적을 자각하고 목표를 향해서 나아가는 데 필요한 지식을 습득하거나 이를 해결하기에는 아직 미숙하다. 그러나 이 미숙은 성장의 기초조건이며, 적극적인 힘, 즉 성장하려는 힘을 의미한다. 따라서 교육적 환경의 조성자로서 교사의 역할이 중요한 것이다.

교육 활동에서 학생에 대한 다음과 같은 두 가지 특징이 존중되어야 한다.

첫째, 인간으로서 모든 학습자는 전인적 인간으로서의 공통점이 존중되어야 한다. 전인적 인간이란 지 · 정 · 의가 완전하게 조화된 원만한 인간을 말한다(장원동 외, 2005). 인간을 구성하고 있는 요소들이 아무리 많고 인간의 다른 점이 아무리 많이 존재한다고 해도 인간은 누구나 인간이라고 불릴 수 있는 공통점이 있으며 교육에서는 이 점이 강조되어야 한다.

둘째, 개인차를 인정하는 것이다. 개인차에는 학습자 개개인 사이에 존재하는 능력, 성격, 환경 등의 개인 간의 차이가 있을 수 있으며, 동일 개체 내에서도 다양한 영역에서 능력의 차가 있을 수 있다. 특히 후자의 관점에서 볼 때, 어떤 학생이 음악적인 것에는 소질과 능력이 있어도 그림은 잘 그리지 못할 수도 있다.

교육이 궁극적으로 목적하는 바는 학생의 행동 변화이며 학생의 장래의 행복을 추구하는 일과 관계가 있는 일이라면, 교육은 학생이 가진 제각기 다른 소질들을 발견하고 발전시켜 나가는 일을 돕는 데 최선을 다해야 할 것이다.

3) 교재

교육은 교사와 학생만으로 성립될 수 없다. 교사와 학생을 연결해 주는 매개물이 존재하는데 우리는 그것을 교육의 내용이라고 부르고 있다. 교육 내용이란 가치 있다고 인정되는 인류의 문화유산과 생활경험 즉, 교재인 것이다. 교육은 교사와 학생, 그리고 그 사이를 연결해 주는 교재와의 역동적인 상호작용 가운데서 성립되는 것이다.

교재인 교육 내용은 교육 과정(curriculum)의 문제이다. 학생에게 어떤 내용의 교재를 사용했는가에 따라 각기 다른 사람을 만들 수 있다고 생각해 볼 때, 교육 내용을 누가 어떠한 절차를 거쳐서 어떻게 선택하고 결정해서 배열하는가 하는 것은 매우 중요한 일이다.

교육 내용이 가치 있는 것이어야 한다는 데는 누구나 동의할 수 있지만, 누구에게 가치 있어야 하는가? 성인에게 가치 있어야 하는가? 학생에게 가치 있어야 하는가? 보편적으로 누구에게나 가치 있는 것이란 무엇인가? 등의 문제를 분명히 해야 할 것이다. 그러므로 교육과정을 수립하고 계획하는 사람들은 진리와 증거를 기반으로 해야 함을 강조해야 한다. 인간이 발견하고 이룩해 놓은 많은 양의 지식, 축적해 놓은 문화재, 도야재 가운데서 어느 것이 더 가치 있고 유용한 것인가? 또한, 그것을 어떻게 배열하고 조직해야 학습자가 더욱 효과적으로 이해하고 성장발달의 극대화를 가져올 수 있을까? 등의 문제가 교육에서 신중히 고려되어야 할 것이다.

교육을 경험의 재구성이라고 부르는 듀이(J. Dewey)는 환경 및 경험 전부가 교육의 내용이 된다고 하였다. 그러므로 교육 활동이 이루어지는 장소인 교육의 장은 교육적 환경, 교육적 경험이 되어야 한다. 교육의 장은 물리적인 장소와 시설을 말할 수도 있지만, 그보다 교사와 학생, 학생들 상호 간의 인간관계, 분위기 및 풍토와 학습자의 인격 형성과의 관계를 고려한 연구 결과는 학교의 특성과 사회적 풍토가 학생들의 지적 및 가치관 형성에 크게 영향을 미치고 있음을 교육자들은 인식해야 할 것이다.

교육의 세 구성 요소로 보아 교육이 어떠한 과정(process)을 통해 이루어지는가를 짐작할 수 있다. 즉, 교육 과정은 교육 목표를 세우고, 목표에 따라 경험 내용을 선정하고, 선정된 내용을 학생들의 발달단계에 맞게 조직하고, 일정 기간 학습 과정(teaching)을 거쳐 평가에 이르게 된다. 이 과정은 과정 간에 상호작용적, 순환적 관계를 반복하게 되는 것이다. 이에 관한 보다 상세한 설명은 교육과정에서 다루기로 한다.

4. 교육의 한계

최선의 노력만으로 어떤 사람을 목적한 대로의 인간으로 육성할 수 있는 것은 아니며, 그렇다고 전적으로 불가능한 것도 아니다. 그러나 아무리 좋은 교육을 하여도 어떤 수준 이상으로 진전되는 않는 일정한 한계가 있다(정범모, 1996). 그 한계를 결정지어 주는 것은 유전과 환경이라고 볼 수 있다. 인간은 나면서부터 선천적 유전에 의한 발달 가능성을 지니고 있으며, 이를 최대한으로 발전시키기 위해서는 그에 알맞은 후천적 교육조건 즉, 환경에 의해서 비로소 이루어질 수 있는 것이다. 따라서 인간의 성장 · 발달은 유전과 환경에 의한 상호작용 과정에서 이루어지는 것이다.

1) 유전

인간은 각기 출생할 때 부모, 선조로부터 고유의 특질 즉, 염색체에 따른 성질이라 할 수 있는 유전인자를 물려받게 되는데, 이처럼 타고난 유전인자는 장래에 어떤 사람으로 어떻게 성장할 것인가를 결정지어 주는 것이다. 그 유전력에 대해서는 여러 가지 학설이 있으나 멘델(G. J. Mendel, 1822~1884)이나 모르간(L. H. Morgan, 1818~1881) 등의 유전학자들에 의해서 생물학뿐만 아니라 교육학에도 중요한 영향을 주었다. 그들에 의하면 "생물의 특질은 생식세포에 있는 염색체의 유전형질 또는 유전인자에 의해서 선천적으로 결정되기 때문에 후천적인 환경은 유전의 형질을 변경시킬 수 없다"라고 하였다. 따라서 인간의 신체적 · 정신적 특질은 모두 유전에 의해서 영향을 받는다고 보았다. 인간의 성장과 발달 즉, 교육에 있어서 어느 정도 유전적인 영향을 받는가에 대한 실험적 연구에는 가계연구와 쌍생아 연구사가 있다. 가계연구를 한 대표적인 사람으로서 갈톤(F. Galton)을 들 수 있는데, 그는 "인간의 어떤 성향이나 정신력이 유전된다는 것이 입증되었으며, 후천적 영향은 이 유전형질을 변경할 수 없다."라는 주장을 하였다.

윈십(A. E. Winship)은 우수 가계를 연구하였는데, 프린스턴대학교의 총장을 지냈던 에드워즈(J. Edwards) 가계에서 그의 후손 140명을 조사한 결과, 대부분이 학자, 교육가, 공무원, 장관 등의 유능한 인물이 배출되었으며, 이로 인해서 미국의 서부 및 중부지방의 문화발달에 많은 공헌을 했다고 한다.

고다르드(H. H. Goddard)의 캘리캑(Kallikak)에 대한 연구도 있는데, 이 연구 대상은 열등 가계로 대부분 열등한 사람들이었다. 즉, 네덜란드에서 이주해 온 주크(M. Juke)라는 불량자의 자손은 5대에 걸쳐 2,240명이 출생하였지만, 그중에서 직업을 가지고 정상적인 사회생활을 한 사람은 겨우 20명에 지나지 않았고 나머지는 영아기에 사망했거나 장애인 또는 지적장애인, 걸인, 불량배, 범죄인이 되었다고 한다.

그리고 쌍생아의 실험에서 유전의 현상은 지능이나 신체적인 면에서 유전적 소질이 같으면, 지능과 신체적인 면도 비슷함을 알 수 있다. 지능이 어느 정도 유전되느냐 하는 것은 일란성 쌍생아와 이란성 쌍생아가 지능검사에서 성취한 정도를 비교해 본 많은 연구에서 나타났다. 뉴만(Newman), 프리만(Freeman), 홀징거(Holzinger)의 연구에서는 또한 일란성 쌍생아를 따로 떼어서 서로 다른 환경에서 자라게 하고, 이란성 쌍생아는 같은 환경 속에서 같이 자라게 한 뒤에 이들 쌍생아에게 각각 지능검사를 시행해서 얻은 I.Q 결과를 비교하여 보았다. 그 결과 다른 환경 속에서 양육된 일란성 쌍생아의 경우는 서로의 I.Q 상관은 .76으로 나타났고, 같은 환경에서 자란 이란성 쌍생아의 경우는 서로의 I.Q 상관이 .63으로 나타났다 이 사실은 역시 유전이 우리의 지적 능력을 결정짓는 중요한 요인이 되고 있음을 잘 설명해 주고 있다.

지능이란 어떤 학생을 대상으로 교수작용이나 내용의 범위를 설정하고 문제를 해결하는 데 기준이 되는 것으로, 이는 보통 지능지수로 표시한다. 지능지수의 척도는 천재와 백치가 있는데, 백치는 교육의 힘이 미치지 못하므로 교육상의 한계가 있다. 한 개인의 신체적 특징은 주로 그의 유전적 요인에 크게 의존하고 있다. 즉, 한 어린이의 피부색, 얼굴 형태, 눈의 색깔, 코와 키, 머리카락의 색과 손 · 발의 형태, 체구 등은 모두 유전인자에 의해서 결정된다. 그런데 눈의 색깔 같은 것은 비교적 단순한 유전인자에 의존하고 있으나 피부 색깔은 매우 복잡한 유전인자로 이루어진다고 보고 있다. 물론 우리 신체의 형태와 구조는 영향, 기후, 신체단련 심지어는 어떤 직업과 같이 비유전적 요인의 영향을 받고 있기는 하나 유전적인 요인이 더욱 크게 작용하고 있음이 사실이다. 예컨대, 피부색이 희고 눈동자가 회색이며 머리카락이 갈색인 북구인이 한국에 와서 살면서 교육을 받았다고 해서 한국인과 같은 신체적 특질로 바뀌는 것은 아니다. 또한, 한국인이 미국에서 교육을 받으며 성장했다고 해도 마찬가지로 한국인이 미국인의 모습으로 변하는 것도 아니다.

좋은 영양과 운동에 따라 체질과 능력은 어느 정도 개선될 수는 있겠지만 근본적으로 종족적인 유전의 결과는 변화시킬 수 없는 것이다. 그러므로 교육의 효과는 유전적인 소질과 관계없이 무한히 발휘될 수 있는 것이 아니다. 또한, 유전적 소질은 교육의 바탕이 될 뿐만 아니라 교육의 한계에도 중요한 요인이 되는 것이다. 우리가 우생학적 결혼을 주장하는 이유도 정신적 · 신체적인 특질이 부모와 선조에 따라 유전의 영향을 많이 받기 때문이다.

이러한 견지에서 인간 형성에 기본적인 영향을 주는 것은 유전이라고 할 수도 있으며, 유전은 교육의 효과를 좌우하는 데 매우 중요한 요인이 되는 것이다.

소질이란 인간의 신체적 기능 내지 정신적 기능의 잠재적 능력을 말한다. 이 잠재적 능력은 유전에 의해서 결정되는 부분이 많으나, 환경에 따라 좌우되는 범위도 적지 않다고 보고 있다. 그리고 유전에 의해서 결정되는 부분은 교육 때문에 변화시킬 수 없다고 보고 있다. 바로 이 점이 교육의 한계성과 깊은 관계가 있다. 따라서 유전에 의해서 결정되는 요소 즉, 신체의 강약, 지능의 우열, 정서 · 의지의 강약 등은 교육 때문에 변화시킬 수 없거나 극히 미약한 효과밖에 기대할 수 없는 것이다.

우리가 보통 I.Q라고 하는 것은 정신연령(mental age)을 생활연령(chronological age)으로 나눈 것에 100을 곱해서 얻어진 지능지수 또는 지능계수를 말한다.

$$I.Q = \frac{\text{정신연령(M.A.)}}{\text{생활연령(C.A.)}} \times 100$$

인간의 지능의 단계 또는 구분과 그 분포 상황에 약간의 차이는 있으나, 일반적으로 I.Q 100을 평균지능으로 보고, 100을 넘을수록 지능은 우수하고 100보다 낮을 경우 지능은 열등한 것으로 해석한다. 지능지수 법의 장점은 연령과 관계없이 지능의 우열 정도를 나타내는 데 있다.

1919년 터먼(F. Terman)에 의해서 표준화된 '스탠퍼드 비네 지능검사'에 의하면 다음 표와 같다.

〈지능의 단계 구분〉

지능단계	지능지수	백분율
준천재 또는 천재	140 이상	0.25
대단히 우수한 지능	120~140	6.75
우수한 지능	110~119	13.00
정상 혹은 평균지능	90~109	60.00
우둔	80~89	13.00
정신결함한계(경계선)	70~79	6.00
정신박약	70 이하	1.00
노둔	50~70	1.00
치우	20~50	1.00
백치	20 이하	1.00

2) 환경

사람이 개성을 갖게 되는 것은 단지 위에서 설명한 유전에 의해서만 결정되는 것이 아니며 자연적, 사회적, 문화적 환경 등에 의해서도 이루어지는 것이다. "산명수려한 땅에서 위인이 탄생한다"는 말과 같이 인간이 예부터 자연의 힘 즉, 환경에 영향을 받는 것은 현저한 사실이다. 비옥한 밭에 씨를 뿌리도 발아하기 힘든 것처럼 인간도 좋은 유전적 소질을 가지고 태어났다고 해도 그가 성장하는 자연적, 사회적, 문화적인 환경이 좋지 못하면 그가 가지고 있는 능력을 최고로 발달시킬 수 없는 것이다.

동일한 유전인자를 가지고 태어났다고 해도 각자의 환경이라든가 교육의 영향으로 성장하는 과정에 따라 많은 차이가 나타난다. 예컨대, 일란성 쌍생아인 두 여아가 가정환경으로 인하여 한 아이는 남의 집 하녀, 또 한 아이는 부유한 집안의 양녀로 성장을 하게 되는 경우, 오랜 시간이 지난 후 두 아이를 비교해 보면 지능, 성격 및 개성 등에 많은 차이가 있음을 발견하게 되는데, 특히 지능은 약 15~20 정도의 차이가 나타난다고 한다.

로크(J. Locke)는 인간자연설(Tabula rasa theory)을 주장하여 모든 인간은 출생 시 자연상태로 출발하지만 후천적인 환경과 경험에 따라 성장발달에 차이가 생긴다고 하였다. 따라서 인간의 성장발달에 있어서 환경의 영향이란 교육적인 측면에서 매우 중요한 것이다.

불량자나 범죄자가 된 원인을 조사 · 분석해 보면 대부분이 가정환경이나 사회환경 또는 친우 관계 등이 좋지 않은 것을 발견할 수 있다. 맹자(孟子) 어머니의 '삼천지교'는 인간의 성장발달에 환경이 중요하다는 점을 입증한 실증적인 사례라 할 수 있다.

또한, 인간은 환경에 적응하고 그 환경을 이용하면서 생을 영위해 가고 있기 때문에 생활에 필요한 지식과 기술상의 행동 또는 생활의 풍습 등 여러 사물을 주위 사람들로부터 습득하고 있다. 이것은 곧 '환경의 영향'에 의한 것이며, 이러한 환경이 각자의 생활조건에 따라 미치는 영향력도 다르다.

환경적 조건이 인간의 특질을 결정하는 데 가장 중요한 요인이 된다고 할지라도 그 유전적인 소질을 발달시키는 것은 자연적 환경이나 물리적 환경 또는 사회적 · 문화적 환경에 내포된 힘의 여하에 달린 것이다. 이와 같은 것은 코메니우스(J. A. Comenius)의 『대교 수학(*Didactica Magna*)』에 잘 나타나 있다. 어린 시절에 어머니의 손을 떠나 이리떼 굴에 들어가 이리와 함께 생활한 소년이 후에 사람들에게 잡혀 와 인간과 함께 생활하게 되자 비로소 인간성을 갖추게 되어 사람 노릇을 하였다고 한다.

또한, 이것은 『아베롱의 야생아에 대한 보고(*The wild boy Aveyron*)』(1984)에도 잘 나타나고 있다. 1795년 남아프리카 아베롱의 산림 속에서 12세가량 된 야생아가 사람에게 붙잡혀 왔는데, 그 후 이따르(Itarb)라는 청년 의사에게 교육을 받고 비로소 인간다운 자질을 회복하였다고 한다. 또한, 인도의 벵골(Bengal) 지방에서 1920년에 발견된 늑대 어린이(wolf children)의 사례도 이와 비슷하다.

이러한 사례에서 어떠한 돌발적인 상황에서 사회적 인간관계가 끊어진 전혀 환경이 다른 동물들 속에서 자란 결과, 동물의 행동 양식에 영향을 받아 동물과 같은 행동을 한다는 것을 알 수 있다. 그 소년도 인간이었으므로 처음에는 선천적인 소질이 있었으나 인간 형성을 위한 적당한 자극과 환경을 조성해 주지 않았으므로 인간이라고 할 수 없는 상태로 되어 버린 것이다.

이와 같은 견지에서 나토르프(P. Natorp)는 "인간이란 교육을 통해서 사람다운 사람이 될 수 있다."라고 했으며, 코메니우스(J. A. Comenius)도 "사람은 교육에 의해서만 인간이 된다."라고 하였다. 이는 인간 형성에는 선천적인 소질보다는 후천적인 환경이 우세하게 적용한다는 환경론적인 입장에서 인간의 성장발달에 관한 기본적인 원칙을 말한 것이다. 이와 같이 환경적인 면이 인간을 형성하는 데 매우 중요한 역할을 하는 것이다.

5. 교육 평등과 사회 평등

교육에서 평등의 의미는 누구나 교육적으로 공평하게 취급받는다는 것, 또는 차별받지 않는다는 의미이다(김신일, 2003). 다시 말해서 교육에서의 평등이란 개인에게 교육받을 기회를 균등하게 제공한다는 것이다. 그런데 교육의 기회균등은 매우 복잡한 것으로서 교육의 기회균등 실현은 많은 학자의 관심거리이다. 그러나 기회균등의 실현 그 자체는 매우 추상적이고 정의하는 사람마다, 그리고 시대에 따라, 시각에 따라서 다양하게 정의할 수 있다. 차경수(1976)는 교육의 기회균등을 다음과 같이 정의하고 있다.

첫째, 사회계층이나 지역적 차이, 개성과 관계없이 교육기회가 평등하게 주어지는 것을 말한다.

둘째, 학교시설의 우열이나 인문 · 실업과 같은 교육과정, 그리고 공립 · 사립, 부모의 직업 등과 체계적 관계가 없는 상태를 말한다.

셋째, 학생의 학업 성적이 부모의 직업과 관계없는 상태를 말한다.

엘리트주의의 후퇴와 더불어 사회평등의식이 점차 발달 · 확산되면서 1960년대 후반 이후 '교육기회균등'이란 용어보다는 '교육 평등'이라는 용어가 더 자주 사용되기 시작하였다. '교육기회가 균등하면 만족할 수 있다'는 생각에서 '교육이 평등해야 만족할 수 있다'는 의식으로 전환되었다(이종각, 1997).

1) 교육기회의 허용적 평등

평등은 근대사회의 개념이다. 그전에는 평등보다는 신분이 더 중요한 개념이었다. 신분은 사람의 질적 차이를 전제로 성립했기 때문에 높은 신분의 사람들에게만 교육기회를 주는 것이 조금도 이상할 것이 없었다. 왕족이 평민보다 높은 교육을 받는 것은 지극히 당연한 일이었다. 그러나 신분제도가 무너지고 근대 시민사회가 형성되자 사람들은 어떤 종류의 차별도 인정하려 들지 않았다. 모든 사람은 하느님 아래 그리고 법 아래 평등하다고 믿기 시작한 것이다(진규철, 1989).

허용적 평등관은 모든 사람에게 동등한 기회가 주어져야 한다는 관점이다. 주어진 기회를 누릴 수 있느냐의 여부는 개인의 역량과 형편에 달린 것이고, 법이나 제도상으로 특정 집단에게만 기회가 주어지고 다른 집단에게는 금지되는 일은 철폐되어야 한다는 것이다. 교육받을 기회가 모든 사람에게 고르게 허용되어야 한다는 신념이다. 그렇다고 해서 모든 사람이 같은 수준의 교육을 받아야 한다고는 믿지 않았다. 사람은 각기 다른 수준의 능력과 다른 종류의 재능을 타고 난다고 믿었기 때문이다. 다만 이제까지 신분, 성, 종교, 지역, 인종 등을 이유로 차별해 오던 것을 철폐함으로써 누구나 원하고 또 능력이 미치는 데까지 교육을 받을 수 있도록 허용하자는 것이다(진규철, 1989).

2) 교육기회의 보장적 평등

허용적 평등관은 제도적 차별을 철폐함으로써 모든 사람에게 교육받을 기회를 열어주는 데 기여하였다. 그러나 교육받을 기회를 허용하는 것만으로는 완전한 교육 평등의 실현이 불가능하다는 것이 곧 드러났다. 학교에 다니도록 허용되었다 해도 경제적 능력이 없는 하류계층 자녀들은 교육을 포기할 수밖에 없었다.

깊은 산골이나 외딴섬에 사는 어린이들은 그곳에 학교가 없기 때문에 다닐 수가 없었다. 그러므로 교육의 평등을 실현하기 위해서는 취학을 가로막는 경제적, 지리적, 사회적 제반 장애를 제거해 주어야 가난한 집의 수재나 산골의 어린이들도 학교에 다닐 수 있음이 드러났다. 즉, 가난한 집 자녀에게도 취학을 보장해 주는 대책이 필요하다는 것이다(진규철 · 이위환, 1996).

3) 교육조건의 평등

교육조건의 평등에 관해서는 콜맨(Coleman, 1966)이 적절히 표현한 바가 있다. 교육기회의 평등은 단지 취학의 평등만이 아니라 평등하게 효과적인 학교에의 취학을 의미하는 것이다. 다 같이 중학교에 다니게 된 것만으로는 평등이 아니라는 것이다. 학교의 시설, 교사의 자질, 교육과정 등에 있어서 학교 간의 차이가 없어야 평등이라는 것이다. 왜냐하면, 학교 간의 차이는 그 자체도 문제지만 상급학교 진학에 큰 차이를 가져오기 때문에 결국 상급학교 교육의 기회분배에 차이를 가져온다. 그러므로 학교의 교육 여건과 교육이 진행되는 모든 과정이 평등하게 되지 않으면, 교육 평등은 아직 실현되지 않은 것이다.

실제로, 초등교육과 중등교육 취학이 보편화되자 학교 간의 차이가 문제로 등장하였다. 학교에 따라 교사의 질적 수준이 다르고, 시설이 다르고, 주변 환경이 다른 것을 학부모들이 문제 삼기 시작한 것이다. 그러한 학교의 차이가 교육결과의 차이를 가져온다고 생각하였기 때문이다. 실제로 학교 간 학생들의 성적 차가 나타났다. 학교 간의 성적 차가 새로 생겨난 것은 아니고 이전부터 있던 것이지만, 교육 기회 분배의 평등화가 성취되자 새삼스럽게 문제로 인식되기 시작한 것이다. 성적 차이뿐만 아니라 비인지적(non-cognitive) 특성, 예컨대 행동방식, 태도, 성격 등의 차이도 눈에 띄었다. 이러한 교육결과의 차이를 해소하기 위하여 학교의 차이를 없애야 한다는 주장은 그 나름으로 당연한 요구이다.

우리나라의 고교평준화 정책은 개념상으로는 교육조건의 평등관과 같다. 고등학교 간의 차이를 없애는 것은 말 그대로 평준화하자는 정책이다. 그러나 이 정책은 처음부터 입시제도의 일환으로 입안된 것이기 때문에 교육조건의 평등화보다는 학생의 학교 간 균등배정에 근본 목적이 있었다. 교육조건의 평등화는 학생의 균등배정에 대한 보완책으로 포함된 것뿐이다. 그러므로 평준화 정책은 학생의 균등배정을 강제로 시행하는 일에 중점을 두어 왔고, 교육조건의 평등화에는 노력하지 않은 것은 아니나 교육 재정의 궁핍 등을 이유로 제대로 시행하지 못하였다. 더욱이, 평준화 정책의 근본 목적이 교육조건의 평등화에 있었다면, 상대적으로 교육조건이 양호한 대도시보다는 농촌과 벽지의 학교에서부터 실시했어야 옳으나 실제의 정책 시행은 거꾸로 이루어졌다.

6. 교육 불평등의 원인

교육 불평등의 원인을 설명하는 것에 있어서는, 주로 학생의 타고난 능력이나 지능, 성취동기 등의 개인적 요인과 교육 불평등의 원인을 사회의 구조적 차원에서 찾는 경우가 있다. 송준수(2001) 등은 교육 불평등의 원인을 능력주의론적 관점, 문화·환경론적 관점, 사회구조론적 관점 등으로 구분하여 다음과 같이 설명하고 있다.

1) 능력주의론적 관점

개방사회는 사회적 지위가 세습되는 것이 아니라 획득된다는 이념을 근간으로 한다. 지위의 획득이란 곧 개인의 능력에 따라 사회적 지위가 결정된다는 말이다. 이러한 이념에 맞춰 개방사회는 누구나 경쟁에 참여할 수 있도록 학교교육의 기회를 평등하게 하려고 한다(최정웅, 1983). 빈곤한 학생들에게도 학교교육이 개방됨으로써 높은 지위를 차지할 수 있는 통로를 개방하였으며, 계층 간의 사회이동은 개인의 능력과 노력 여하에 따라 충분히 이루어지도록 제도화하였다. 따라서 능력주의라는 입장에서 보면 교육 불평등의 원인은 주로 지능이나 적성 등 학생의 타고난 능력이나 성취동기에 기인하는 것으로 간주된다.

능력주의 사회(meritocratic society)라 불리는 현대 사회에서의 사회 이동은 혈연, 지연, 학연 등의 배경에 의해서 결정되는 것이 아니라 개인의 재능과 능력에 달려 있다고 볼 수 있다. 따라서 능력주의적 관점에서는 부모의 사회·경제적 지위가 학교에서의 성취에 영향을 미치지만, 중·상류층의 아동일지라도 본인의 능력이 부족한 경우에는 하류층의 자녀보다 경쟁에서 뒤떨어질 수밖에 없는 것으로 파악하고 있는 것이다. 이런 관점에서는 기회의 평등관에 집착하게 된다.

2) 문화·환경론적 관점

교육의 격차를 보는 또 다른 관점은 부모의 사회·경제적 배경을 중시한다. 해방 이후 우리나라의 교육은 초·중등교육, 그리고 고등교육 분야에서 급격한 팽창을 해왔다. 이러한 한국 교육의 급격한 팽창은 국가의 경제성장의 주춧돌이 되어왔다. 교육받은 고급 인력들은 경제성장을 촉진할 수 있는 기초가 되었으며, 근대화 과정에서 학교교육은 학생들에게 근대적 가치관을 형성하게 했다는 점들은 긍정적으로 평가된다. 그렇지만 우리나라 교육의 급격한 양적 팽창은 이러한 긍정적인 측면만 있다고 평가받기는 어렵다. 교육이 지나치게 양적 성장에만 치중한 나머지 결과의 분배에 있어서 많은 불평등 현상이 나타나고 있음이 여러 연구를 통해 밝혀지고 있다.

3) 계층 간 교육 불평등 문제

사회계층이 교육기회의 격차를 초래한다는 연구들은 이미 많이 제기되고 있다. 선진국에서는 이러한 계층 간 교육 격차를 복지제도를 통하여 해결하고 있으나, 우리나라에서는 아직까지 그 해결책을 구체적으로 제시하지 못하고 있다. 교육의 기회는 개방되어 있지만, 개방된 교육기회를 활용하지 못하는 사람이나 문화적으로 실조를 겪는 아동들을 효과적으로 조력해 줄 방안이 수립되지 못한 실정이다(송준수, 2001). 특히 맞벌이 가정의 증가는 취학 전 교육과 초등학교 방과 후 교육에서 새로운 대안을 요구하고 있다. 상당수의 취업 여성이 자녀의 양육 및 교육 때문에 직장을 그만두게 되는 경우가 있다.

우리나라는 교육정책의 일환으로 취학 전 교육을 강조하면서도, 저소득층 유아를 위한 교육 시설은 그 수에 있어서나 시설 면에서 절대적으로 부족하고 빈약하기 짝이 없다. 유치원의 경우만 보더라도 세입 총액의 83%를, 더욱이 사립 유치원은 96%를 학부모가 부담해야 하므로 취학 전부터 교육기회의 제약을 받고 있다는 것이다(권이종, 1986).

직업, 지위에 따라 자녀는 전문대보다 4년제 일반대학으로의 진학률이 높았다. 특히 50대에서 30대로 연령이 낮아질수록 출신 가족 배경에 따른 교육기회 불평등의 정도는 증가하고 있으며, 질적인 차원에서의 교육기회 불평등 정도 또한 최근 들어 오히려 심화되고 있는 것으로 밝혀졌다.

이와 같은 분석결과는 지난 40~50년간 공교육제도의 양적인 확대에도 불구하고 사회계층 간 교육구조는 개선되지 않았음을 보여주고 있으며, 과다한 교육비 부담, 교육비용의 과중한 가계경제 의존도, 자녀의 교육적 성공에 대한 경쟁적인 사교육비 투자 등이 사회계층에 따른 교육 불평등을 부추기는 원인으로 추정하였다.

따라서 한국의 교육기회 문제는 하류계층 자녀에게 보다 많은 교육기회를 제공함으로써, 계층으로 인하여 생길 수 있는 격차를 해소할 수 있는 정책이 모색되어야 할 것이다.

4) 남녀 간 교육 불평등 문제

해방 이후 우리나라의 교육은 지속적인 양적 성장과 아울러 여성의 교육기회 확대에도 많은 영향을 미쳤다. 그러나 교육 분야에서의 남녀 간의 불평등 현상은 여전히 문제점으로 인식되고 있다. 여성의 교육기회 확대에도 불구하고 교육에 있어 성 불평등 문제가 끊임없이 제기되고 있는 이유는 불평등한 교육기회의 접근 때문이라고 할 수 있다(송준수, 2001). 특히 한국 사회에 강하게 남아 있는 남아선호사상은 남자에게 더 많은 교육기회를 부여해 왔으며, 이러한 현상은 학교 수준이 높아질수록 더욱 심화하는 경향이 있다. 취학률, 진학률, 평균 교육연수 등 대부분 교육지표에서 여성이 남성보다 불이익을 받고 있음을 볼 수 있다.

7. 교육갈등

1) 한국 사회의 교육갈등

광복이 우리의 손에 의해 이루어진 것이 아니라 외부로부터 주어진 것이었기 때문에 민족 분단이라는 비극을 가져왔고, 2차 세계대전 이후 국제적으로 초강대국으로 부상한 미국과 소련 양국의 국제적 이해관계는 한반도를 이데올로기의 각축장으로 만들었다.

광복 당시 극좌, 극우의 이데올로기적 갈등은 한반도에 무정부 상태를 방불케 하는 극심한 이데올로기적 가치 혼란을 초래했다. 이데올로기적 가치 혼란과 국제적 이해관계 속에서 분단된 한반도는 급기야 6.25라는 동족상잔의 참상을 겪게 되었다. 이는 초극단적 가치갈등의 사회문제였던 것으로 지적할 수 있다.

또한 광복과 더불어 확대된 무분별한 외래문화의 수용은 한국사회의 문화적 정체성, 통합성을 상실케 하였고, 전통문화의 단절을 가져오는 등 문화적 가치 혼란에 빠지게 하는 결과를 가져왔다.

분단을 기점으로 한반도의 역사적 변화의 전환점이 이루어졌지만 8.15와 민족 분단, 외래문화의 무비판적 수용으로 인한 가치 혼란은 그 이후 45년의 국가형성 과정을 통해서 한국 사회문제를 사회 구조적으로 얽히고설키게 만든 근원이 되었다.

가치 혼란은 불건전한 사회 환경을 조성하게 되었고, 이러한 환경 속에서 정당성을 인정할 수 없는 변칙적 정치변동이 이루어졌으며, 경제 성장 위주의 산업화 추진, 외래문화의 계속적 접촉과 수용에 따른 원초적 제도들의 기능 약화와 역기능 현상은 사회 구조적 모순을 불러일으키는가 하면 여러 가지 갈등을 야기하는 결과를 가져왔다.

〈한국 사회의 갈등 현상과 사회문제〉

갈등 현상	한국 사회현실	사회문제
문화갈등	• 정신문화와 물질문화의 격차 • 물질과 권력 만능적 가치관 팽배 • 전통적 가치와 근대적 가치의 이중구조	• 문화 지체 현상 • 가치 전도의 문제 • 의식구조의 전근대성의 문제 • 사회병리 현상 만연
이데올로기 갈등	• 통치계급의 이데올로기 독점 현상 • 남 · 북 분단과 군사 · 문화적 사회심리 만연	• 흑, 백 논리 • 민족 통일 문제와 극단적 행동문제
지역 간 갈등 세대 간 갈등	• 지역 간 불균형 발전 • 젊은 층과 기성인 간의 대화 단절 현상	• 지역감정 문제 • 권위 상실 문제 • 청소년 문제
계층 간 갈등	• 부의 불평등한 분배구조 • 도 · 농 격차 • 노사분규	• 소외계층 문제 (도시 빈민, 농촌, 노사문제) • 가진 자들의 횡포

한국 정치제도의 변칙적 정권 획득, 권력집중, 획일적 통제 등은 사회구성원의 전반적 활동을 조성하고 사회질서 유지를 위해 바람직하고 뚜렷한 규범과 가치관을 제시했다기보다는 국민적 분열을 조장하고, 부정부패를 획책하고 사회적 불평등구조를 심화시켜 이데올로기, 지역, 계층 간 갈등을 유발하고 있다.

경제적 측면에서의 한국 사회갈등 현상으로는 정부의 대기업 위주의 경제정책에 의한 부의 불균등한 분배와 관련이 있는 갈등과 산업화에 따른 물질지향적 가치관에 의한 인간관계의 변질에서 비롯되는 갈등 등을 들 수 있다. 이를 보다 구체적으로 살펴보면, 최근 사회적 진통을 겪고 있는 노사문제, 농촌문제, 도시 빈민문제, 소외계층문제, 지역 간 불균형 발전에 따른 지역 간 갈등 등은 상대적 빈곤감, 불행감을 갖게 하는 경제적 불평등에서 연유하는 것으로 볼 수 있다. 그리고 한국 사회의 기초 집단인 가족집단 내의 재산문제, 금전문제와 관련된 불화와 갈등은 산업화 과정을 통하여 한국 사회에 만연한 인간의 존엄성보다는 돈을 더 중시하는 황금만능주의적 가치 풍조에 기인하는 것으로 볼 수 있다.

이러한 황금만능주의적 불신주의는 쾌락주의적, 유희지향적, 소비지향적, 향락주의적 대중문화로 대치되어 도덕적 가치관을 무너뜨리고 퇴폐풍조를 조장할 뿐만 아니라 세대 간 갈등, 문화갈등을 야기하고 있다. 정신문화와 물질문화의 격차에 따른 문화 지체(cultural lag), 비인간화 현상, 비윤리성, 청소년들의 폭력, 범죄의 증가, 성도덕의 문란, 소비지향성, 놀이지향성, 쾌락지향성 등은 오늘날 우리가 시급히 대책을 세워야 할 사회문제이자 교육문제이다.

2) 사회갈등과 교육갈등

한국의 정치, 경제, 문화변동 과정에서 노출된 많은 사회문제와 갈등 현상은 교육에 직·간접적으로 영향을 미쳤다. 즉, 교육문제와 사회갈등, 정치적 우여곡절과 독재 통치체제의 강화, 급속한 산업화의 추진과 대기업 위주의 경제시책, 무분별한 외래문화의 수용 등의 많은 사회문제가 발생하였으며, 이는 사회구조적 요인이자 역사적 사실일 뿐만 아니라 교육문제와 교육갈등까지 초래하였다.

이러한 맥락에서 제기될 수 있는 교육문제로는 교육이념과 철학의 혼란으로 교육의 도구화, 교육정책의 잦은 변경과 일관성의 결여, 교육체제의 획일적 운영에 따른 비생산적, 비효율적 교육결과의 산출, 교육의 비자율성, 지역 간, 학교 간 교육 격차 문제, 교육환경 및 시설의 미비, 학교교육의 불평등구조, 교사의 권위몰락, 성적 위주의 점수 따기 교육과 비인간화, 학교의 비교육적 환경 등을 들 수 있다. 법적 갈등, 교육내용 갈등, 제도적 갈등은 이데올로기적 갈등과 맥락을 같이 하는 것이며, 성별 갈등은 문화적 갈등의 한 가지 형태로 볼 수 있다.

한국 사회에서 통치 지배계급의 이데올로기 독점은 교육내용에 대한 국가적 독점과 그 맥을 같이하는 것이다. 교육에 대한 통제는 이데올로기적 통제뿐만 아니라 중요한 교육정책 결정에 있어서 교육 당사자인 교사, 학부모, 학생들을 배제하고 일방적으로 결정하여 지시, 명령하는 등 획일적 제도운영은 교육권과 학습권에 대한 갈등을 유발하기도 한다(최정웅, 1992). 교육을 매개하는 교육내용 및 교육 실천에 관련된 교육정책의 공정성과 교육성에 대한 논쟁과 불신은 교육을 통한 국민적 통합을 저해하는 것으로 볼 수 있다. 어떤 의미에서는 한국 사회에 만연한 불신 풍조를 해소하고자 하는 학교교육의 명시적 목적과는 달리 오히려 국가에 대한 불신만 가중시키는 학습이 되고 있지는 않은가 하는 의문이 생긴다. 이런 의미에서 교육내용에 대한 국가적 독점은 어느 누구에게도 이롭지 못하다는 결론을 내릴 수 있다.

제도적 갈등에 따른 교육문제로 대학입시 제도의 모순으로 말미암아 고등교육기관이 중등교육 기관을 억압하는 구조를 갖게 되었다는 점을 지적하지 않을 수 없다. 여기에는 제도적 모순만 작용하는 것이 아니라 학력 간 임금 격차, 서열적 직업관에 연계되는 교육을 지나치게 현실지향적 도구로 생각하는 이기적이고 현실지향적 교육관이 동시에 상호작용을 함으로써 파생된 교육갈등으로 볼 수 있다.

현실적으로 한국 교육의 내부를 관찰해 보면, 교사, 학부모, 학생 모두가 점수에 매달려 형성된 인간임은 물론 자아실현과 사회발전에 부합되는 지식과 기술의 전달에도 실패하는 결과를 초래하고 있다. 이러한 이기적이고 현실지향적 교육관의 대두는 사회구조와 입시제도에도 문제가 있지만 현실지향적, 이기적 가치관과 관련이 있는 문화갈등의 한 단면이기도 하다. 학교를 성적에 매달리는 극심한 경쟁의 장으로 만들고 있는 제도적 모순으로 인한 갈등은 교육제도 개혁뿐만 아니라 사회 구조적 변혁을 통해서만 해결될 수 있는 문제이다.

재정적 갈등은 교사의 사기를 저하시키고 교육에 필요한 환경 및 시설을 갖추지 못한 데서 비롯된 것으로 지금까지 안보와 경제성장을 이유로 교육에 대한 투자를 미루어 온 지배집단의 교육에 대한 태도와 밀접한 관계가 있다. 국가는 개개인의 내일을 좌우할 만큼 교육이 중요하다는 데 뜻을 같이한다면 어떠한 조건과 상황에서도 교육에 대한 투자를 미루어서는 안 될 것이다.

세대갈등의 형태로 볼 수 있는 전통적 스승-제자와의 인간관계 변질은 사회환경적으로 산업화 과정에서 사회에 만연된 물질 제일주의와도 밀접한 관계가 있고, 정치 · 경제적으로 교사에 대한 권위의 침해는 전반적인 교육의 권위몰락으로 나타나고 있다. 동서고금을 막론하고 교사에 대한 존경과 권위의 존중 없이는 올바른 교육이 이루어지지 않는다는 것을 상기할 때 교사를 상업주의적으로 매도하거나 교사의 권위를 침해하여 사기를 떨어뜨리게 해서는 안 될 것으로 생각한다.

학교와 학교 간의 학력 격차, 교육환경의 격차는 교육에 대한 계층갈등, 지역갈등을 유발하고 있다. 특히 교육의 불균형은 대도시의 우수 학군과 관련된 갈등, 도시 학교와 농촌 학교의 차이에 의한 갈등은 사회의 여러 분야까지 불균형적 발전을 초래한다고 할 수 있다.

한국 사회에 있어서 성별 갈등은 그 뿌리가 심원한 것으로 여성들이 경제적, 사회적으로 부당한 대우를 받고 있고, 인간적으로 차별받고 있는 데서 생겨난 현상이다(최운실, 1990). 그 한 예로 과거에는 고등교육에 접근할수록 여성들의 교육 접근 기회가 남자에 비해 약 7:3 정도로 적었다. 요즘에는 거의 비슷한 비율로 이루어지고 있으나 사회적 역할이라는 측면에서 아직도 성차별이 존재하고 있다. 또한 교육내용에서도 여성에게는 가정에서의 역할을 보다 중시하는 개인의식을 규정하여 성별에 따른 차등 사회화가 이루어지고 있다. 교육 결과의 분배에서도 남자에 비해 사회진출의 기회가 적게 주어지고 있는 것도 교육에 대한 성별 갈등의 한 단편이라 할 수 있다. 성별 갈등과 관련하여 남녀 불평등은 남녀 모두에게 불이익을 가져다준다. 오늘날 한국 사회가 심한 진통을 겪고 있는 사회 갈등은 광복을 기점으로 이루어진 국가 형성 과정에서 야기된 가치 혼란과 밀접한 관계가 있다. 가치 혼란의 와중에서 이루어진 변칙적인 정치변동, 대기업 위주의 경제성장 추진, 상업주의적 외래문화의 수용은 사회의 구조적 모순을 가져오게 한 결정적 요인들이다.

한국 사회의 구조적 모순이 심화되는 과정에서 개인 간, 집단 간, 계층 간, 지역 간의 대립 반복 갈등 현상은 노골화되었고, 사회제도들의 기능 약화와 이에 따른 역기능 현상은 많은 사회문제를 일으키는 결과를 초래하였다.

한국 사회의 구조적 모순과 극도의 불신, 첨예한 갈등 현상은 한국 교육에도 그대로 반영되어 교육의 구조적 모순과 교육 갈등을 유발하고 있다는 점에서 한국

교육문제의 해결과 교육 정상화를 모색하기 위해서는 무엇보다도 사회 구조적 모순의 해결이 급선무라 할 수 있다.

한국 사회에 구조적 모순, 심각할 정도의 의견 불일치, 첨예한 갈등이 존재하는 것으로 볼 때, 한국 교육을 갈등론적 관점에서 해석하고 이론화하기 위한 교육사회학적 노력은 교육문제에 대한 사회환경적 요인을 밝혀낼 수 있을 뿐만 아니라 교육 정상화의 준거 기준을 제공할 수 있다는 점에서 중요한 의미가 있다.

따라서 중요하다고 생각되는 한국 교육의 갈등 현상에 대한 사회환경적 의미를 결론적으로 지적하면 다음과 같다(이종각, 2001).

첫째, 교육에서 무엇을 중시할 것이냐와 관련이 있는 교육관의 갈등은 여러 가지 교육문제 해결을 위한 우선순위를 결정하는 데 있어 가치판단의 기준을 흐리게 하는 사회환경의 구조적 모순과 관련이 있다. 상황적 가치판단의 논리가 적용되고 가치 혼란의 아노미 상태에 있는 한국 사회의 정치, 경제, 문화의 몰가치성은 교육의 가치를 지나치게 현실문제 해결에 급급하게 함으로써 수단적 교육관, 상업주의적 교육관을 만연시키고 있다. 수단적 교육관, 상업주의적 교육관은 교육 주체 간, 사회구성원 간 갈등을 유발하는 것으로 볼 수 있다(이종각, 2001).

둘째, 교육의 자율성, 중립성을 둘러싼 업적 갈등은 한국 사회가 가지고 있는 중앙집권적, 획일적, 일방적으로 모순된 권위구조가 합리적 결정을 회피하고 유보한 데서 비롯된 것이다.

셋째, 고등교육이 초 · 중등교육을 억압하는 형태로 나타나고 있는 제도적 갈등은 학력 간 임금 격차, 서열적 직업의식과 학벌 중심적 사고, 극단적 이기주의와 개인주의가 만연되고 있는 사회적 현상으로 대학에 대한 지나친 선호를 자극하는 데서 비롯된 것이다.

넷째, 학습자의 교육환경 조성과 관련하여 한국 교육의 영세성을 면치 못하고 있는 재정적 갈등은 국가 · 사회적 차원의 재정 분배에서 국가안보, 경제성장을 이유로 교육에 대한 우선순위를 뒤로 미룬 데서 비롯된 것이다.

다섯째, 교육 내용에 대한 국가-교사-학생 간의 갈등은 한국 사회가 홍역을 앓고 있는 세대갈등과 연계되는 것이다. 사회 환경, 즉 정치 · 경제적 교사의 권위 침해, 수단적 상업주의적 교육관에 의한 교육의 상품화는 교사의 사기와 교사의 권위를 떨어뜨리는 중요 요건이다.

여섯째, 성별에 따른 교육 접근 기회의 불평등, 교육내용의 차등적 사회화와 교육결과 분배의 불평등으로 요약되는 성별 갈등은 한국 사회가 가지고 있는 남성 · 여성 역할에 대한 사회적 가치관, 고용구조와 같은 사회 환경과 관련이 있는 것으로 볼 수 있다.

현실적으로 우리가 확인하고 있는 교육 갈등에는 교육의 범위를 벗어나는 불평등한 사회구조, 여타 제도가 빚어내는 사회 환경과 모순에서 비롯되는 것이 많다는 점을 고려하여 한국 사회구조의 모순과 교육구조의 모순을 밝히는 많은 연구가 나와 교육 갈등을 해소하고 교육 정상화를 모색하는 데 도움이 되기를 기대한다.

Sociology of Education

제2장

유전과 환경의 교육적 영향

우리는 앞서 인간이 형성되는 데 유전과 환경이 다 같이 중대한 역할을 하고 있음을 알아보았다. 교육이란 인간 개체가 가지고 있는 선천적인 소질 즉, 유전으로부터 받은 성질을 환경에 의해서 그의 가능성을 성장 · 발달시켜 나가는 과정인 것이다(김경동, 1995). 따라서 인간 형성은 유전과 환경 그리고 교육의 삼자가 상호작용을 함으로써 이루어지는 것이다.

인간 형성에 있어서 유전과 환경 요인 중 어느 쪽이 더욱 결정적인 작용을 하느냐를 규정 짓기는 어렵다. 일반적으로 인간의 신체적 특성이 대부분 유전적 요인에 의해서 결정된다는 점에는 별다른 의견이 없으나 심리적인 특성이 과연 어떤 면에서 결정되느냐에 대해서는 학자에 따라서 각기 다른 견해가 있다.

1. 유전과 환경의 상호작용

1) 유전적 요인과의 작용

유전적 요인이 인간 형성에 무시할 수 없는 작용을 한다는 점엔 의심할 여지가 없다. 여기에서 유전적인 요인으로는 직접 작용하는 예와 간접적으로 작용하는 예를 들 수 있다. 직접적인 영향을 미치는 경우로는, 유전인자 자체가 어떤 결함이 있거나, 또는 유전과정에서 질환 같은 것으로 어떤 환경적인 작용이 그것을 회복시킬 만한 역할을 할 수 없을 때이다. 간접적인 작용의 경우는, 유전적으로 허약한 체질을 타고났을 때 주위환경으로부터 사회적 유입상태가 되어 지능발달이나 성격상의 왜곡상태를 일으키는 것을 들 수 있다.

2) 환경의 구조적·기능적 작용

환경이 인간 형성에 미치는 영향은 두 가지로 볼 수 있다. 하나는 인간의 심리적 특성을 형성하는 데 유기적인 관계로 영향을 주는 것과 다른 하나는 환경이 직접적 자극으로 작용하는 측면이다(김신일, 1993). 전자를 환경의 구조적인 요인에 의한 것이라 하고, 후자를 환경의 기능적 요인이라고 한다. 구조적 작용의 대표적인 경우로는 출생 시에 일어나는 뇌장애로 발생하는 지적장애 상태를 들 수 있다. 뇌장애는 출생 시 또는 출생 후에 외부로부터 자극이 왔을 때 정신기능의 발달에 커다란 지장을 가져옴으로써 나타난다고 볼 수 있다.

지적장애 상태를 가져오는 요인은 환경적으로 결정된 유기적 또는 구조적인 영향에 의한 것이다. 환경의 기능적 작용이란 어떤 환경적인 자극이 직접 인간 형성에 영향을 주는 것을 의미한다. 즉 사회계층이 지적 발달, 성격 형성, 흥미, 동기, 가치관에 영향을 미치는 것이다. 이처럼 유전적 요인과 환경적 요인이 어떻게 작용하느냐를 생각하는 것이 중요하다.

2. 환경의 중요성

위에서 고찰한 바와 같이 인간 형성에 있어서 유전적 요인이 직접 작용할 때도 있지만, 대부분은 유전적 요인이 환경적 요인과 어떤 작용을 통해서 인간 형성에 영향을 미친다고 볼 수 있다. 이런 점에서 근래에 심리학자들의 환경 작용에 관한 연구가 활발하였다.

블룸(Bloom, 1994)은 장기간에 걸친 종단적(longitudinal) 연구와 환경의 작용에 대한 문헌을 분석하여 환경의 작용에 대한 실증적이고 설득력 있는 증거를 다음과 같이 제시하였다.

첫째, 환경은 인간의 특성에서 일어나는 변화의 범위와 종류를 결정해 준다. 특히, 학교 학습을 통해서 나타나는 학력은 상당한 정도로 환경요인에 의해서 설정된다고 말하였다. 또한, 인간의 흥미, 태도, 가치관과 그 밖의 성격적 특성에서도 유전적 또는 유기적인 근거는 희박하고 오히려 환경에 의해서 크게 결정된다는 증거를 제시하고 있다.

둘째, 환경의 영향은 인간발달의 과정 중에서 가장 급격한 발달이 이루어지는 시기에 더욱 크게 작용한다. 인간발달은 급격한 발달의 시기가 있는가 하면 완만한 발달의 시기가 있는데, 환경이 미치는 영향은 급격한 시기에 크며 완만한 시기에는 적다는 것이다.

셋째, 인간에게 주어지는 환경 중에서 초기 환경의 영향이 더욱 크고 중요하다. 취학 전 유아기는 유아의 발달이 가장 급격한 시기이며, 초기 환경이 인간 형성의 가장 중요한 출발점인 것으로서 중요하다는 것이다.

넷째, 환경은 원천적으로 개인에 따라 변별적인 작용을 한다고 할 수 있으나, 환경에 접하고 있는 모든 개인을 같게 변화시키는 작용을 하는 예도 있다. 그 예로 문화 실종(culture deprivation) 상태나 혹은 빈곤 상태가 가져오는 심리적 특성에 대한 작용을 들 수 있다.

다섯째, 환경의 영향에 의한 변화에는 한계가 있다. 인간 형성의 초기 단계에는 환경의 영향이 강력하지만, 점차 성인이 됨에 따라 감소하여 나중에는 별로 영향을 미치지 못하게 된다는 것이다. 인간의 심리적 · 정신적 능력의 근원은 선천적이나 이것을 구체적으로 실현하는 것은 환경 즉, 교육의 힘에 의한 것이다.

3. 형식적 교육과 비형식적 교육

교육은 출생에서부터 사망 시까지 그리고 어느 장소, 어느 시기를 막론하고 성장 과정뿐만 아니라 인간 생활을 하는 과정에서 끊임없이 이루어지는 것이다. 이러한 측면에서 볼 때 교육은 광의의 뜻을 지니며 또한 포괄성을 가지게 된다.

사람은 출생하면서부터 사회에서 생활하고 교육을 받는다. 즉 인간은 공동생활을 하는 동안에 언어, 행동, 생활양식을 배우고, 자아(ego)를 발견하며 인격을 형성한다(김영우, 1995). 따라서 교육은 학교와 교실, 그리고 수업시간 중에만 이루어지는 것이 아니라 언제 어디서나 의도적이건 무의도적이건 항상 이루어지는 하나의 사회적 현상인 것이다. 그러므로 우리의 모든 생활은 교육이라 할 수 있다.

이러한 의미에서 듀이(J. Dewey)가 "교육은 사회로부터 사회를 통해서 사회에 이르기까지의 교육이 아니면 안 된다"라고 한 것과 같이 사회와 생활을 떠난 교육은 이루어질 수 없는 것이며, 개인은 또한 사회의 일원인 것이다. 개인의 자기 완성은 그 능력에 따라 일생을 두고 점진적으로 달성되는 것이지만 교육은 이처럼 생활을 통하여 자기의 능력을 도야하는 것이다.

따라서 교육은 공동사회를 위한 교육인 동시에 개인을 위한 개인의 교육인 것이다. 어떠한 감화나 영향이 사회와 인간의 형성과 발전에 이바지한다면, 그것이 의도적이건 무의도적이건 간에 교육으로 이루어지게 된다.

듀이(J. Dewey)는 교육을 형식적인 교육과 비형식적인 교육으로 나누었다. 전자는 협의의 교육이요, 후자는 광의의 교육이라 할 수 있다.

크리크(E. Krieck)는 의도적 교육(학교교육), 반의도적 교육(가정과 직장교육), 비의도적 교육(사회교육)으로 나누었으며, 교육이 무엇인가에 대해서는 범위가 넓음과 좁음에 있어서 의미하는 바가 다르고, 또한 그것을 받아들이는 대상에 따라서도 그 의미가 달라진다고 하였다.

또한 크리크(E. Krieck)는, 교육목적이나 방법 또는 대상에 따라 교육을 여러 가지 형태로 구분하였다.

① 교육하고자 하는 의도나 목적의식의 여부에 따라 형식적 교육(의도적 교육)과 비형식적 교육(무의도적 교육)으로 구분한다.
② 교육의 목적이나 성격에 따라 일반교육(보통교육)과 특수교육(직업교육)으로 구분한다.
③ 교육의 장을 중심으로 가정교육, 사회교육 및 학교교육으로 구분한다.

④ 교육 대상의 성질에 따라 유아교육, 아동교육, 성인교육으로 구분한다.
⑤ 학교 계층에 따라 유치원교육, 초등교육, 중등교육, 고등교육으로 구분한다.
⑥ 교육하는 방법의 특수성에 따라 시청각교육, 실습교육, 방송통신교육으로 구분한다.
⑦ 교육의 기간에 따라 단기교육, 장기교육, 생애교육으로 구분한다.

그리하여 여기서는 교육의 형태를 형식적 교육과 비형식적 교육에 관해 살펴보고자 한다.

1) 형식적 교육

형식적 교육(formal education)이란 인간 형성을 위하여 의도적으로, 또는 구체적인 계획하에서 이루어지는 것을 말한다. 형식적인 교육은 교육자와 피교육자가 있고, 교사(敎舍), 시설, 설비와 일정한 교육내용이 있어서 의도적, 조직적, 계속적으로 형식을 갖추어 교육하는 것이 특징이다. 따라서 형식적인 교육에서는 아동에게 사회적 영향이 미치게 된다(김준기, 1996). 또한, 형식적 교육에서의 사회적 동화는 막연한 것이 아니라, 인간의 성장발달을 도와 문화의 발전과 사회의 발전을 도모하려는 의도적인 것이다. 또한 일정한 계획하에 지속적으로 할 수 있도록 성장발달을 도모하는 의도적, 계획적 활동이며, 그 목적은 실현단계에 따라 구성된 교재 내용을 매개로 하며, 효율적인 지도방법이다.

따라서 형식적 교육이란 계획적이고 의도적인 교육이며, 교육기관에 의한 교육이다. 교육기관이란 교육목적을 가지고 특정한 계획 밑에 설치된 것으로서, 학교가 그 대표적이라 할 수 있으며, 그 외에 훈련소, 양성소, 학원, 서당, 강습소 등과 같은 교육기관이 있다. 또한, 형식적인 교육은 이러한 것에만 국한되는 것이 아니라 가정이나 직장, 그리고 일반 사회에서도 행해질 수 있다. 이것들은 학교교육에 비하여 의도의 명확도와 계획의 정밀도는 낮을지라도 어느 정도 형식적인 교육이라 할 수 있다. 예를 들면, 가정에서 부모가 자녀에게 예법이라든지 지식, 기능을 습득시킬 의도로 꾸짖고, 칭찬하고, 부모 자신이 언행을 삼갈 때 거기에는 의도적으로 교육이 이루어지고 있는 것이다.

그리고 관청, 회사, 공장, 기타 직장에서도 상사나 선배가 미숙한 후배를 의도적, 계획적으로 교육하는 일이 있으므로 직장도 형식적인 교육이 행해지고 있는 곳이다. 이와 같이 학교 이외의 가정이라든지, 또는 일반 사회에서의 교육이 비합리적, 봉건적이라 할지라도 의도적, 계획적으로 형식적인 교육이 이루어지고 있으며, 이와 같은 교육은 인간 형성에 있어서 중요한 작용을 하고 있다.

2) 비형식적 교육

비형식적 교육(informal education)이라 함은 교사(敎舍)나 교재를 필요로 하지 않고 사회로부터 받는 사회적 동화라 할 수 있다(김문환, 1999). 이러한 비형식적인 교육은 뚜렷한 목적, 조직, 형식 그리고 계속성이 없으며, 일시적으로 교육적 영향을 미치는 교육적 기능을 갖고 있는 것이 특색이다.

크리크(E. Krieck)는 “교육은 인류에게 언제 어디서나 행해지고 있는 정신적인 근본 기능이다”라고 하였고, “지구는 인류의 학교”라고 한 것은 사회생활 그 자체가 인간 형성에 작용하고 있음을 지적한 것이다. 순진한 아동이 친구를 잘못 사귄 탓에 불량아가 된다든지, 불량한 아동이 착한 아동과 어울림으로써 착한 마음을 갖는 경우가 있듯이, 인간은 서로 접촉하는 데 따라 인간 형성이 이루어지는 것이다.

비형식적 교육은 무의도적 교육으로서 기능적 교육이라고도 하며, 교육기관에 의하지 않은 교육이다. 서석이나 잡지, 영리를 목적으로 하는 영화, 라디오, TV 등 특히 교육의 목적에 있어서 설비된 국방부 직할부대 및 기관 이외의 모든 사회기관에 의해서 자연발생적으로 이루어지고 있는 교육이다.

엄격한 의미에서 보면 가정교육, 사회교육, 자연교육이 그 대표적인 것이다. 가정교육이나 사회교육도 근래에 와서 일정한 형식을 갖춘 계속적이며 의도적인 교육으로 재조직되어야 한다는 생각을 했으나, 역시 비형식적 가능성을 벗어나지 못하고 있는 것으로 생각된다.

비형식적으로 이루어지고 있는 교육의 특색은 뚜렷한 교육의 목적이나 조직 및 형식이 없이 무의도적으로 이루어지고 있는 점에 있다. 인간이 살고 있는 사회라면 어느 곳에서나 교육 활동이 이루어진다고 할 수 있는데, 이렇게 광의로 해석하여 사회화 과정에서 자연적으로 발생하는 무의도적 교육이 바로 비형식적 교육이다.

이와 같이 인간이 살고 있는 곳에는 언제 어디를 막론하고 비형식적 교육이 이루어지고 있다. 따라서 가풍과 세습 또는 학교에서 자연적으로 이루어지는 교풍 등이 인간 형성에 커다란 영향을 미친다는 것을 생각할 때, 교육은 사회생활 그 자체가 가지고 있는 인간 형성의 기능이라고 볼 수 있다. 그러나 여기서 비형식적인 교육이 막대한 영향을 줄 경우 형식적 교육을 통해서 이루어 놓은 교육의 성과를 망칠 수도 있다는 사실을 주시해야 한다.

이러한 의미에서 형식적인 교육과 비형식적인 교육은 인간 형성에 있어서 모두 중요한 것이며, 이는 상호 간에 밀접한 관계를 가지고 있다. 따라서 형식적 교육만으로는 충분한 교육적 효과를 거둘 수 없으며, 비형식적 교육의 협조 없이는 형식적 교육의 목적을 달성할 수 없는 것이다.

그러므로 교육이란 형식적 교육이든 비형식적 교육이든 간에 인간 형성에 영향을 주는 모든 활동을 말하는 것이다. 교육은 형식적이든 비형식적이든 간에 경험에 의해서 개인의 행동에 변화를 일으키게 한다. 여기서 개인의 행동에 변화를 일으키게 하는 경험의 성격은 철학에 따라 결정지어진다.

예전에는 교육이라 하면 학교교육을 연상할 정도로 학교교육만을 중요시하여 왔으나 최근에는 문화, 사회구조와 경제, 생산구조가 뿌리에서부터 변화를 일으켜, 가정과 사회에서 교육적으로 부정적 기능이 크게 나타나면서, 비형식적 교육의 중요성이 새삼 강조되고 있다. 우리나라 헌법의 교육 조항에 가정교육을 포함한 사회 교육의 진흥 의무화 조항이 신설되고, 이에 맞추어 사회 교육법이 제정되기에 이른 것도 이러한 배경에서이다.

참고로 헌법의 교육조항을 보면 다음과 같다.

헌법 제31조

① 모든 국민은 능력에 따라 균등하게 교육을 받을 권리를 가진다.
② 모든 국민은 그 보호하는 자녀에게 적어도 초등교육과 법률이 정하는 교육을 받게 할 의무를 진다.
③ 의무교육은 무상으로 한다.
④ 교육의 자주성 · 전문성 · 정치적 중립성 및 대학의 자율성은 법률이 정하는 바에 의하여 보장된다.
⑤ 국가는 평생교육을 진흥하여야 한다.
⑥ 학교교육 및 평생교육을 포함한 교육제도와 그 운영, 교육재정 및 교원의 지위에 관한 기본적인 사항은 법률로 정한다.

비형식 교육의 사회교육은 학교교육과 달리 그 형태가 다양하다. 또한 국민들의 필요성이 다양하기 때문에 그 실시 기관과 형태도 다양하다. 그 대표적인 사회 교육의 형태를 살펴보면 다음과 같다(석태종, 2002).

사회교육의 형태

첫째, 학교 중심의 사회교육으로 문맹 퇴치 교육, 어머니 교실, 주부 교실, 시민 교육 강좌 등과 공민학교, 고등공민학교, 기술학교, 산업체 부설 야간 중 · 고등학교, 각종 학교, 방송통신고등학교, 방송통신대학교, 개방대학 등이 있다.

둘째, 사설학원 형태의 사회교육으로 각종 기술학원, 예술학교, 체육학원 등에 의한 교육이 있다.

셋째, 민간단체에 의한 사회교육 형태는 YMCA, YWCA, 적십자사, 유네스코, 보이스카우트, 걸스카우트, 각종 여성 단체, 노인단체 등에 의한 교육이 여기에 속한다.

넷째, 공공기관 및 산업체에 의한 사회교육으로는 정부 각 부처 및 산하단체, 산업체의 현직교육, 농민교육, 근로자 교육, 여성 교육 등이 있다.

다섯째, 사회교육 시설에 의한 사회교육으로는 노서관, 박물관, 문화원, 마음문고, 마을회관, 여성회관, 청소년회관 등에 의한 교육이 있다.

여섯째, 신문, 라디오, 잡지, TV 등의 매스미디어를 이용한 광범위한 교육 활동 등이 사회교육의 중요한 내용이다.

종전에는 학교교육만 받고서도 충분히 수행할 수 있었던 일들이 오늘날에는 지식의 폭발적 증가, 과학과 기술발달의 가속화, 그리고 모든 분야의 급진적 변화 등으로 제한된 기간의 학교교육만으로는 그 교육적 필요의 증대를 따라갈 수 없게 되었다. 따라서 학교교육을 중심으로 한 형식적 교육의 한계가 드러나면서부터 시간과 공간의 제약을 덜 받는 학교 외의 교육 즉, 학교교육 전이나 후에 사회 도처에서 필요에 따라 언제든지 받을 수 있는 사회교육이 학교교육의 보완적 기능으로서 또한 대안으로서 가능성을 인정받게 된 것이다.

이러한 사회교육의 시대적 요청은 지금까지 학교가 독점하다시피 했던 교육의 많은 기능을 학교 밖의 가정과 사회로 다시 반환해야 한다는 것을 의미한다.

제3장

문화

1. 문화의 개념

Cultura는 본래 경작, 재배, 배양의 의미를 갖고 있는 cultivation의 뜻으로 자연에 노동을 가하여 수확한다는 뜻을 내포하고 있다. 즉, 문화의 의미를 어원적으로 찾아보면 인간의 이상을 실현하기 위하여 주어진 자연을 일정한 목적과 표준에 비추어 지배하고 형성하는 과정으로 볼 수 있다(Carnoy, M., 1977). 그러므로 자연상태로부터 가치를 상승시키고 가치를 창조한다는 의미를 갖게 되고 나아가 교양이나 세련의 의미를 갖게 되었다. 자연을 통한 가치적 구성이요, 이상의 표현이 문화이다. 그래서 인간은 일찍 문화를 소유할 수 있었고 인간은 바로 문화를 가진 동물인 것이다. 또한, 그 사회가 어떠한 문화를 가졌느냐에 의하여 사회의 특성을 찾아볼 수 있다.

① 광의의 문화: 자연에 대한 가공에 더해 인간의 행위나 태도를 가꾼다.
② 협의의 문화: 자연에 대한 가치를 상승시킨다. 가치를 창조한다. 교양이나 세련의 의미가 강하다.

인간은 문화를 창조하고 소유한다는 점에서 타 유기체와 구별되며, 따라서 문화에 대한 개념은 다양하게 정의되고 있다. 영국의 인류학자 타일러(E. B. Tylor)는 문화란 지식, 신앙, 예술, 도덕, 법률, 습관 및 사회구성원으로서 인간에 의해 획득된 모든 능력과 습성을 포함하는 복합적 총체라고 설명하고 있다.

엘우드(C. A. Ellwood)는 문화를, 인간이 자연과 자신을 지배 · 통제하기 위하여 습득한 모든 힘으로서의 물질적인 문명과 비물질적 또는 정신적인 문명의 모든 것을 포함하는 포괄적 개념으로 정의하고 있다.

미국의 문화 인류학자인 로위(R. H. Lowie)는 "문화란 개인이 사회에서 획득한 전체를 말한다. 즉, 자기의 창조적 활동에 의해 되는 것이 아니라 형식적, 비형식적인 교육에 의해 전달되는 과거로부터의 유산인 신앙, 관습, 예술적 규범,

음식 습관, 기술과 같은 것이며, 사회적 전통의 전체이다."라고 정의하여 교육에 의해 전달되는 유산이요, 사회적 전통을 문화로 보고 있다.

린턴(R. Linton)은 문화란 생활양식이고 사회구성원이 참여하는 관습, 관념, 태도가 조직된 것의 집합체라고 규정했고, 보아스(F. Boas)는 집단의 구성원인 개개인의 정신적, 육체적 반응 및 활동의 총체라고 보았다.

클러크혼(C. Kluckhohn)은 인간에 의하여 창조된 인간 환경의 모든 면을 문화라 칭하면서 문화는 인간집단의 생활양식인 생활 설계로 파악한 다음 역사적으로 이루어진 삶의 지혜라고 정의했다.

소로킨(P. A. Sorokin)은 비물질문화를 이념적 문화와 구분한 후 문화는 이념적(ideological), 행동적(behavioral), 물질적(material)인 세 입장에서 이해해야 할 문제이며, 물질문화의 외형적(externalized) 형태로 보았다.

시트럼탐(Sitramtam)은 어떤 지역에 사는 일단의 사람들이 학습된 총체라고 정의했으나 레빈(R. A. Levine)은 어떤 모집단 내의 개인들이 서로 의사소통하며, 그들 자신과 환경에 대하여 생각하고 환경 속의 대상에 대해 행동해야 하는 방법들에 대한 규약의 조직체를 문화라고 말한다.

이상으로 사회학과 문화인류학에 따라 다양하게 나타난 것은 문화의 특정 측면이나 양상을 더 강조한 데서 나타난 결과라고 할 수 있다.

2. 문화의 특성

문화란 특정한 사회의 성원들이 생활해가는 데 있어서의 제반 문제에 대처할 수 있도록 사회구성원 간에 공유하고 있는 것을 학습한 사회적으로 승인된 사물과 지식과 언어와 가치관과 규범 등을 말한다는 정의에 따라 문화의 특징을 살펴보고자 한다.

첫째, 문화란 본능의 소산이 아닌 학습의 결과라는 것이다. 즉, 문화는 습득된 행동이다. 특히 사회화 과정을 통하여 이러한 과정이 이루어진다. 인간의 문화는 과거 수천 년에 걸쳐 형성 · 발달되어 왔다. 유인원(Hominidae)을 거쳐 근대인(Homosapiens)으로 인간의 체형이 진화됨에 따라 인간의 두뇌 크기도 증대하였고, 그 결과 인간은 상징적 행위를 할 능력과 지능도 발달하였다. 이와 같은 변화가 시사하는 것은 석기류의 개발과 의사소통수단의 도입 및 인간의 집단과 지역공동체의 조직화이다. 이와 같은 조직적인 행위와 상징적 형태의 의사소통 및 사회구성원 간에 공유하는 의미는 곧 인류문화의 요체이다.

인류의 진화 역사는 곧 인간이 주어진 환경의 요구에 적응하고 발전한 문화의 발달사이다. 선천적으로 타고난 생리적 본성에 의하여 행위가 결정되는 다른 동물과는 달리 인간은 그들의 문화를 통하여 주어진 환경에 어떻게 적응해야만 되는가를 배운다(Tonnies F., 1985). 이념, 상징체계, 규범체계로서의 문화를 배우는 것이 매우 중요하다. 문화는 사물 자체라기보다는 발명품, 도구나 세계 등과 관련된 의미와 가치관이므로 사회구성원이 되는 과정에서 이러한 것들을 배워야 하는 것이다. 문화에서 무엇을 배울 수 있느냐가 인간의 사회행위의 한계를 설정한다. 이와 같은 관점에서 모든 사회구성원은 광범위한 행위를 똑같이 배울 수도 있으나 무엇을 배워야 하는가 하는 것은 문화에 달려 있다.

문화는 사회화 과정을 통하여 학습하고 사회의 가치관과 신념과 규범, 규칙과 신념 등이 어린이 인성의 부분이 되고 그의 행위를 형성하게 된다. 만약 사회화가 전적으로 실패한다면 곧 문화는 고사될 것이다.

둘째, 문화란 사회나 집단 성원 간에 공유되고 있다는 점이다. 물론 가치관과 신념 및 규범과 같은 것에 대한 사회나 집단성원의 완전합의란 기대할 수 없으나 어느 특정한 집단이나 사회의 생활양상으로서의 문화는 상기와 같은 제반 사항에 관한 구성원 간의 일반적인 합의에 기초를 두고 있다. 만약 하나의 동일한 사물을 같은 사물로 볼 수 있는 똑같은 가설 혹은 전체를 공유하지 않는다고 한다면,

사회구성원은 상반되는 형태의 행위가 적합한 것이라고 주장할 것이다. 상호 이해의 가능성은 세계의 물리적 거리가 좁아짐으로써 상이한 문화적 배경을 갖는 사람들 간의 만남의 기회가 늘어남에 따라 더욱더 늘어날 것이다.

사회구성원 상호 간에 인지되고 이해된 공통문화가 없다고 가정한다면 우리 사회는 정신착란증적인 악몽에 사로잡혀 정신병원에 입원 중인 환자들과 같이 환청을 듣고, 다른 현실을 경험하고 그들의 문화가 가르친 대로 행동하지 않고 각자가 마음대로 행동하게 될 것이다.

셋째, 문화는 과거로부터 현재로, 그리고 현재에서 미래로 대대손손 전승되고 이러한 과정을 통해서 축적 · 변화 및 발전하는 것이다. 이러한 관점에서 어느 특정한 사회에서 학습되고 반복되는 것이 문화라고 정의한 인류학자 린톤(R. Linton)은 문화란 곧 사회구성원이 소유하고 있는 사회적 유산이라고 묘사하고 있다. 과거의 전통으로서의 문화란 곧 우리 선조들이 일상생활에서 되풀이되고 있는 특정한 문제들을 극복하기 위한 집합적 경험이라는 것을 시사하고 있다. 이와 같이 문화의 덕택으로 선대가 바뀌었다고 해서 처음부터 다시 시작할 필요가 없게 되었으며, 우리 인류는 새로운 상황에 처할 때마다 전적으로 개개인이 처한 문제에 의존하지 않아도 이에 슬기롭게 대처해 나갈 수 있게 되었다.

아인슈타인(Einstein)의 상대성 이론도 뉴턴(Newton)의 이론을 기반으로 하였으며 와트의 증기기관 발명이 없었더라면 오늘날 고속도로를 달릴 수 있는 자동차의 출현도 불가능하였을 것이고, 스튜어디스의 출현 역시 병원 간호사의 직업을 모체로 하고 있다. 이처럼 문화란 우리 선조들에 의해 창조 · 발명되었지만, 시대의 흐름과 더불어 계속 변화를 거듭하고 있으며, 현대에 와서는 일대 변혁이 일어났으며 이러한 변화는 후세에도 계속되어 더욱더 큰 변화를 초래할 것이다.

넷째, 문화는 통합(integration)되었느냐 하는 것은 문화 인류학자들의 장기간에 걸쳐 논의를 거듭해 온 문제이다. 문화는 전 지표에 산재되어 있는 광범위한 아이템의 집합이라고 한 19세기 후반의 영국의 문화 인류학자 타일러(E. Tylor)가 문화에 대해 정의한 대로 문화란 역사적인 우연성에 의하여 함께 모인 어떠한 아이템으로 구성됐다고 생각하는 것이 보편화된 때도 있었다. 그러나 문화란 문화 전체의 기능을 촉진할 방법으로 문화의 각 구성 요소가 상호 보완할 수 있도록 질서정연하게 조직되어 있다고 하는 영국의 인류학자 말리노프스키(B. Malinowski)가 제기하였듯이 문화통합이라고 일컫는다.

문화통합(culture integration)이란 문화를 구성하는 요소들이 화합되고 잘 밀착된 전체로 통합된 상태를 말한다. 잘 통합된 문화에서는 사회구성원의 행위 양상이 그들의 신념과 일치하며 상호 모순점이 적다고 볼 수 있다. 잘 통합된 문화는 안정되고 변화에 느리며 비교적 그 규모가 작은 단순한 미개사회에서 볼 수 있다. 이와 반대로 현대 산업사회의 문화는 서로 상반되는 요소를 많이 포함하고 있다고 볼 수 있다.

다섯째, 문화의 또 하나의 특징은, 문화는 인간의 행위와 경험의 어느 특정한 국면을 선택하여 일어난다는 사실이다. 문화 인류학자 베네딕트(R. Benedict)는 언어와 제도를 예로 들어, 이러한 특징을 다음과 같이 설명하고 있다.

우리는 성대와 비강을 통하여 무한한 음성을 낼 수 있으나 각 언어는 그중 한정된 수의 특정한 음만을 선택하여 언어를 구성하고 사용함으로써 외부인에게는 잘 이해되지 않는 고충을 참아야 한다.

모든 인간사회나 인간집단은 문화적 제도에 있어서 같은 선택을 하였으며 타 문화적 제도라는 시각에서 보면, 각 문화적 제도는 타 문화를 근본적으로 무시하고 부적당하다고 생각되는 것을 개발 · 이용하고 있다. 어느 한 특정 문화는 금전적 가치관을 무시하는 반면, 다른 문화는 금전적 가치를 각 분야의 행위의 모태가 되는 것으로 여기기도 한다.

어느 한 문화는 그들의 생존에 필수 불가피하다고 보이는 생활영역에 있어서까지도 과학기술이 믿어지지 않을 정도로 무시되지만, 사회의 발전 단계적 측면에서 볼 때 아주 단순한 사회에 있어서도 기술적 성취는 비교적 복잡하고 놀라울 정도로 그 사회가 처한 상황에 적합한 경우도 있다.

여섯째, 문화는 여러 가지의 부분문화로 구성되어 있다. 그러나 이러한 부분문화도 궁극적으로는 통합된다는 것이다(이위환, 2017).

일곱째, 문화는 동일성을 유지한다. 부분문화가 독립적으로 지속되는 것은 아니다(이위환, 2017).

여덟째, 문화형태가 다르면 문화적인 행동도 달라진다. 즉, 갓난아기는 처음 태어날 때는 본능에 따라 입술에 아무것이나 갖다 댄다. 그러나 자라면서 문화적인 학습 과정을 통하여 먹을 수 있는 것, 먹을 수 없는 것, 먹는 시간, 먹는 장소, 시간, 방법을 알게 된다(이위환, 2017).

아홉째, 문화는 이동한다. 동양문화에서 서양문화로, 서양문화에서 동양문화로, 낮은 문화에서 높은 문화로 다양하게 이동한다(이위환, 2017).

열째, personality의 발달은 문화의 영향을 받는다. 이러한 문화는 기후적인 조건, 지형적인 조건, 정착문화냐 혹은 이동문화권이냐에 따라 문화형성에 영향을 미치고 이것은 이후에 personality에도 영향을 준다(이위환, 2017).

3. 문화의 유형과 기능

문화는 수많은 요소로 이루어져 있으며, 문화를 구성하는 여러 문화요소를 영역별로 묶어 문화 내용을 유형화하게 되자 학자마다 여러 요소로 분류하고 있지만, 일반적으로 문화를 물질문화와 비물질문화(정신문화)로 구분하여 왔다.

이러한 구분에 대한 합일점으로 사회학자들은 일반적으로 다음과 같이 구분하고 있다(이위환, 2017).

첫째, 물질문화와 비물질문화로의 구분이다.

물질문화(material culture)란, 도구, 건물, 기계, 시설 등과 같이 물리적 대상과 이를 사용하는 방법에 관한 문화로서, 모든 구체적이고 가시적인 인간의 창조물(업적)이라고 한다면, 비물질문화(non-material culture)란, 신념, 관습, 관념, 이데올로기, 사회제도 등과 같이 비가시적인 것을 말한다.

오그번(W. F. Ogburn)은 물질문화, 정신문화, 적응문화로 분류했는데, 물질문화에는 가옥, 공장, 생산품, 사료품 등이 해당하며, 정신문화에는 종교, 예술, 과학, 서적, 작품, 성서 속에 구현된 정신적 문화재가 해당되며, 적응문화(adaptive culture)에는 습관, 사회제도 등이 해당된다.

그러나 때에 따라서는 비물질문화를 정신문화(spiritual culture)와 행동문화(behavioral culture)로 구분하기도 하고, 소로킨(P. A. Sorokin)과 같이 이데올로기적 문화와 행동적 문화로 구분하기도 한다.

여기서의 정신문화는 학문, 종교, 예술과 같은 정신적 창조물의 총칭이며, 행동문화는 습관, 민속, 제도와 같은 행동방식이고, 소로킨의 이데올로기적 문화는 개인과 집단이 갖는 의미, 가치, 규범의 총합이며 행동적 문화는 이데올로기적 문화를 객관화하고 사회화하는 인간들의 작용 및 행동의 총체로 파악하고 있다.

둘째, 물질문화와 정신문화는 조화를 이루어 균형적 발전을 해야 한다. 그러하지 않은 경우에 문화 지체 현상이 나타날 수도 있다(이위환, 2017).

셋째, 특히 현대사회에서는 문화의 정신적인 측면이 더욱 강조되어야 한다(이위환, 2017).

제4장

사회화

1. 사회화의 개념

사회화(socialization)라는 개념이 도입되기 시작한 것은 1890년대에 들어오고부터이다. 시멜(G. Simmel)이 1895년에 그의 논문『사회학의 문제(*The problem of sociology*)』에서 사회화란 집단의 형성과정 또는 관계형식(forms of socialization)이 형성되는 과정의 뜻으로 사용되면서부터이다. 사회화란 인간의 사회적 성격이 형성되는 과정으로, 로스(Ross)는 사회화란 "인간의 정서나 욕구를 집단적 필요에 적응시키는 과정이다"라고 하였다. 그러나 사회화에 관해 본격적인 연구가 시작된 것은 1920년대부터이다.

또한, 이러한 사회화는 거의 사회학적 측면에서 사용된 것이고, 이것을 교육학적으로 적응시켜 사용한 최초의 사람은 뒤르켐(Durkheim)으로 1920년경 미국의 인류학, 심리학, 사회학에서도 연구되었으며 1960년 이후부터는 유럽에서 사회과학 영역에서도 사용되어 왔다.

사회화는 그 내용과 경과와 관련하여 다음과 같이 구체적으로 정의할 수 있다(이위환 · 김용주, 2007).

① 사회화란 사회구성원이 되는 과정으로 독특한 개성을 가진 인생이 사회문화적 조건 속에서 형성되는 것이다.

② 사회화란 사유하고 기억하며 언어를 구사하는 것과 같은 지적 능력, 인지적 기능을 계발 · 습득하며 동시에 감정이나 정서의 계발과 같은 애정적인 발달을 의미한다.

③ 사회화란 사회생활에 있어서 다양한 상황 속에서 성원으로서의 역할 수행을 가능하게 하는 사회의 제반 규범과 가치관을 내면화하는 가정이다.

④ 사회화는 사회구성원 각자의 독립된 경제인(homo economics)으로서 생존을 가능하게 하는 제반 작업상의 기능을 학습하는 과정이다.

그래서 사회화는 여러 가지 측면에서 다양하게 의미를 찾을 수 있다.

첫째, **심리학적 측면:** 프로이트(S. Freud)와 같은 정신분석학자들은 인간의 충동에 대한 통제능력을 형성하는 과정을 사회화라고 하였다. 즉, 인간의 기본적 욕망을 조절하고 통제할 줄 아는 의지력을 계발해 주는 것이 곧 사회화라는 것이다.

둘째, **인류 문화학적 측면:** 미드(M. Mead)는 사회화를 문화적 측면에서 파악한다. 사회화란 문화를 동질화하는 과정이다. 즉, 문화화(enculturation)되어 가는 과정을 사회화라고 하였다.

셋째, **사회학적 측면:** 사회화란 사회적 동조성(social conformity)이 형성되어 가는 과정이라고 하였다.

이상에서 사회화의 개념을 통하여 볼 때 사회화란 곧 넓은 의미의 교육을 의미한다고 말할 수 있다. 인간이 점점 사회화되어 간다는 것은 교육된다고 말할 수 있다. 피교육자의 입장에서 보면 점점 학습되는 것이다. 사회학적 학습 과정이 곧 사회화라고 할 수 있다. 인간의 개성이 형성되어 가고 발달해 간다는 사실은 교육이요, 학습인 것이다.

2. 사회화의 이론

사회화에 관한 관심은 교육학에서뿐만 아니라 심리학, 사회학, 문화인류학 등에서도 나타나고 있다. 이러한 관련 이론을 살펴보면 다음과 같다.

프로이트(S. Freud)와 에릭슨(E. Erickson)은 정신분석학적 측면에서 사회화를 설명하고 있다. 즉, 사회화는 아동의 본능적인 욕구를 제한하고 통제하여 개인의 욕구와 사회적 통제 사이에 있다고 보았으며, 본능적인 원초아(Id)와 부모를 통해 사회적 규범이 내면화되어 형성된 초자아의 맹목적 대립과 갈등을 조화시킬 수 있는 자아의 발달이 곧 사회화라고 하였다.

프로이트(S. Freud)의 성본능발달설(the theory of psycho-sexual development)은 그 자체가 곧 사회화 이론이라고 할 수 있다. 원초아(Id)-자아(Ego)-초자아(Superego)의 발달 과정으로 사회화에 접근해 간다(Senge. P., 1992). 또한, 사회화 과정을 통한 인성(personality)의 형성발달 과정은 신체의 성대(erotogenic zone)와 관련된 4단계로 이루어지고 있다고 주장하고 있다. 각 단계에서 욕구충족에 관한 희망이 부모와 초자아가 세운 제한과 충돌하게 된다.

에릭슨(E. Erickson)은 프로이트(S. Freud)의 이러한 이론을 더욱 발전시켜 인간이 성장하면서 자신과 주위에 관한 생각이 어떻게 변하는가에 초점을 두고 인간이 특별한 사회 심리적 위기에 직면할 때의 극복 여부에 따라 사회화가 이루어진다고 했다. 에릭슨(E. Erickson)의 이론은 '자아'를 생리학적이라기보다는 사회학적 측면으로 보고, 사회와 개인 간의 사회화를 통해 새로운 능력을 계발할 것을 요구한다고 하였다.

3. 인간의 성장단계와 사회화 기관

1) 유아기 사회화와 가족

출생에서 8세까지를 유아기(early childhood)로 볼 때, 이 시기는 성장 초기에 사회적 관계를 맺는 매우 의미 있는 시기이다. 인간의 발달과정 중 가장 기초가 되는 단계로서 귀속적 지위라 할 수 있는 아동기(childhood)는 신체 및 심리적 발달에 대한 기대를 받는 시기이다. 뿐만 아니라, 이 시기의 아동은 장차 사회생활에 필요한 관습, 행동 양식 등을 습득해야 할 요구를 받는다. 즉, 각 사회가 기대하는 아동(children)으로 성장해야 한다는 성취적 지위를 사회로부터 부여받는다.

이때 부모, 형제 등의 가족구성원이 새로 태어난 어린아이의 주된 사회환경을 구성하게 된다. 가정의 자녀 양육방식이나 구성원의 인간관계구조, 그리고 역할 구조는 사회화에 일차적으로 가장 큰 영향을 주게 된다(Olsen, E. et al, 1954). 가정에서 언어를 습득하고 행동의 기본적 틀을 익히게 된다. 가정에서의 사회화는 가족구성원인 아버지, 어머니, 형제자매의 행동 모방을 통하여 시작된다. 가정에서의 자녀 양육방식과 자녀의 행동 특성은 밀접한 관계를 갖게 된다.

자녀를 지나치게 통제하는 가정에서 성장한 어린이는 복종적이고 의존적이며, 권위주의적이고 반항적인 성격을 갖게 되는 경향이 높다고 한다. 반대로 부모가 자녀를 지나치게 방임하면 행동의 통합성과 사회성이 결여되고 책임감이 약화될 우려가 있다. 그리고 아동의 자율성을 장려하고 협동과 집단의 결속력을 강화하는 가정에서 자란 아동은 사회성과 지도성, 그리고 책임감이 높고, 학업성취의 우수성을 보이는 경향이 높다고 한다.

가정의 구조와 형태에 따라 사회화의 특성이 달라진다. 대가족에서 자란 아동은 핵가족에서 성장한 어린이에 비하여 의존심이 강하고, 반면에 사교성이 발달하게 된다고 하며, 기독교 정신을 강하게 믿고 있는 가정의 어린이는 독립성과 성취동기가 강한 행동 특성을 가진다고 한다.

가족구성원 간의 역할 관계가 그들의 상호작용 관계를 결정함에 큰 영향을 미치게 되지만, 부모들의 성격, 가치관, 태도, 동기 등의 특성도 그들의 상호작용 과정에 크게 작용한다.

2) 아동기의 사회화와 사회화 기관

아동기의 사회화는 가족이 이제 어린이를 둘러싼 전 세계가 아니라는 점이다. 다시 말하면, 어떤 종류의 사회화 경험이 받아들여질 수 있는가이다. 예를 들면, 어떤 TV 프로그램은 봐도 괜찮은가, 어떤 책을 읽어야 하는가 등의 사항은 아직도 부모에 의하여 결정되지만, 아동기에 접어들면서부터 매스미디어(mass media)

와 같은 또래의 친구들이 어린이의 사회화에 영향을 미치므로 유아기의 사회화에 주도적인 역할을 하던 가족은 점차 그 영향력을 상실하게 된다는 것이다.

(1) 아동기의 사회화 기관으로서의 학교

사회화가 복잡해지고 직업이 분화된 산업사회에 있어 어린이가 자라 어른으로서 합당한 행동을 하는 데 필요한 모든 것을 가정에서 가르칠 수 없기 때문에 학교로 하여금 이 기능을 대행하도록 하고 있다. 학교에서는 이 밖에도 협동과 경쟁, 동조와 변혁 등 사회생활에 필요한 가치관과 태도 등을 가르치고 있으며, 또한 단정한 외모와 시간개념, 질서의식 및 권위에 대한 존경 등도 가르치고 있다(이위환 · 김용주, 2007).

학교는 성적과 기타 교사의 평가 제도를 통하여 아이들의 경쟁의식을 고조시키며, 학교에 다니게 됨으로써 비로소 아이들과 어른들의 관계는 양육과 올바른 행위에 관한 관심 위주의 어린이와 부모와의 가족구성원 외의 어른과의 관계로 이행하게 된다(진규철, 1990). 학교의 다른 기능은 사회통제의 기능이므로 학교에서 자신이 소속된 국가사회의 가치관을 익힌 어린이는 이에 어긋나는 행위를 하지 않도록 할 수 있다. 학교는 반사회적인 성격 형성을 방지함으로써 어린이의 올바른 인격 형성에 관여하게 된다. 이 밖의 학교에 있어서의 특별활동은 어린이들로 하여금 그들의 재능과 특별한 흥미 계발을 촉진시킨다.

사회가 점차 복잡다단해지고 산업화됨에 따라 학교가 사회화의 대행기관으로 등장하게 되어 가정에서 이루어졌던 사회화의 기능 일부가 학교로 넘어가게 되었다. 학교교육을 통하여 개인은 도덕, 예술, 예법, 학문을 익히게 되며 질서와 근면, 성실에 대해 학습하고 민주주의, 전제주의 같은 추상적인 개념관과 가치관을 습득하게 된다. 학교 이외에도 직장, 교회, 군대 기관 역시 사회화 기관의 역할을 한다. 직장에서 상관이나 부하직원 간의 대인관계나 조직체 내에서 개인이 취하는 행동은 그 개인이 속해 있는 조직 자체의 이념이나 목적에 의하여 좌우된다.

(2) 아동기의 사회화와 대중매체(mass media)

현대사회에 있어서 대중매체의 역할과 기능 및 그 영향력은 지대하다. 대체로 아동뿐만 아니라 전 국민을 사회화 또는 재사회화시킬 수도 있고, 또 획일적이고 전체적인 사회로 이끌어갈 수도 있다. 매스미디어 특히 TV도 어린이의 사회화에 큰 영향을 미치며, 또한 교육 프로그램은 어린이들의 인지능력을 향상시키며, 다른 프로그램은 도시나, 지방, 문화와 계층을 대표하는 많은 모델의 역할을 노출시켜 어린이의 인지적 능력을 향상시킨다고 볼 수 있다.

그 밖의 TV를 중심으로 한 매스컴의 놀랄 만한 성장 · 발달은 유년 문화를 문자화에서 영상문화로 전환 · 편성하였으며, TV 프로그램을 통한 욕구충족이 유소년에게 미치는 영향은 지대하다(진규철 · 이영자, 1992).

첫째, 영상문화로의 전환은 유소년 문화에의 영합으로, 생각 없이 무분별한 행동을 유발하는 데 영향을 미친다.

둘째, 유소년은 TV 영상의 마력에 중독되어 영상 속 이미지와 실제 이미지 간의 분별력이 상실되고, 실생활을 영상의 연장으로 보는 착각을 함으로써 현실을 안일하고 이상적인 것으로 해석하여 인내와 노력을 기피하는 태도를 조장하기 쉬울 뿐 아니라, 비현실적으로 팽창된 이상과 욕구는 현실도피나 범법행위를 유발할 수 있다.

셋째, 영상 이미지를 통한 욕구충족은 시청자의 욕구를 실제 대상에 의하여 충족시키는 것이 아니라 현실적 대상을 자칭하는 대상의 교류에 의해 충족시키므로 의사적 충족에 지나지 않는다. 유소년의 TV와의 접촉 시간이 증가함에 따라 사실 인지와 간접 인지의 분별력을 상실하게 된다.

넷째, 생산자가 상품에 대해 과대광고를 함으로써 그 상품의 가치를 과다하게 부가하여 그 상품을 구매한 소비자로 하여금 상품 소유 자체만으로도 CF에 나오는 모델이 된 것 같은 착각을 하게 한다. 이러한 경우, 구매는 특정한 상품의 소유에 목적이 있는 것이 아니라 광고에 나오는 우상인 모델(대개 유명한 인사나 배우, 가수)과의 일체화에 목적이 있다.

이와 같이 상품에 그 효과 이상의 가치를 부과함으로써 생산자는 새로운 수요를 불러일으켜 소비자의 새로운 욕구를 창출하고, 생산자가 제시하는 인간의 이미지에 소비자 자신을 확대 · 동일화하게 함으로써 특정한 상품의 소유자가 그렇지 못한 사람과 비교하여 인격상으로 뛰어난 것과 같은 인상을 주게 된다.

특히 어린 시기에 매스컴 속 환상적 세계의 노출은 어린이를 환상적 이미지와 실제 이미지를 분별하지 못하게 만들어 환상적 이미지를 실제 이미지로 쉽게 받아들이게 됨으로써 실제 능력이 없는 유소년으로 하여금 현실과 유리된 공간 세계로 유도할 위험성을 부인할 수 없다.

이와 같은 환상적인 상황에 유소년이 손쉽게 빠져들게 되는 또 하나의 이유로는 과거에 비하여 경제 수준은 많이 향상되었으나, 스트레스가 많은 생활환경에 사는 현대인이 스트레스를 해소하는 방법으로 큰 욕망이나 필요 없이 충동 구매를 하는 경우이다.

자아개념의 불확립으로 정신적 불안과 혼란 속에서 방황하는 젊은이들의 이와 같은 어느 특정 상품에 대한 그 상품 이상의 가치부과는 정신적 불안정을 극복하는 방법으로, 유소년에게 필요치 않은 충동 구매를 유발하는 경향이 있다. 소비는 곧 유소년에게 하나의 자아실현 방편이 될 수 있다.

다섯째, TV의 출현 이후 TV가 폭력, 살인, 강간 등의 흉악한 범죄에 미치는 영향에 대하여 사회 각계에서 큰 우려의 목소리를 내고 있다. TV 시청과 흉악범죄의 인과관계를 설명할 수 있는 통계자료에 의하면, 감정을 통하여 자신의 존재를 파악하는 청소년의 취향에 맞추어 매스컴의 선정적이거나 충격적인 작품은 이들의 자극을 유발하고 욕구를 충족시키는 데 초점을 두고 있는 것으로 나타났다. 또한 청소년은 어려서부터 무분별하게 이와 같은 매체에 오랫동안 노출되어

웬만한 자극에는 감정적인 반응을 보이지 않게 된다. 이들이 성장함에 따라 공상적이거나 관념적인 영상 또는 작품에서 보는 자극이나 충격을 현실에서 충족하고자 하는 욕구를 유발할 가능성이 있으며, 특히 성에 대하여 비현실적으로 비대해진 기대감은 장차 이들의 결혼생활을 파탄으로 몰고 갈 우려가 있다.

3) 성인의 사회화

유년기부터 청소년기에 이르는 기간의 사회화 과정은 비교적 쉽게 이해되고 있으나 성년기에 이루어지는 사회화는 대체로 잘 알려지지 않고 있으며 학문적인 관심에서 등한시되어 온 감이 있다. 사회화가 일생을 통하여 이루어지고 있다는 사실에 처음으로 착안한 미국의 사회학자 브림(O. G. Brim)에 의하면, 그의 일생 중 많은 시점에서 사회화를 필요로 하며, 다음과 같은 점에서 어린 시절에 행해지는 일차적 사회화(primary socialization)와 구분된다고 한다(이위환 · 김용주, 2007).

첫째, 어린 시절에 행해지는 사회화가 개인 사회구성원의 기본적인 가치관을 형성한다면, 성인이 되어서 행해지는 사회화는 표출되는 행위의 변화를 지향하고 있다. 예를 들어, 사람들은 성인이 되면서 부모와 가장으로 해야 할 역할을 갖게 되지만, 어려서부터의 가치관을 그대로 갖게 마련이다.

둘째, 어린 시절의 사회화가 형식적인 국면에 치중한다면 성인의 사회화는 사회적 지위의 비형식적인 성격을 강조한다. 어린이들은 그들의 학교 선생님을 권위의 소유자로 보지만, 성인은 그들의 사회적 지위를 떠나 개인적으로 본다.

셋째, 어린이는 이상적인 기대감을 갖고 있으나 성인은 이상적인 행위와 합리적으로 기대되는 행위와는 차이가 있다는 것을 알게 된다.

넷째, 어린 시절의 사회화가 대체로 일반적이고 포괄적이라면, 성인의 사회화는 특수한 기능 습득을 목표로 하는 경향이 크다.

인간은 일생을 살아가면서 계속해서 학습하고 성장할 것을 요구하는 새로운 아이디어와 상황에 접하게 된다. 이와 같은 상황은 새로운 직장을 갖는 경우나 결혼을 하여 부모가 되고, 정년이 되어 직장에서 은퇴하고 종국에는 죽음을 맞이하는 사건 등과 관련이 있다.

4) 노년기의 사회화(이위환, 2017)

사회학자 라헤(Rahe)는 마치 청소년이 되는 과정을 학습하듯이 우리는 노인이 되는 것을 학습해야만 한다고 말하고 있다. 또한 사회학자 아이첸(Itzen)은 노년기는 청소년기와 같이 다음 단계로 가는 이행기이며, 또한 생산적인 성인에서 인생의 마지막 단계인 죽음을 향해 가는 이행기이다. 노인은 자기완성이 되지 않은 청소년이 부모에게 의존하는 것처럼 타인에게 의존하고 비생산적이며, 점점 나이가 들면 어린이와 같이 취급되기도 한다고 보았다.

〈중·노년에 있어서 재적응을 필요로 하는 사건들〉

순위	사건
1.	배우자의 사망
2.	이혼
3.	배우자의 별거
4.	범법으로 인한 형의 언도
5.	가족의 죽음
6.	개인의 부상과 신병
7.	개인의 상해나 질병
8.	해고(실직)
9.	결혼생활에 있어서의 부부간의 융화
10.	은퇴
11.	가족의 병
12.	임신
13.	성행위상의 장애
14.	새로운 가족구성원이 생김
15.	사업의 재조정
16.	재정상의 변화
17.	친구의 죽음
18.	직업의 변경
19.	부부싸움
20.	재정상의 곤란
21.	직위변경
22.	자녀가 부모 곁에서 떠나는 일
23.	취침습관의 변화
24.	식사습관의 변화
25.	사회활동상의 변화

노년을 위한 사회화 과정은 점진적이어서 정년이 가까워지면 생활의 박자를 늦추어 시간제 근무를 하거나, 정규 식상인으로 기대되는 생산 활동으로부터 은퇴하여야만 한다는 사실을 받아들여야 한다. 직장으로부터의 은퇴는 생산적인 역할을 종식한다는 외에 수입원을 잃게 되는 것이며, 머지않아 배우자를 잃게 되고, 자신이 주도해서 가정을 이끌어 오던 독립적인 지위에서 자손이나 기타 공공

시설에 위탁하는 신세가 되었다는 사실을 인식해야 하고, 노인은 성생활과는 무관하다든가 하는 노인에 대한 사회적 통념을 받아들여야만 한다.

직장에서 은퇴한 노인은 많은 여가시간이 생기지만, 대부분의 노인은 여가시간을 어떻게 보낼 것인가를 걱정하고 있다.

정년이 되어 은퇴하는 것은 직장인으로서의 활동에 종지부를 찍는 것이기는 하지만, 기타 모든 사회활동을 중지한다는 것을 의미한다는 것은 아니므로 은퇴한 노인은 직장과 무관한 자기 정체의식을 가지고 직장과 가정 이외의 분야에 흥미와 관심을 두고 활동하여야 한다.

따라서 은퇴 생활에 가장 성공적으로 적응할 수 있는 노인은, 일거리를 상실한 직장인으로서 역할을 즐기는 자의 역할로 대치하고, 은퇴 이전부터 참여했던 사회활동에 더 적극적으로 참여하는 자이다.

제5장

사회학의 성격

교육의 사회적 현상을 설명하는 시각에 대하여 생각해 보기로 하자. 교육의 사회적 현상을 보는 시각은 한 마디로 다양하다. 마치 지구상에 크고 작은 산들이 많이 솟아 있는 것처럼 사회를 보는 시각에도 크고 작은 시각들이 많이 산재해 있다(이종각, 1997). 크고 작은 여러 산이 한데 모여서 큰 산맥을 이루듯이 사회적 현상을 보는 시각들도 보는 각도와 방향에 따라 묶어 보면 어떠한 맥을 발견할 수가 있는데, 크게 양대 산맥으로 대별해 볼 수 있다. 하나는 구조기능이론이요, 다른 하나는 갈등이론이다. 주로 교육사회학 분야에서 질서유지이론, 사회체제정비론, 사회질서동의론, 합의이론, 평형이론이라 불리는 이론들이 전자에 속하고, 이상주의 교육론, 집단이해 교육론, 재생산이론, 저항이론들이 후자에 속한다고 볼 수 있다(장진호, 1983). 사회적 현상을 보는 양대 시각에 대하여 그 이론적인 성격을 이해하기 위해 더욱 상세하게 살펴본다.

1. 기능이론

"기능이론(functionalism)은 사회학의 기원과 함께한다"라고 말하듯이 콩트(A. Comte)나 스펜서(H. Spencer)까지 거슬러 올라갈 정도로 그 역사가 깊다. 기능이론은 구조기능주의 이론(structual-functional theory)에서 도출된 것으로서, 이외에 학자의 강조점에 따라 합의이론(consensus theory), 질서이론(order theory), 균형이론(equilibrium model) 등으로 불리고 있으나, 이들을 포괄하여 기능론 또는 기능이론으로 부르는 것이 보편화되어 있다.

기능론의 이론적 기원은 콩트(Comte)에서 연유하나, 이론적 근거를 밝힌 사람은 사회학자 뒤르켐(Durkheim)이다. 미국의 사회학과 인류학의 기틀을 잡은 래드클리프(A. R. Radcliff Brown)와 말리노프스키(Bronislaw Malinowski) 등을 통하여 발전하였으며, 파슨스(Talcott Parsons)와 머톤(Robert K. Merton)에 의해 현대 기능주의 사회학 이론으로 자리를 굳히게 되었다.

기능론자들의 공통적인 견해는 사회체제 안에서의 모든 구성 요소들은 다른 요소들과 관련이 있다고 보는 점이다. 즉, 사회를 생물학적 육체에 비유하여, 상호의존적인 기관이나 지자체들이 전체의 성장과 존립에 이바지하고 있는 관계로 보고 있다. 이를 인체에 비유하면 사회전체는 몸이고, 사회 안의 개인이나 학교, 병원, 정당 등과 같은 구성 요소는 세포, 손, 발, 폐, 위 등에 해당되는데, 이들은 각기 맡고 있는 기능을 순조롭게 수행함으로써 인체의 생존과 활동에 기여한다는 것이다. 따라서 구성 요소 간의 관계는 조화와 협동과 합의(consensus)의 관계를 의미하며, 이를 통해서 전체는 질서, 안정, 균형, 통합을 유지하게 된다(이위환, 2000).

기능이론의 관점에서 보면 교육은 사회통합과 질서유지의 기능을 발휘하고, 기존 사회의 규범과 가치를 유지 · 전달하는 사회화에 공헌한다. 또한, 학교사회의 구성원으로 하여금 사회적 역할을 원활하게 담당할 수 있도록 선발하여 배치하는 기능을 수행하고 있다고 보고 있다. 학교를 순기능적 측면에서 보는 기능론적 관점이 어느 정도 타당성으로 인정받고 있는 것도 사실이다. 그러나 기능론은 통합성과 합의성을 지나치게 강조한 나머지 학교교육의 피동성과 규격화를 심화시켰고, 집단 간의 갈등을 간과함으로써 사회화와 사회적 선발의 실제적인 모습을 밝혀주지 못하였다. 특히 능력주의 사회에서는 교육 선발과 보상이 능력 본위로 이루어진다는 기본 전제 때문에 신분제도가 타파된 현대 산업사회에서도 사회 · 경제적 지배집단에 의한 귀속적인 선발 과정이 여전히 존재하고 있음을 간과하고 있다. 또한, 사회체제의 변화와 개혁보다는 현상 유지를 지지하는 보수성에 있어서도 비판받고 있다(이위환, 2000).

유기체설에 의한 설명은, 전통사회의 연구에 더욱 적합한 설명일지 모르나 사회가 가지고 있는 기본 특성은 예나 지금이나 크게 변하지 않고 있으므로 현대사회의 설명에도 적용이 가능하다. 유기체설에 의하면 모든 사회는 자신의 생존과 목적달성을 위하여 구조와 기능을 가지게 된다는 것이다. 즉, 하나의 유기체는 상호 의존하는 여러 부분으로 구성되어 있고, 각 부분은 유기체의 생존을 위하여 공헌하듯이 사회도 구조와 기능을 가지고 있다는 것이다. 이러한 설명은 유기체인 인간의 신체구조에 비유하여 설명이 가능하다(이위환 · 김용주, 2007).

우리 인체는 머리, 몸체, 손발로 구성되어 있으며 머리에는 눈, 코, 입, 귀, 대뇌 등이 있다. 코로 숨을 쉬고 입으로 먹고 눈으로 보고 대뇌로 지적인 활동을 한다. 손과 발을 움직여서 유기체인 인간이 생존하고 삶을 영위할 수 있다는 것이다. 인체의 모든 기관이 상호 의존하여 협응하듯이 사회도 사회의 특정한 양식과 구조, 기관을 통하여 사회체제가 유지된다는 것이다.

2. 갈등이론(이위환, 2017)

갈등이론은 사회를 부와 권력, 명예와 같은 희소한 자원을 둘러싼 사회를 구성하고 있는 집단 간의 갈등과 경쟁상태로 보는 입장이다.

그리하여 희소한 자원을 소유한 집단은 자기의 소유를 가능케 한 현 사회 제도적 장치를 고수하는 반면에 비소유집단은 이에 도전하여 자신의 위치를 향상시키려고 하는 경향이 있다.

사회체제로서의 학교 기능을 낙관적으로 보는 기능주의적 관점에 맞서 1960년대를 전후로 하여 보다 비판적으로 보는 급진론적 관점이 나타나기 시작하였다. 사회관계의 질서가 조직적이고 영속적인 합의에 있다는 사회체제에 대한 기능주의적 전제에 반기를 들고, 사회질서의 바탕을 이해관계를 달리하는 집단 사이에서 야기되는 갈등에서 찾으려는 이데올로기가 두각을 나타낸 것이다.

갈등이론(conflict theory)이 보는 사회의 본질은 경쟁과 갈등의 관계이다. 가치를 둘러싼 개인과 개인, 집단과 집단 사이의 경쟁에서 비롯되는 부조화야말로 사회의 본질이라는 것이다. 부조화가 사회체제 내에 그대로 남아 있는 사회 · 심리적 긴장 상태를 갈등이라고 하는데, 이러한 갈등이 밖으로 표출될 때는 폭력을 통한 사회변동을 야기한다고 본다.

갈등론자들은 기능이론이 사회체제를 지나치게 순응적으로 인식한 나머지 사회변화를 제대로 설명하지 못하고 있으며, 사회관계의 속성인 권력투쟁, 계층갈등, 일탈행위 등이 소홀히 다루어지고 있다고 비판하였다. 지배집단이 그들의 기득권 유지를 위해 설득, 억압, 교화, 선전 등의 방법으로 피지배 집단에 그들의 입장을 정당화한다고 보았다. 갈등이론이 제기하고 있는 문제는 대체로 이러하다. 사회에는 항상 안정, 통합, 상호 의존만이 존재하는가? 사회에서 변화, 갈등, 비판, 분쟁, 모순, 긴장은 병리적인 현상인가? 이러한 요소들을 잘 조정하여 사회발전에 이바지할 수는 없는가?

갈등이론을 이해하기 위해서는 사회와 갈등 그리고 이들 간의 관계에 대하여 보다 본질적인 접근과 설명이 필요하다.

갈등이론에서는 사회 실체의 본질을 경쟁과 갈등의 관계로 본다. 사회 속에서는 개인과 개인 사이에서 집단과 집단 사이에서 이익이나 권력 등의 가치를 둘러싸고 경쟁과 갈등이라는 불협화음이 여기저기에서 야기되고 있다. 사회 실체의 본질을 파악함에 있어서 이렇게 경쟁과 갈등의 연속이라고 볼 때, 사회의 속성은 세력다툼과 이해대립, 지배와 피지배, 억압과 저항, 변화와 변동이라고 볼 수 있다. 이러한 사회 본질을 논함에 있어서 현대적 갈등이론과 고전적 마르크스주의는 때때로 동일하게 취급되기 쉬운데 그 차이를 구분하여야 한다.

물론 고전적 마르크스주의나 신마르크스주의는 갈등이론이라는 큰 산맥과 연결되어 있는 것이 사실이지만, 고전적 마르크스주의적 갈등이론과 현대적 갈등이론은 대체로 다음과 같이 구별된다.

1) 고전적 마르크스주의적 갈등이론

마르크스는 인류 역사의 발전을 생산수단을 소유한 유산계급과 생산수단을 소유하지 못한 무산계급, 즉 부르주아와 프롤레타리아 간의 투쟁 결과로 보고 이러한 계급 간의 갈등은 생산수단의 사유화가 존속하는 한 계속될 것으로 보았다. 따라서 대립과 갈등을 해결할 수 있는 방법은 사유재산제도를 철폐하는 것이다. 그렇게 함으로써 산업사회에서의 노동자는 노동으로부터 소외된 인간성을 회복할 수 있다고 보았다(이위환, 2017).

2) 현대적 갈등이론

현대적 갈등이론에서 사회의 본질을 갈등과 대립으로 보는 것은 고전적 마르크스주의의 갈등이론과 같지만, 갈등의 해소방법과 해소가능 여부에 대하여 전자와는 다른 입장을 취하고 있다. 고전적 마르크스주의에서는 사유재산제를 폐지하고 공산주의를 실시하여 갈등을 해소하려 했지만, 현대적 갈등이론은 그렇게 해서는 갈등이 해소될 수 없다고 주장하고 있으며, 갈등은 어떤 의미에서 영원한 것이라는 주장을 희소가치론(scare value)을 들면서 고전적 마르크스주의와는 매우 다른 입장을 취하고 있다(이영자 · 진규철, 1992). 희소가치론은 어떤 사회에서 돈, 권력, 명예, 자유 등 제반 사회적 가치들이 희소성이 있기 때문에 이들 사회적 가치를 둘러싼 경쟁과 갈등은 영원히 해소될 수 없다고 주장하였다. 이렇게 사회적 갈등의 원인과 해소방법에 대해 고전적 마르크스주의적 갈등이론은 생산주의에 대한 계급 간의 관계 속에서 이해하고 찾으려 하는 데 반해 현대적 갈등이론은 사회적 가치의 희소성에서 찾고 있다는 차이를 볼 수 있다.

다시 말해서, 현대적 갈등이론이 진보적, 낙관적이며, 미래지향적인 데 반해, 고전적 마르크스주의적 갈등이론은 혁명적이고 회의적인 성격을 띠고 있다고 설명할 수 있다.

3. 재생산이론

1) 경제적 재생산이론

보울스와 진티스(Bowles & Jintis)의 대응이론을 학생 개개인의 미시적 차원에서 적용시켜 보기로 하자. 교사는 학생들의 초기 사회 · 경제적 지위에 따라서 그들의 부모가 주로 갖는 직업문화와 상통하는 일정 수준의 정형화된 기대를 학생들에게 하고 있다. 즉, 하류층이면 '하류층의 학생들이 어떠한 식으로 사고하고 행동하며, 어떠한 문화적 경험을 할 것인가?'에 관심을 두고 있다. 하류층의 학생은 하류층 부모로부터 경제적인 대물림이 이루어지고 또한 상류층 학생은 상류층 부모로부터 경제적 대물림이 이루어진다는 것이다. 이것을 우리는 경제적 재생산이라고 일컫는다(이위환, 2017).

보울스와 진티스에 의하면, 학교는 자본주의 지배양식을 대상에 따라 교육 내용에 그대로 적용하여 가르치고 있는데, 이를테면 중등학교까지는 주로 질서, 복종, 의존성 등을 강조하고 가르치고 있으나, 대학에서는 어느 정도의 자율성, 창의성, 지도성이 강조된다. 또 취업 준비반이나 노동계층은 노동에 알맞은 순종, 인내심, 의존성, 청결, 질서 등과 같은 규범 가치가 형성 · 강화되고 있으며, 대학 진학반이나 지배계층은 창의성, 독립성, 자율성, 지도성 등 보상체계나 가정 및 학교에서의 사회화 과정을 통하여 전수되며 강화된다. 보울스와 진티스(Bowles & Jintis)는 평등사회를 표방하는 서구 자본주의 사회의 이념도 허구에 지나지 않는다고 보았다. 능력주의(meritocracy)와 기회의 균등을 표방하는 자본주의 사회는 보상, 특히 경제적 보상의 기준이 기회의 균등과 능력에 있기 때문에 사회적 성패의 책임은 개인에게 놓아간다고 주장하고 있으나, 이는 내재하고 있는 구조적 불평등을 은폐하려는 기만에 불과하다고 본다. 그들은 능력의 기준인 I.Q가 성년의 소득에 미치는 영향보다, 사회 · 경제적 배경과 교육 기간이 소득에 미치는 영향이 훨씬 크다는 점을 밝혔다(강상철 외, 1997). 결과적으로 학생들은 자신이 속한 집단의 문화에 의해서 사회화된다는 것이다.

학교교육의 이러한 기능은 자본주의 사회가 존속하는 한 끝없이 계속될 것이라고 보울스와 진티스(Bowles & Jintis)는 주장한다. 학교교육을 아무리 개혁해도 마찬가지이다. 왜냐하면, 학교교육은 사회의 구조를 그대로 반영하며 학교의 독자적 기능은 불가능하기 때문이다. 즉, 자본주의가 계속되는 한, 학교는 자본주의적 생산양식을 벗어날 수 없다는 것이다. 그러므로 학교의 개혁은 무의미하고, 사회적 진보를 위해서는 근원적 사회개혁만이 나아가야 할 방향이라는 것이다.

2) 문화적 재생산이론

문화적 재생산론자들은 자본주의 사회가 경제적 모순에도 불구하고 자연스럽게 유지되는 이유를 지배계급이 선호하는 문화를 학교교육에 투입시켜 불평등한 사회관계를 정당화하고 있다는 점에서 찾고 있다. 즉, 학교교육은 지배계급이 선호하는 문화영역을 통해 계급적 불평등을 유지 · 심화시키는 재생산적 기구라는 것이다.

부르디외(Bourdieu)에 의하면, 학교는 지배집단의 '문화 자본'을 인정하며, 그것을 교육내용으로 삼는다. 교육평가에서도 지배집단의 문화 자본을 기준으로 평가함으로써, 피지배 집단의 문화 자본을 가진 학생들을 탈락시키고 지배집단의 문화 자본을 가진 학생들을 선호한다. 학생의 입장에서 보면, 지배집단의 학생들은 그 문화적 자본을 학교에서 인정받으며, 결과적으로 이들의 학업 성취도가 높은 경향이 있다. 반면에 피지배 집단의 학생들은 자신들의 문화를 학교에서 인정받지 못하기 때문에, 학업 성취도가 낮을 뿐 아니라, 자신들의 문화에 대한 정당성을 확보하지 못한다. 결과적으로 학교는 지배집단의 문화에 우월성을 부여함으로써, 그들의 지배를 정당화해 주며 재생산하는 역할을 담당한다.

학교는 지배문화의 생산과 분배를 통하여 현존하는 권력 관계를 재생산하며, 학교에서 가르치는 것은 지배문화, 즉 지배-피지배 집단 간의 권력 관계의 정통성을 받아들이도록 구성된 상징체계이다.

3) 교육적 재생산이론

알튀세르(Althusser)에 의하면 인간의 노동력이 재생산되기 위해서는 기술뿐만 아니라 동시에 확립된 질서 속에 있는 규율의 복종도 재생산되어야 한다고 주장한다. 또한 알튀세르(Althusser)는 교육기관을 현대사회에서 지배 이데올로기를 재생산하는 국가적 기구라고 역설하면서 학교에서 각 계층의 아동들을 데려다가 지배 이데올로기에 몰두하게 하여 일정한 나이(예를 들면, 16세)가 되면 작업장으로 배출한다고 말한다. 알튀세르(Althusser)에 의하여 많은 학생들이 근로자나 소작농계급으로 배출되며 좀 더 공부하여 중간 기술자인 화이트칼라가 되고, 좀 더 공부하여 자본가와 관리인 혹은 정치가, 행정가, 전문적 이데올로기스트(성직자, 법률가 등)를 배출한다고 한다. 이렇게 하여 고용주나 피고용인의 관계가 재생산되며 사회구조와 계급이 학교교육에 의해 재생산된다고 설명한다(Althusser, 1996).

진티스(Gintis)는 대중 공교육이 지식과 기술을 조직적으로 알려주기 위하여 현대와 같은 관료적, 위계적, 권위적 형태를 끌어들인 것이 아니라, 교육의 사회적 관련성으로 하여금 관료적, 권위적, 위계적 가치, 태도 감정을 강화하게 되고, 개인들로 하여금 자연스럽게 계급적으로 구분된 사회로 변화하게 하였다고 본다. 즉, 학교교육이 세대 간에 광범위한 사회적 관계를 재생산한다는 것이다.

인생에 대한 계급에 따른 차이는 생산의 위계적 사회관계 속에서 다양한 수준의 역할수행을 요구한다. 현대 자본주의의 형태와 함께 대응과 일치를 통하여 학교교육 형태 간의 대응관계는 학교의 사회구조 간에 기능적으로 의존적인 대응관계를 갖게 된다.

이것이 곧 대응이론인데 다음과 같이 설명 할 수 있다. 대응의 개념은 교육체제와 경제체제의 관련성을 설명하는 데 사용된다. 젊은이들은 교육을 통하여 현대 성인사회에서 경쟁하는 데 필요한 기술을 배우고 태도를 형성하고 인상을 획득한다.

대응이론을 마르크스주의자(Marxist)와의 맥락에서 연구 · 발전시킨 사람이 보울스와 진티스(Bowles & Jintis)이다. 이들은 미국의 교육제도는 자본주의의 작업장에서 알맞도록 중재해 주며, 경제적 불평등을 재생산하는 데 도움을 주고 있다고 주장한다.

대응이론에 의하면 학교에서 아동들은 작업장에서 일하는 데 필요한 인성, 태도, 가치관을 배우며, 학교 안에서의 구성원들의 관계는 작업장에서의 인간관계와 그 구조가 동일하다고 본다. 또한, 학교에서 아동에 대한 교사의 평가기준은 작업장에서 근로자들에 대한 근로감독관들의 평가 기준과 일치한다는 것이다. 따라서 학교교육은 자본주의 사회의 작업장에서 요구하는 인성을 길러주는 역할을 하고 있다는 것인데, 이는 사회적 관계와 사회적 생산 관계를 재생산해 준다는 말이다.

사실, 학교교육은 사회의 분열뿐만 아니라 더 넓은 사회의 계급구조를 반영하고 있다. 학교와 작업장 간의 구조적 관계는 학교교육의 명시적 · 외현적 교육과정보다는 잠재적 교육과정에서 잘 설명된다. 즉, 학교교육의 사회적 재생산 현상은 학교교육의 의도적 · 외현적 활동에서 나타나는 경우가 드물며, 암시적 · 묵시적으로 이루어지고 있는 경우가 대부분이다.

제6장

교육사회학의 성격

1. 교육사회학의 성립

1) 교육사회학의 기원과 발달

교육사회학은 여러 학자에 의해 성립 · 발달되어 왔으며, 하나의 학문으로서의 체계는 오랜 변화의 과정을 거쳐 왔다. 물론 완성된 형태의 발전은 계속적으로 변화될 것이며, 모든 학문의 기원을 찾는 것은 이러한 이유로 용이한 일은 아니다. 교육에 관한 사회학적 연구를 체계적으로 시도한 연구는 1983년의 워드(Lester Ward)의 역동적 사회학(Dynamic Sociology)으로 일컬어지고 있으며, 이후 도덕 철학적 관점을 통한 듀이(J. Dewey)의 『학교와 사회』(*School and Society*)도 많은 공헌을 하였음에 일치된 관점을 보이고 있다. 이러한 과정을 통해 프랑스의 뒤르켐(Durkheim)은 교육사회학의 발전에 가장 큰 공헌을 하였는데, 그는 1858년 유대 가정에서 출생하여 1887년까지 중학교 교사를 하다가 보르도대학교에서 사회 교육과 교육학을 강의하고 그 후, 파리대학교에서 사회학을 가르쳤다. 그는 1880년대에 최초로 교육에 있어 사회학적 접근법에 관심을 두고, 교육은 사회화의 기능에 의해 사회적 통합에 공헌할 수 있음을 제시하였다. 또한 그는 교육을 원천적으로 성격이나 기원에 있어 사회적이며 교육 이론은 사회학과 연관되고 있다고 강조하였다. 이에 따라 그는 교육사회학의 연구영역을 다음과 같이 제시하여, 구체화시키고 있다.

① 교육의 사회적 성격과 사회학적 기능 분석
② 교육과 사회 · 문화적 변화의 관계 분석
③ 교육제도에 대한 비교문화적 또는 비교학적 연구
④ 사회제도로서의 학교와 교실의 성격 분석

이와 같이 뒤르켐(Durkheim)은 교육사회학의 체계적 이론 정립의 공로로 교육사회학의 창시자로 추앙받게 되었다.

그는 학교를 아동의 사회화 과업을 추진시켜 주어야 하는 장소로 보아 학교도 아동에게 필요한 연대감과 집단생활의 느낌을 가질 수 있는 모든 여건을 구비해야 한다고 주장하였다.

교육사회학에 대한 요구와 학문영역의 제시는 이러한 뒤르켐(Durkheim)의 공로이며, 이러한 교육사회학이 교육실제에 적용·보급된 것은 미국이었다. 1970년의 수잘로(Henry Suzzallo)의 교육사회학 강좌개설, 1917년의 웰터(Walter R. Smith)의 저서『교육사회학』출판을 계기로 1923년 미국 교육사회학(The National Society for the study of Educational Sociology)이 창립되어 학문적인 진보가 뚜렷이 나타나게 되었다.

이후, 1950년대에는 거의 모든 사범대학과 사회학과 교육사회학의 강좌가 개설되어 많은 신장을 보였다.

한편, 1930년대 독일에서는 교육사회학 발전에 많은 영향을 미친 막스 웨버(Max Weber)의 연구가 나왔는데, 그는 사회학과 경제학, 정치학 등 사회과학 전반에 광범위한 지식을 가지고 산업과 기술사회 견지에서 개인은 학교교육을 통해 개인 특유의 생활유형을 준비하는 것으로 보았다. 그의 이러한 견해는 모든 교육기관이 장차 사회에서 고도의 능력을 발휘할 수 있는 전문가를 배출하는 데 역점을 두어야 한다고 강조하였다. 한편, 1920년대의 독일의 사회적 혼란(제1차 세계대전의 패배)은 교육의 근본적 개혁을 제창하여 새로운 사회조직에 공헌하고자 하는 운동이 발생하였다.

뮬러(Muller-Lyer)는 교육은 개인 봉사가 아니며 사회를 위한 것도 아니라, 개인의 자유와 사회주의의 이상을 통합한 사회적 개인주의라는 문화건설에 봉사하는 것이라고 규정지었다.

이러한 맥락에서 윌만(O. Wilmann)은 교육을 "사회학적 방법과 역사학적 방법으로 기초를 세워야 과학으로 높일 수 있다."라고 하였다.

한편, 미국에서는 문화지체의 개념을 최초로 교육에 도입한 윌워드 웰터(Willward Waller)가 교육사회학에 대한 연구를 활발히 진행하여 교사의 사회적 지위와 역할을 학생 및 지역사회와 관련하여 연구하였다. 그는 사회계층 이동(social mobility)에서의 학교 역활, 급속한 사회변동에서의 문화 지체를 극복하기 위한 교육의 역할을 강조하였다.

교육사회학 연구에는 교육적 사회학(Educational Sociology)과 교육사회학(Sociology of Education)의 두 가지 조류가 병존해 왔는데, 전자는 교육학자를 중심으로 한 사회학의 지식을 교육 실천에 응용하려는 실천지향적 조류이며, 후자는 사회학자를 중심으로 한 교육 현상에 대한 탐구를 통하여 사회학의 지식과 이론을 넓히려는 사회학 지향적 조류이다.

이러한 형태는 유럽과 미국의 경우 교육적 사회학과 교육사회학은 시대에 따라 부침현상이 나타나며 최근에 와서는 영국을 중심으로 한 신교육사회학(New Sociology of Education)의 등장으로 인해 기존의 교육사회학의 성격과 방향에 전환을 가져오고 있다.

먼저 교육사회학에 쿠크(Cook)는 "교육사회학은 교육문제 연구에 있어서의 사회학적 지식과 방법을 응용하는 것"으로 정의를 내리고 있으며, 한편 부르코바(W. Brookover)는 교육사회학의 개념을 다음과 같이 설명했다(이위환, 2000).

① 교육체계와 사회의 다른 국면과의 관계
② 학교 안의 인간관계
③ 아동과 교사의 성격과 행동에 미치는 학교의 영향
④ 학교와 지역사회와의 관계로 분류한 대상영역으로 설명하고 있다.

이후, 1960년대의 이러한 교육사회학은 교육문제에 대한 사회학적 분석을 토대로 많은 관심과 각광을 받게 되었다.

2) 교육사회학의 영역

교육사회학의 연구영역은 크게 ① 교육에 미치는 사회-문화적 요인 연구 ② 교육의 사회, 문화의 변화와 발전에 미치는 영향 연구 ③ 사회 체계로서의 학교 분석으로 분류되고 있으며, 대표적인 교육사회학의 연구내용은 다음과 같다.

모리쉬(I. Morrish)는 교육사회학의 내용으로 사회, 문화, 지역사회, 계층, 환경, 사회화, 내면화, 적용-동화, 문화 지체, 지위, 역할, 국가에서 설립한 각종학교에 미치는 경제의 영향, 교육 및 문화적 변화에 영향을 주는 사회적 세력 및 결정요인, 가족, 학교, 교회, 전체적 사회체제와 학교라는 미시적 사회와 관계 있는 역할구조와 역할 분석, 권위-선발, 학습조직, 능력별 반 편성 문제와 관련된 형식적 조직으로서의 학교, 교육과정 구성과 하위문화 발달의 문제, 사회화 및 문화와 언어와의 관계, 교육과 직업과의 관계, 부르주아화, 민주화 및 엘리트주의의 문제 등이다.

한편 부르코바(W. Brookover)에 의한 교육사회학의 내용은 다음과 같다.

첫째, 교육제도와 다사회적 국면과의 관계에 관한 것으로, ① 문화와 관련된 교육의 기능, ② 학교제도와 사회통제의 과정 및 권력체제와 관련성, ③ 사회 및 권력체제와의 관련성, ④ 사회 및 문화변화의 과정과 사회의 현상 유지를 위한 교육제도의 기능, ⑤ 사회계급 및 지위 체계와 교육과의 관계 등이다.

둘째, 학교 내의 인간관계에 관한 것으로, ① 학교 밖의 문화와 학교문화, ② 사회적 상호작용의 형식 혹은 학교사회의 구조에 관한 것이다.

셋째, 교사와 학생의 행동과 인격에 미치는 학교사회의 영향으로, ① 교사의 사회적 역할, ② 교사의 인격적 특성, ③ 학생들의 행동에 미치는 교사 인격의 영향, ④ 아동들의 사회화에 있어서 교사의 역할 등이다.

넷째, 지역사회에 존재하는 학교에 관한 것이다. 즉, 학교와 사회집단과의 상호작용을 분석하는 것으로 ① 학교조직에 영향을 주는 것으로서의 지역사회에 관한 기술, ② 학교 외의 다른 집단에서 볼 수 있는 교육과정의 분석, ③ 교육기능이라는 측면에서 본 학교와 지역사회의 관계, ④ 학교조직에 비추어 본 지역사회의 인구적, 그리고 생태학적 요인 등의 분석을 들 수 있다.

한편, 1986년 신들러(Synder)는 교육사회학에서 가장 빈번하게 사용되는 개념을 다음과 같이 제시하였다.

① 사회계층과 교육
② 교사의 사회적 역할과 직업 유형
③ 제도로서의 교육
④ 사회체제로서의 학교
⑤ 교육기회를 얻지 못한 이를 위한 교육
⑥ 사회구조와 조직
⑦ 교육에서의 교사-학생의 역할로 보고하였다.

또한, 1995년 호이머(Hoyme)는 교육 활동에서 다루어지는 교육사회학적 개념을 다음과 같이 제시하였다.

① 사회적 지위
② 사회활동
③ 사회변동과 사회갈등
④ 사회계층의 구조
⑤ 학교와 사회의 관계
⑥ 사회적 역할

⑦ 지역사회
⑧ 사회학의 고전적 연구
⑨ 학교와 지역사회의 관계로 보고하고 사회학자들의 응답은 이와 다름을 지적하고 있다.

멀체(Meltzet Mazus)는 UNESCO 연구보고 결과를 '미국의 일반적 사회 교육'이라는 제목으로 발표하여 교육사회학에서 연구되어야 할 필수개념을 다음과 같이 제시하였다.

① 사회계층과 교육
② 교육기회와 관련된 사회활동
③ 학교에서의 인종차별과 차별적 대우
④ 학교에서의 능력별 집단
⑤ 학급사회의 구조
⑥ 학생의 역할기대와 포부
⑦ 교사의 신분과 역할
⑧ 교육정책 또는 사회정책
⑨ 문화와 교육

프리처드(Prichard)는 1973년 교육사회학 전공 교수에게 의뢰한 교육사회학 실제 사용 개념을 지적하도록 하였는데, 수준에 따른 정도 차이를 고려한 공통적인 개념으로 지적된 것은 다음과 같다.

① 사회계층
② 문화와 교육
③ 사회조직으로서 학교

④ 교육과 사회변동

⑤ 교사의 역할과 기능

⑥ 사회체제와 교육

⑦ 교육사회학 연구방법

2. 과거의 교육사회학의 동향

오늘날 교육사회학에 대한 관심도나 연구도가 교육 내의 타 전공 영역에 비해 낮은 것은 필자 한 사람의 생각만은 아닐 것이다. 그러므로 그 원인을 찾고 경험과학 내지 실증과학으로서의 교육사회학에 활기를 불어넣기 위한 노력이 강력히 요구된다(이종각, 1997). 논자에 따라 반대 입장에 설 수도 있으나 일단 긍정적인 면에서 이를 문제 삼고 이를 본격적으로 검토하는 것은 학문의 발전에 바람직한 일일 것이다. 따라서 우선 미국, 일본 및 우리나라의 교육사회학의 현황부터 개관하고 여기에 따른 과제를 구명코자 한다.

① 미국에서의 교육사회학은 교사를 위한 사회학으로서 출발했다. 예컨대, 뒤르켐(Durkheim)의 파리대학교에서의 강의(1902), 수잘로(Suzzallo)의 콜럼비아대학교 교육학부에서의 강의(1908) 등은 교사양성을 위해 행해졌다. 그 후 1917년엔 스미트(W. Smit)의 저서 『*An Introduction to the Educational Socialogy*』이 처음으로 발간되어 교재로 사용되었으나 이는 독자적 학문적 분야를 구상한 것이 아니고 다만 당시의 워드(Ward), 쿨리(Cooley), 로스(Ross), 엘우드(Ellwood) 등의 사회학자들의 소견을 종합한 것으로서 현실적 교육의 과제해결에 사회학을 응용하려는 것이었다. 다음의 1923년에 결성된 The National Society for the Study of Educational Socialogy에서는 New York University의 페인(Payne)이 『*Journal of Educational Socialogy*』를 발간하였으나 1927년에 이 모임은 해산하였고 그 후 부활하지 않았다. 페인(Payne)은 이 잡지에서 학

문연구의 성과를 발표하기보다 대학 강의로서 교육사회학의 지위안정을 도모했으며, 설립 당시의 참가자로서는 사회학자, 교육학자가 대부분이었으며 미국의 사회학자, 그리고 N. E. A.의 회원과 관련하여 연 2회 대회를 개최했다. 그 후 1963년은 미국교육사회학의 대사변이 일어난 해이다. 그것은 『*Journal of Educational Socialogy*』가 미국의 사회학에 인계된 점이다. 이 잡지의 편집방침에 의하면 교육사회학은 세계의 모든 사회과학자에 의한 교육연구에 논란을 제공하려는 것으로서 이 목적에 맞는 편집위원회의 구성은 국제적 수준으로서, 인류학, 경제학, 역사학, 정치학, 심리학 및 사회학의 이론적인 미래모형(perspective)이 교육의 여러 제도 분석에 점차 유용되고 있다고 진술하고 있으나 여기서 주목할 것은 여러 학문 가운데 교육학이 거론되지 않은 점과 사회학의 입장에만 한정되지 않은 점 두 가지이다. 그러나 이러한 방침은 오래 계속되지는 않았다. 최근의 편집방침은 크게 변질되어 논문의 집필진은 대부분 사회학자에 의해 이루어졌고, 또 그들을 교육사회학자라고 호칭할 수 없는 사회학자라는 점에서 우리나라 및 이웃 일본과는 많은 차이가 있다. 그 후에, A. E. R. A.의 『*Review of Educational Research, 1988, Annual Meeting Program*』에 의해 발표한 논문편수는 타 전공영역의 반도 미치지 못하면서 교육사회학 분야의 연구가 부진했다. 즉, 교육철학 영역이 14, 교육방법 영역에서 22, 교육과정이 21, 교육심리 22, 교육행정 30, 교육측정 및 평정 47인 데 비해, 교육사회학 영역은 직업교육 4, 성인 교사 2, 여자 교사 2, 지역사회 5로, 이를 합해도 13편에 불과했다(Amcrican Educational Research Association, 1998).

② 다음으로 일본의 교육사회학의 근황을 보기로 한다. 2차 세계대전 이전까지만 하더라도 일본의 교육사상에서의 철학적 흐름은 주로 독일의 영향하에 놓여 있었다. 많은 교육학자는 독일철학을 일본에 소개하는 데 노력하였기에 일본 교육사회학자들은 구체적 경험적 문제를 다루지 못하였고 따라서

경험적 연구에 적응이 안 되는 것도 당연하다. 더욱이 그들은 미국의 이론에 몰두하여 그들의 특수 문제를 다루는 데는 노력이 전혀 없었다.

일본에서의 일제사회학도 전술한 바의 철학적 흐름에 대한 반동으로서 보급되기 시작했던 것으로서 철학적 탐색이 교사나 학생, 부모들의 실제적 문제해결에 도움이 되지 못했을 시기이므로 많은 학자들은 사회학에 눈을 돌렸던 것이다. 일본에서의 교육사회학은 비록 강성하지는 못했으나 2차 세계대전 이전에 이미 출발하였고 그때의 유능한 사회학자들의 영향은 오늘날에도 크다. 더욱 전후 미국의 영향을 받아 대학에서의 교육사회학자들의 비중은 컸다.

교육사회학자들은 지역사회 학교운동에 국민학교 사회과 교과의 자료를 공급하기 위해 연구를 거듭하였고 주요 대학에서 강의교재로서 서론적 교육사회학을 저술하였다. 그러나 이러한 활동을 위한 모임은 1954년에 교육사회학회가 결성된 것이 그 시작이었고, 1958년에 150명에 불과하였던 회원수가 현재 700명을 넘고 있으며 일본교육학회 다음가는 대집단으로 확대되고 연자 대회만 하더라도 55회이며, 학회지 수는 1년 1집으로서 63집(1998년 3월부터 현재)에 이르기까지 발간되어 있다.

이제 교육사회학은 겨우 학문적 시민권을 얻게 되었다고 말할 수 있다. 반면, 조직의 확대, 연구내용의 다양화나 활동 분야의 광역화는 교육사회학의 학문적 성격을 불명확하게 하고 있으며, 만일 교육사회학의 개념을 물었을 때 아마도 분명하게 말할 수 있는 사람이 많지 않을 것으로 평하고 있다. 그래서 교육사회학이 비록 제도적으로 전술한바 시민권을 얻었다 할지라도 그 학문의 성격에 중대한 반성을 가지게 한다. 그리하여 뿌리 깊은 교육심리학에 비추어 보면, 이 교육사회학에 엄격한 검토를 가하여 외현적에만 그치지 않도록 내실의 핵을 잡아야 할 것이다(일본교육사회학편 · 교육사회학연구, 1993).

③ 우리나라에서 교육사회학이라는 이름으로 대학 강좌가 개설된 것은 1952년 9월 서울대학교가 부산으로 피난한 시기라고 한다. 당시 초년기에는 교육사회학이 선택과정으로 주당 일강좌만 설치되었으나 2년 후에는 필수과정으로 모든 학생에게 평해졌다. 1955년에는 다시 문교부령 제39호로서 공포된 "교원자격검정시행세칙"에 의하여 "교육의 사회적 기초과목"으로서 교육사회학이 교직과목으로 채택되었고 전국 사범대학은 물론 교직과목을 설정한 문 · 이과대학에서도 개설 · 시행하기에 이르렀다.

그 후 1972년에는 종래의 교육사회학이 학교와 지성 사회 교과로 개편되고 조국의 정신적 경험적 재건을 지상 과업으로 하는 새마을 교육의 구현으로서 교육사회학 당위의 문제를 더욱 부각하여 주목을 끌게 된 것은 당연한 일이다. 이런 현 상황에 많은 학교와 지역사회의 교과서가 출판되나 이 학문에 대한 대상 및 그 대상의 범위나 계열의 미분화 탓인지 그 체계 면에서 매우 복잡하다. 그래서 어떤 이는 교육사회학 연구에 있어서 지금까지의 학문적 성격을 반성하여 보다 폭이 넓게 독자적이고 통합적인 학문으로서의 검토가 필요하다고 주장하며, 또한 교직과목으로서의 필수 과목으로 결정된 학교와 지역사회는 보다 넓은 교육사회학의 일반적 이해를 기초로 하여 충분한 연구를 거쳐 교수 되어야 한다고 말하고 있다(이위환, 2008).

3. 교육사회학의 특성 및 과제

이상으로 우리나라 및 외국에서의 교육사회학의 발전의 발자취 및 그에 따른 문제점이 제시되었으나 학문적 특성에 비추어 본 과제를 열거해 보기로 한다.

1) 연구특성

자연과학이나 사회과학에서도 마찬가지로 학문에는 고유의 대상과 방법이 있어야 한다. 교육사회학은 교육을 대상으로 하는 학문이므로 넓게 보아 교육학에 포함된다. 그러나 교육학 가운데는 교육철학과 같이 선험적 형이상학적으로 연구하게 되는 것도 있으나, 교육사회학은 이와는 달리 교육심리학이나 교육행정학과 같이 경험과목의 하나이다(David Scanlon, 1999).

첫째, 교육과학은 교육을 대상으로 하는 사회과학이다. 이와 같은 교육사회학의 연구영역에서의 특성은 간단히 말하면 "사회로서의 교육"이라고 할 수 있다. 여기에서는 교육의 사회구조, 사회관계 사회규범 등이 연구된다. 구체적으로 말하면 학교나 학급은 하나의 사회적 체계이며 여기에는 형식적으로 관료제적 관리적 기구로서 제도화된 지위체계가 있으며, 성원 행동을 규정하는 규칙이 있는 것과 동시에 비형식적으로는 심리적인 인간관계나 Sociometrix적인 지위체계가 있고 암암리에 집단규범이 있다. 이와 같은 형식적 비형식적인 집단사회로서의 학급이나 학교를 연구하는 것이 학급 사회학이나 학교 사회학이다(이위환, 2008).

둘째, 그 연구영역은 "사회로부터 교육"이라고 표현할 수 있다. 교육을 널리 세계, 국가, 정치, 경제, 매스컴으로부터 각종 각색의 영향을 받는 것과 동시에 지역사회계층은 더욱 개개의 학교나 학급 또는 가족이나 교우 집단에 의해 크게 조건화된다. 이와 같은 각종 사회나 집단이 교육에 어떤 영향을 미치는가의 연구가 둘째의 영역이며 이 연구영역에서 이제까지의 교육사회학은 최대의 업적을 이루었고 그중 계층구조가 교육에 어떤 영향을 미치는가, 교육 사회를 어떻게 평등 또는 불평등하게 하는가의 문제를 주로 지역사회 조사를 통하여 명백히 하며 또는 비형식적인 인간관계가 학습에 어떻게 영향을 미치는가 등을 주로 소집단 이론에 따른 관찰이나 실험을 통하여 명백히 하고 있다(정우현 역, 1995).

이와 같은 교육은 사회로부터 규정될 뿐만 아니라 사회에 대해 여러 가지 면에서 영향을 주어서 사회의 존재, 통일, 발전, 연동, 분화에 중요한 역할을 수행한다. 이와 같이 교육의 사회적 기능이 '교육으로부터 사회에로'라는 제삼의 연구영역이 된다. 사회가 발달하여 문화가 고도로 복잡해지고 특히 조직적 교육의 사회적 기능은 확대된다. 그러나 교육사회학의 성격은 이 점에서 그 명료성이 있다. 그 연구내용의 다양화와 역할 분야의 광역화 때문에 일반적으로 교육 사회는 무엇인가라는 물음에 대하여 직접적으로 명확히 대답하는 사람이 적을 것이다. 여기에 덧붙여 교육 스스로가 갖는 다양성, 즉 성인교육이나 기업 내 교육이나 평생 교육 등을 포함하는 교육의 다양화 경향 등이 교육사회학의 대상을 확산시키는 데 부채질하였다(David Scanlon, 1999).

이와 같이 연구 대상의 분산은 교육사회학의 학문적 성격을 불명확하게 하고 있다. 물론 이 연구대상 및 영역의 다양화를 탓할 수는 없다. 이것 때문에 종래의 교육 연구에는 없었던 분야가 개척되었기 때문이다. 예컨대, 교육의 경제적 기능, 정치적 기능과 또 한편으로는 많은 교육문제에 대한 해결책을 교육사회학에서 구하게 되는 것도 부정할 수 없다. 이는 종래의 관념론적 교육학이나 기술론적 교육심리학에 의해서는 처리하지 못하는 것이라 할 수 있다. 다음으로 들 수 있는 과제는 잘못된 실증주의에 기인한다. 짧게 말하여 조사의 유행이다. 물론 조사는 교육사회학의 연구에 불가결한 무기다. 실험이 없는 교육심리학 연구를 생각할 수 없는 것처럼 많은 연구회나 대회에서 조사 연구가 증가일로에 있다. 그래서 조사방법이나 분석의 정밀도는 점차로 향상되고 있으나 대부분은 사실인정(fact-finding)에 끝나고 때로는 결론도 없는 조사에 그치기도 한다. 어느 때는 집계표나 통계표를 오려서 붙이고 도표를 길게 해설하여 종결하는 조사보고서도 볼 수 있다. 또 어느 때는 분석이나 고찰도 없이 기술에만 그치는 연구논문도 있다. 이와 같이 소박한 조사 연구를 실증적이라 한다면 그것은 잘못된 실증주의일 것이다. 사실인정(fact-finding)의 필요는 인정되나 교육 현상의 일정한 경향성이 추출되어야만 한다(정우현 역, 1995).

교육사회학의 또 하나의 특성은 사회학의 특수이론의 도입에서 발견된다. 예컨대, 사회화론, 생활구조론, 복지론 등이다. 이것은 사회학의 특수분야로서 일정한 범위와 역사를 가지며 확실히 교육과의 관련은 있으나 구체적 관련은 명확하지 않다. 사회화의 주체는 개인인가, 사회인가, 학습 과정인가, 교육과정인가, 사회화는 개인차를 포함하는가 포함하지 않는가, 이런 의문이 생기는 배경에는 사회화의 개념, 그 자체가 갖는 다양성 또는 학습과 교육의 개념적 혼미, 더 나아가서 교육개념의 확대가 있다(이위환, 2008).

교육사회학의 대상은 어디까지나 교육이며 사회학은 이를 구명하기 위한 수단이며 방법적 원리이다. 그러나 교육사회학의 현상은 이 방법적 원리 구명에 너무 많은 힘을 소비하고 있다, 교육사회학의 스피닉스(Sphinx)적 성격을 밝힐 때 상반신의 교육 연구보다 하반신의 사회학 연구에 전념하고 있다. 뒤르켐(Durkheim)의 말과 같이 교육은 사회적 사실이나 다른 사회적 사실과 구별되는 사회적 사실과 구조 및 기능을 가져야 할 것이다(David Scanlon, 1999).

교육사회학의 스피닉스(Sphinx)적 성격에 관한 논의는 연구영역에서 교육과 사회학의 편하지 못한 관계에 유래한다고 생각되기도 한다. 많은 연구가가 사회학에 관심을 기울여 교육학을 망각해서는 안 된다.

2) 학문적 성격

교육사회학의 기본적 성격이 애매할수록 포용력이 요청되고 여러 입장을 내포하게 된다.

그러나 스스로 한계가 있어야 한다고 하는 입장도 있고 한편으로 교육사회학은 특히 사회학으로서 사회학에 속하는 것과 동시에 교육학에도 속한다고 규정하여 현 단계의 애매성은 '교육이념'의 혼란과 이 교육개념의 교육사회학 연구의 중핵이 되지 않는 점에서 생긴다고 하고 있다. 만일 종래의 연구 중 교육사회학의 연구 보고라고 말하면서 단순히 어촌이나 도시의 사회구조를 명확히 하는 데만 그치는 유형으로 본다면 그것은 사회학의 연구는 되나 교육사회학의 연구는 안 된다는 것을 강조할 필요가 있다(Sarane S, Boocock, 1996).

청소년 비행의 실태보고라 해도 그 자체는 교육사회학 연구라고는 할 수 없다. 아동을 취급했다고 해서 자동 조건적으로 이 학문에 속하지 않는 것을 교육적 기능을 갖는 가족이나 라디오 방송을 일반적으로 문제로 한 경우와 같다. 교육을 중심으로 하여 그 관련하에서 취급되는 교육사회학으로서의 특성이 나타나야 한다(정우현 역, 1995).

교육사회학은 어느 경우에는 교육학 전체영역을 포함하고, 어느 경우에는 사회학 가운데 교육에 관계한 부분만을 발췌 · 정리하며 또 어느 경우에는 발달심리, 학습심리, 사회심리의 이명일 수도 있다. 그러기에 '무한의 포괄성과 무성결성'을 지적하면서 교육사회학이 교육학 속에서 접하는 위치와 그 수행할 역할에 대해 고찰할 때라고 주장하기도 한다.

확실히 교육사회학 연구에서 방법론상의 결합을 말할 수 있으나 학문으로서 체계하에 대한 노력이 아쉽다고 할 때 교육사회학이 무엇이나 대상으로 해도 좋다고 할 수 없고 일정한 논리적 절차와 그 연구범위를 한정시킬 필요가 있다.

두 번째의 애매성에 대한 과제로서는 연구 방침의 혼란을 들 수 있다. 예컨대, 지역사회의 연구에서 능숙한 사회학자가 정밀한 구조분석을 시도했다 하더라도 이 사회구조가 어떻게 인간 형성에 영향을 미치는지 규명하지 않고 단순히 사회학 연구로 끝나는 것은 곤란하다. 이와 같은 조사에서는 사회적 기초로서의 인간 관계를 아무리 정밀하게 하더라도 이를 교육사회학의 연구라고는 할 수 없다. 그것은 필요조건은 될지언정 충분조건은 되지 않는다(David Scanlon, 1999).

충분조건으로서는 으레 '인간 형성'의 방법이 그 속에 설치되어야 한다. 어떤 이는 이와 달리 교육사회학 그 자체의 성격이 교육사회학자 자체의 자아 정체감(Self-identity)이 불명확한 탓으로 돌리는 사람도 있다. 우리나라의 경우 교육사회학의 강좌가 교육부에 소속해 있고 학회도 사회학회보다 교육학회에 접근한 관계에 놓여 있고 연구자도 교육학 분야에서 보충되는 수가 많기 때문에 교류도 교육학자 간에서 더 친밀한 반면, 교육사회학적 성격은 사회학에 더 가깝고 연구 방법론이나 기호이론은 대부분이 사회학과 유사하다고 말하고 있다. 즉, 교육사회학은, '연구나 의식 면'에서는 사회학 면에, '제도와 행동 면'에서는 교육학 간에 친근성이 크기 때문에 이 경향이 교육사회학의 특성을 낳게 한다(정우현 역, 1995).

교육사회학은 교육학과 사회학을 양분으로 하여 생긴 아이라고 하나 어느 쪽의 유전인자가 우세한가는 말하기 어렵다. 교육사회학은 현재로서는 제도적으로 교육학과에 속하고 사회학회보다 교육학회에 접근하고 있다. 교육학회 학위 해당자도 사회학보다 교육학 쪽에서 보충되는 경우가 많다. 사회학의 하위영역에는 교육사회학과 더불어 가족사회학, 농촌사회학, 도시사회학 등 많은 분야가 있는데 교육사회학 이외는 거의 사회학을 전공한 사람이 담당하나 교육사회학만이 처음부터 교육학 또는 교육사회학을 담당하는 사람이 대부분을 차지하고 있다.

교육 사회학자의 수도 많아서 교육사회학은 다른 사회학의 하위영역에 비해 제도적 지위나 학회 조직이 사회학에서 독립한 면이 많다. 그러나 교육사회학의 의식이나 교육사회학의 학문적 성격은 일반적으로 교육학보다 사회학에 더 가깝고 또 가까워지려고 하고 있다. 따라서 교육사회학은 교육학으로부터 사회학 쪽으로 더욱 큰 친근감을 가진다. 특히 연구방법이나 기호이론은 거의 사회학에 의존하고 있다(이위환, 2008).

교육사회학자가 접하는 사람은 교육학자가 많으나 읽는 책들은 사회학 관계가 많다. 즉, 연구나 의식 면에서는 교육사회학과 교육 간에 친근감이 많은 경향이 있는데, 이 점이 바로 교육사회학의 특성을 모호하게 하는 이유라 하겠다.

3) 교육적 사회학과 교육사회학(Educational Sociology와 Sociology of Education)

일반사회학의 연구성과를 교육문제의 해결, 개선에 활용하려는 응용, 실천, 기술, 규범, 당위적인 교육적 사회학(educational sociology)과 교육 현상이나 교육문제의 기술 · 설명을 위한 순수 기초과학으로서의 교육사회학(sociology of education)으로 구별하는 성격 규정은 교육사회학의 발달사를 통해 주지의 문제점이며, 후자 쪽이 주장 면이나 학문적 생산 면에서 있어서도 우세한 것 같기도 하다. 하여간 교육적 사회학(educational sociology)에서 교육사회학(sociology of education)으로의 진행이나 응용과학에서 순수과학이나 기초과학으로의 흐름은 극히 이질적인 전진이라고는 할 수 없다. 양자 간에는 어느 정도의 상위가 있다고 하더라도 실천적 기여를 표방하는 학문으로부터 몰가치적 과학으로의 변화보다 단순한 일반사회학의 이론을 가지고서 교육 실천에 공헌한다는 양식에서 교육 자체의 사회학적 이론을 가지고서 교육적 판단이나 개선을 토대로 교육 실천의 효용을 높이는 방법으로 바꾸었다고 보는 것이 좋겠다. 이처럼 교육사회학의 성립 · 존립 · 발전의식이 교육 실제에 대해 공헌이 없다고는 할 수 없다. 예컨대, 병 치료라고 하는 실천기술과 유관한 임상의학이 있고 병의 생화학적 메커니즘을 연구하는 기초의학이 있으므로 양자는 상대적 또는 상보적이라 하겠다. 원래 의술은 인체 생명의 유지 · 발전을 목적으로 하여 있고 구체적 치료라는 면에서 임상학은 직접적으로 기초학을 간접적으로 관련하여 실천적 효용까지의 거리 차가 있을 뿐이다(2008, 이위환).

교육사회학(sociology of education)은 기초의학의 역할을 한다고 보아 정확히 말해서 교육 실천에 공헌하는 기초의학으로서 '교육의 교육적 사회학(educational sociology of education)'이라고 말하는 것이 타당할 것이다. 또한, 교육사회학

(sociology of education)이 특수 내지 부분 사회학으로서 독자성을 가지기 위해서 그 체계를 정비할 필요가 있다. 거기에는 교육개념의 외연 규범을 명확히 하는 일과 교육 내부 및 교육과 사회학과의 관련에 대해 구조적 범위가 설계되어야 하고 연구 대상의 전체적 집합으로서 주요 하위분야의 투시도가 그려지는 일들이 앞으로의 과제가 될 것이다. 이제까지는 이 점이 막연히 확산되어 교육사회학의 애매성을 낳는 한 인자가 되었으므로 구조 차원의 정비가 아쉽다(Sarane S. Boocock, 1996).

오늘날 교육사회학의 문제는 교육사회학(sociology of education)의 이론적 성취를 기다릴 것도 없이 교육자는 자신의 기술적 필요에서 실천장에서의 교육적 사회화(educational sociology)의 새로운 문제를 발견하거나, 또는 종래의 문제를 새로운 방향으로 전개하여 이론을 역으로 지도하지만, 어떻게 행할 것인가 하는 실천적 고려에 쫓겨 사실의 객관적 인식을 왜곡하기도 한다는 것이다. 그러나 이 양자가 확립하는 원래의 이론적 관계는 분명한 것 같지만 교육적 사실을 인식하는 것이 주임무인 교육사회학(sociology of education)을 기초로 하여 그것이 기술론적 연구로서 교육사회학, 즉 교육적 사회학(educational sociology)이 전개해야만 하는 두 가지 면을 교육사회학과 결합해야 한다.

교육사회학은 'sociology of education'이지만 이때 말하는 교육이 첫째로 무의도적 교육을, 둘째로 의도적, 계획적 교육을 의미한다면 교육사회학에서도 두 가지 측면에서 구별될 수 있다. 이제까지 교육사회학은 주로 한쪽 측면에 취급되었는데, 여기서는 교육 실천에 대한 직접적 연대가 희박하였다. 그러나 두 번째 측면, 즉 의도적 계획적 교육에 관한 교육사회학이야말로 교육 실천과 직접적으로 결부되었다고 본다. 그 예로 부코크(S. S. Boocock)의 『*An Introduction to the Sociology of Learning*』은 교사의 학급 활동과 직접적인 관련이 있는 좋은 보기가 된다.

제7장

가족집단과 교육

1. 가족집단의 개념과 성격

1) 가족의 의미

가족은 라틴어의 familia, famulus가 그 어원으로 familia는 재산 또는 노예를 말하며, famulus는 집에 속하는 사람을 의미한다. 따라서 가족은 원초 집단이요, 사회조직의 가장 기본적인 집단이요, 가족은 혈연관계로 결합된 애정적 집단이다(이광규, 1980). 그래서 가족은 제1차적 집단이요, 같은 장소에서 공동생활을 영위하는 동거집단이요, 경제생활과 공동의 재산을 공유하는 동재 집단이요, 언어, 가치관, 생활양식, 태도, 관습을 익히고 습득하는 문화집단이요, 인간의 성장과 발달에 있어서 가장 근원적인 집단이요, 생활과 동시에 주어지는 운명적 집단이요, 또한 세속 집단이요, 인격적 집단이다.

문화 인류학자인 머독(G. P. Murdock)은 가족이란 공동의 거주, 경제적 협력, 생득적인 특성을 갖는 사회집단으로, 성관계를 허용받은 성인남녀와 그들 사이에서 출생한 자녀 혹은 양자로 이루어진다고 하였으며, 퇴니스(Tönies)는 가족은 자연발생적으로 정해진 공동사회(gemeinschaft)라고 하였고, 브리게스(Burgess)는 가족을 상호작용하는 인격체들의 통일체라고 하였고, 김두헌은 영속적인 결합에 의한 부부와 거기에서 출생한 자녀로 이루어진 생활공동체라고 하였으며, 최재석(1999)은 가계를 공동으로 하는 친족집단이라고 하였다.

2) 가족의 유형

가족의 유형은 학자에 따라서 또 구조상으로 보아 여러 가지로 유형화할 수 있다.

첫째, 근대적 가족과 전근대적 가족으로 구분한다. 산업혁명을 계기로 하여 생산과 가정의 분리가 일어나면서 근대적 가족이 발생하기 시작한다. 근대적 가족은 부부 중심의 가족이요, 부부 동권이고 부부와 자녀의 1세대 혹은 2세대의 가족이요, 가족의 수도 비교적 적은 핵가족의 형태를 취한다. 근대적 가족은 인간의 personality 형성을 창조적이고, 독립적이고, 자유롭고, 사회성이 풍부하여 적극적이며 능동적인 인간성이 형성되기 쉬운 가족 형태이다. 현대 산업 사회에 더 적합한 가족의 유형이라 할 수 있다(정옥분, 2004). 반면에 전근대적 가족은 과거 전통사회에 해당되는 유형이다. 따라서 부자 중심이요, 가족의 수도 비교적 많고 3세대 이상의 가족이라고 할 수 있다. 그 속의 personality는 비교적 수직적 도덕을 중시하고, 창조적 · 적극적인 인간성이 결핍되어 순종적이고, 권위를 중시하고 예의를 존중한다. 또한, 개성의 계발이 어렵고, 이중인격이 형성되기 쉽다.

둘째, 뮬러-라이어(Muller-Lyer)의 분류로 ① 대가족, ② 소가족으로 나눈다. 김두헌은 가족 수 5인 이하를 소가족으로, 6인 이상을 대가족으로 부른다. 대가족은 부부와 자녀, 그리고 근친자로 구성되고 2세대 이상 가족원의 수가 비교적 많다. 그래서 대가족을 확대가족, 복합가족, 전통적 가족이라고도 한다. 소가족은 부부와 미혼자녀로 구성된 가족이다. 그래서 소가족을 핵가족, 미혼가족 또는 근대적 가족이라고 한다. 근대사회의 산업화와 도시화는 소가족제도를 낳았다.

셋째, 머독(Murdock)의 분류로 ① 핵가족, ② 확대가족-㉠ 부계 동거가족, ㉡ 모계 동거가족, ㉢ 쌍계 동거가족, ㉣ 숙부 동거가족, ③ 복혼 가족-㉠ 일부다처 가족, ㉡ 일처다부 가족, ㉢ 집단혼 가족으로 나눈다. 핵가족은 부부와 자녀로서 구성되고 있는 가족으로 부부가족, 일대가족, 민주적 가족, 근대적 가족, 소가족 등으로 부른다. 핵가족은 가족 구성의 최소한의 단위인데, 머독(Murdock)은 사회의 건전한 발전을 위해 필요한 가족 형태라고 핵가족설을 강력히 주장한다.

확대가족은 흔히 대가족이라고도 부른다. 그래서 복합가족, 혈족 가족, 전통적 가족, 가부장적 가족, 제도적 가족으로도 부른다.

복혼 가족은 복수 혼에 의해서 결합한 두 개 또는 그 이상의 핵가족으로 구성되었으며, 한 남편이 동시에 두 사람 이상의 아내를 소유하는 일부다처형과 아내한 사람이 두 사람 이상의 남편을 소유하는 일처다부형이 있으며, 복수의 남편과 복수의 아내가 동시에 동거하는 가족형인 집단혼 가족형도 있다.

넷째, 플레이(Le Play)의 분류로 ① 부권가족, ② 지주가족, ③ 핵가족으로 나눈다. 부권 가족은 중국에서 많이 볼 수 있고 동양적인 대가족제도이고, 핵가족은 유럽과 미국에서 볼 수 있는 부부 중심의 가족이며, 지주 가족은 부권 대가족과 핵가족의 중간형으로 스칸디나비아 제국과 프랑스에서 볼 수 있는 가족 형태이다. 플레이(Le Play)는 부권 가족의 지나친 전통성과 핵가족의 지나친 개인주의가 많은 문제와 모순이 있음을 지적하고 지주 가족이 이상적이라고 주장한다.

결혼의 형태는 ① 배우자의 수와 배우자의 사회적 배경, ② 결혼의 정치적 성격, ③ 결혼의 경제적 의의 등에 따라 여러 가지 유형으로 분류할 수 있다.

배우자의 수와 배경에 따른 분류는 어느 사회에서나 일부일처제를 원칙으로 하고 있으나, 회교국에서는 일부다처제를 합법화하고 있으며, 과거 우리나라에서도 돈 있는 사람들 간에는 축첩하는 사람이 많았으며 남아선호사상이 지배적인 우리나라에서 자녀가 없거나, 딸만 있는 경우 대를 잇는다는 구실로 축첩행위가 정당화되었다. 그런가 하면 결혼한 부부 5쌍 중 3쌍이 이혼하는 이혼의 세계신기록을 세우고 있는 미국에서는 이혼 후 다시 결혼하는 경우가 많을 뿐 아니라, 이혼자들의 다혼율도 점점 증가일로에 있어 언제든지 마음만 먹으면 결혼 상대는 포기하고 있다는 사항을 비유해서, 미국인은 배우자가 바뀔지언정 항상 일부일처제를 지키고 있으며, 미국의 높은 이혼율을 일부일처제의 시리즈라고 표현하고 있다.

일처다부제란 티베트와 같은 일부 지방에서 행해지고 있으며, 단순한 일처다부제와 형제간의 일처다부제로 구분된다. 일처다부제는 여아의 영아 살인을 했다든가 하여 남녀의 성비의 차가 커서 신부 후보자를 구하기 어려운 경우나 경제적 이유에서 산아제한이 불가피한 경우에 실시될 수 있으며, 형제간의 일처다부제란 형제 중 큰형이 결혼하게 되면 아우들도 형수를 공동 처로 맞아들이게 되는 경우이다. 일부다처제와 일처다부제를 합해서 복수 배우 혼이라고 일컫는다.

결혼은 또 배우자를 자신이 소속된 집단 내에서 고르느냐, 그렇지 않으면 자기가 소속한 집단 외에서 고르느냐에 따라 족내혼과 족외혼으로 구분한다.

가족 내 족외혼으로의 분류는 원래 근친상간을 피하기 위한 것이었으나, 융통성 있게 적응하는 상대적 개념으로는 흑백과 같은 종족이 문제가 되는 미국이나 남아프리카공화국에서는 종족 내와 족외혼을 구별하는 데 사용되며, 종교와 민족의 순수성을 지키고자 노력하고 있는 유대인의 경우는 유대인과 결혼하느냐, 그렇지 않으면 비유대인과 결혼하느냐 하는 것을 구분한다. 동성동본 간의 결혼을 금지하는 우리나라의 경우에는 동성동본 간의 결혼을 족내혼, 그렇지 않은 경우를 족외혼으로 간주한다.

2. 가족집단의 기능

가족의 기능은 항상 일정한 것은 아니다. 사회의 지배적인 가치와 규범, 산업발전의 정도, 종교, 경제적 현실, 사회적 위기 등으로 인해 시간과 공간을 탈피하여 그 기능이 달라진다.

가족은 개인이나 사회에 대해 매우 중요하고 기본적인 기능을 담당한다. 만약 가정이 사회구성원을 재생산하지 못하거나 자녀를 사회화시키지 못한다면 결국 사회질서를 유지하지 못하게 되어 사회가 존립될 수 없는 현상을 초래하게 될 것이다. 그러나 점차 산업화와 더불어 전통적인 사회에서의 정치, 경제, 종교, 교육, 오락 등의 일원적이던 기능의 담당이 불가피하여 이 기능이 점차 다른 기관으로 이양되고 범위의 축소를 가져오게 되었다(진규철, 1993). 이러한 기능의 축소는 오히려 가족 기능의 과소평가보다는 약화되고 있는 가족의 기능을 재인식하게 되고, 이를 강화해야 된다는 점을 분명히 인식하여야 한다.

교육은 사회변동에 따르는 가족 기능의 한계를 고려한 가족 문제를 해결하는 데 조력하는 중요한 과제를 안고 있다. 사회가 부패하여 범죄자가 많고 극도의 이기주의에 사로잡힌 사회에 있어서 가족의 교육적 과제와 사회정의가 실현된 민주주의가 정착된 사회의 가족에 대한 교육적 과제는 성격 면에 있어 근본적인 차이가 있다. 교사나 행정가들이 변화하는 가족의 기능을 인식하는 일은 대단히 중요하며, 변화하는 가족에 대해 올바른 이해를 하려면, 우선 가족에 대한 영향력의 고려가 선행되어야만 한다.

1) 성적 질서 기능

가족의 성적 기능은 첫째, 가족을 통해 개인의 성적 욕구를 충족한다는 측면과 둘째, 그렇게 함으로써 사회적으로 성적 통제가 가능하다는 두 가지 의미를 지니게 된다. 가족은 남녀의 사랑을 기초로 하여 결혼이라는 형식적 절차를 통해 이룩된 만큼 가족 구성의 핵심이 되는 부분을 성생활을 영위함으로써 성적 욕구를 충족하게 된다(홍대식, 2001).

결혼으로 이룩된 가족집단은 개인적으로 성적 욕구를 충족시키는 기능과 동시에 성적 욕구의 잘못된 충족으로 인한 사회적 혼란과 무질서한 성관계를 통제하는 성적 질서의 기능을 가진다. 또한, 가족구조는 성적 기능 중 근친상간의 처리에 따라 달라지는데, 족외혼은 친족집단 외부에만 성립되어 근친상간이 완전히 배제되지만, 동족혼은 자기 집단의 순수성을 지키기 위해 근친상간이 허용되는 것이다.

그런데 머독(Murdock)은 현대의 선진국과 같은 일부 국가에서 혼전 성관계가 허용되고 있음을 보고하고 있다. 이는 가족의 질서유지에 장애물로 등장하게 될 가능성도 있다.

2) 생식적 기능

부부의 성생활 결과로써 필연적으로 부수하게 되는 것이 바로 자녀출산이다. 자녀출산의 기능은 가족의 여러 기능 중에서 가장 중요한 기능이며 가족만이 갖는 유일한 기능이다. 가족은 단순한 성적 기능의 행사와 구별되며 생식적 기능을 갖게 되는데, 출산에 의하여 친자관계가 발생하며, 육아는 부부의 공동 책임과 의무가 된다. 가족은 이러한 생식적 기능을 통해 자손을 갖고 싶다는 개인적 욕구를 충족시키고 사회구성원의 충원에 공헌하게 되는 것이다. 가족의 생식적 기능에 의하여 인류의 존속과 사회의 형성, 유지, 발전이 가능하게 된다. 국가적, 사회적 측면에서 현대국가는 과잉인구를 조절, 통제하기 위해 가족의 생식적 기능을 간섭하는 경향도 나타나고 있다(이위환, 2000).

3) 교육적 기능

가정에서의 성인세대와 자녀세대 간의 접촉은 자녀의 성격이나 가치관 형성에 영향을 미친다. 유아기, 아동기를 거치는 동안 자녀들은 부모나 다른 가족들로부터 언어, 가치, 태도, 규범적 행동 등을 모방하여 학습하게 된다.

전통사회에서의 가정은 교육의 훌륭한 장이요, 부모는 가장 모범적인 교사였고 모든 교육은 가족관계에서 이루어졌다. 그러나 오늘날의 핵가족 형태에서는 전통적으로 존재했던 훈육적 가정교육의 부재와 부부간의 갈등으로 인해 교육적 기능이 약화되고 있는 실정이다(이위환, 2000).

사회인으로서 활동하는 데 필요한 도덕, 지식, 정서, 기술, 체력 등에 대한 교육은 가정에서보다는 학교 및 기타 교육기관에서 담당하는 비중이 일반적으로 큰 실정이다. 그러나 가족집단 내에서의 교육은 제도화된 학교교육과는 다른 애정과 이해, 친밀과 같은 깊은 관계에 의해 자연스럽게 진행되는 교육적 기능을 가진다(황원영, 1984).

가족에는 교육과정의 조직이나 형식적 교육 활동은 존재하지 않지만, 부모들이 목적하는 의식적 교육이 있다고 볼 수 있다. 찰스와 피터스(Charles C. & Peters)는 가정의 의식적 교육 내용을 다음과 같이 제시하고 있다.

① 예법
② 가정생활을 위한 기술적인 훈련
③ 문학교육
④ 종교적 교육
⑤ 성적 도덕 교육
⑥ 오락교육
⑦ 직업교육

4) 경제적 기능

가족의 일상생활을 통해 생산과 소비의 생활은 동시에 발생한다. 과거 전통적 가정생활은 자급자족의 형태를 취하나 현대에 이르러 급속한 도시 사회화가 전개되고 화폐경제로 전환됨에 따라 생산과 소비에서 수입과 지출로서의 의식주 등 경제적 기능이 가족집단 내의 가정생활에서 이루어진다.

5) 심리적 기능

가족은 혈연관계로 형성된 감정적 연대감에 기초하므로 구성원들에게 심리적인 안정감을 부여한다. 현대사회가 제도와 경쟁 위주 중심의 사회이기 때문에 이로부터 마음의 안정과 건강한 정신을 찾기 위해서 가족의 심리적 기능은 더욱 강화되어야 한다. 정서적 안정이란 육체적 만족보다도 더 중요한 것이다.

머스 그레이브(P. W. Musgrave)는 남녀가 현재의 여건에서 그들의 삶을 성공적으로 이끄는 데 필요한 정서적 안정감을 확보해 주며, 애정을 제공해 주는 매우 구체화된 기관으로 가족이 활용되지 않으면 안 된다고 주장하고 있다.

6) 휴식과 오락의 기능

가족구성원 각자의 노동으로 인한 수고와 어려움을 가정에서 긴장과 피로를 회복하는 휴식을 취하고 휴식과 더불어 노래, 게임 등 간단한 놀이 오락을 즐기기도 한다.

이러한 휴식과 오락의 기능은 현대 산업사회의 병폐적 현상으로 나타나는 이기주의, 무관심, 인간소외 또는 청소문제, 노인 문제 등을 해소하는 방편으로 더욱 요구되고 있다(이위환, 2000).

7) 지위 부여의 기능

사람은 세상에 태어나서 연령, 성, 피부색, 거주지, 계급, 종교와 같은 귀속적 지위를 부여받으며 가정의 사회경제적 지위에 따라 가치관, 사고방식, 생활양식 및 하는 일 등에 있어서 독특한 하위문화가 형성된다. 이러한 하위문화가 아동에게 전수되어 전체 사회의 규범이나 역할을 담당하게 된다. 일반적으로 아동들은 흥미, 가치, 생활습관, 언어 등을 자신의 가족으로부터 습득하기 때문에 상류 가정에서 성장한 사람은 상류계급의 가치를 중심으로 생활하게 되며, 이들은 자신의 생활양식과는 다른 하류계급의 가치는 거의 이해하지 못한다(한상철, 2000).

예컨대, 계급의 배분은 불공평하기 마련이며, 가족도 경제력, 부모의 교육수준, 권력의 차이가 있으므로 가정의 배경에 따라 사회적 지위가 부여되는 것은 피할 수 없는 현상이 될지도 모른다. 따라서 가정의 사회경제적 위치가 사회에서의 개인의 사회적 신분과 역할 및 자격이 결정되는 경우가 적지 않다.

3. 현대 가정의 성격

인간이 가정이라는 집단을 형성하게 된 배경에는 생물학적 요소가 크게 작용하고 있다. 포트만(A. Portman)이 인간의 출산을 생리적 조산이라고 지적한 바와 같이 갓 태어난 어린이는 동물로서는 가장 무능력한 상태로 태어나며 생득적인 힘만으로는 단 하루도 생존하기가 어렵고 생존을 계속하기 위해서는 장기간 기초적인 생활기술의 습득을 필요로 한다. 독립된 개체로서 생활을 영위할 수 있기까지는 많은 시간을 필요로 하는 존재인 것이다.

이와 같이 출생 조건부터 생물학적으로 무능력한 상태로 태어난 어린이가 자력으로 생활을 영위할 수 있는 성숙된 인간으로 성장하기 위해서는 그의 성장을 보호하고 책임질 수 있는 성인이 있어야 하고, 안정된 생활의 장이 있어야 한다. 이러한 요구에 부응하여 창조된 것이 가정이다. 즉, 동물적인 상태의 어린이가 하나의 독립된 인간으로 성장하는 곳이 가정이요, 가족집단이다(진규철, 1996).

인류는 이와 같은 가족의 형태를 방치하지 않고 하나의 사회제도로 발전시킴으로써 오늘날과 같은 가족제도를 확립하게 되었고 가정의 번영을 누릴 수 있게 되었다. 그러나 지금의 가족의 형태가 앞으로 계속하여 유지될 수 있을지에 관해서는 의문을 갖지 않을 수 없을 만큼 가정의 성격이 변화하고 있다. 이러한 견해는 단순한 기우라고 하기에는 현대 가정의 성격이 너무도 급격하게 변화하고 있고 가정의 해체 현상이 급진적으로 진행되고 있기 때문이다. 이러한 현상은 이혼, 미혼모 출산율, 결혼제도를 무시한 남녀동거, 편부모가족 등의 증가추세를 보아도 쉽게 알 수 있다. 현대의 가정은 어린이의 성격과 태도 형성에 가장 중요한 교육적 의의를 가지고 있는 가족구성원 상호 간의 결합 관계가 점차로 소실되고 있다.

가족집단이 형성된 배경에 생물학적 요소가 작용하고 있는 것과 같이 가족집단의 위기를 조성하는 원인도 생물학적 사실에서 기인하고 있는 것을 알 수 있다. 즉 인간의 평균수명 연장이 그 원인이 되고 있다. 인간은 일생동안 인간으로서 성장하는 데 40년이라는 오랜 시간이 소요된다. 어린이가 부모의 보호 아래서 성숙한 인간으로 성장하기 위해서는 약 20년이란 기간이 필요하고 그 성숙된 인간이 부모가 되어 자녀를 낳아서 기르는 데 또한 20년이 소요된다. 이와 같이 인간이 종족을 보존하기 위해서는 약 40년이란 오랜 시일이 필요하다.

지금으로부터 수십 년 전까지만 해도 인간의 수명은 50세 전후에 불과하였으므로 인간은 일생동안 성장하고 또 자녀를 양육하는 데 전 생애를 바쳐야 했고 실제로 전력을 기울여 왔다. 그러나 현대 인간의 수명은 선진국에서는 이미 90세에 도달하고 있고, 우리나라도 90세에 근접하고 있다. 자기 자신의 성장과 자녀의 양육을 위하여 필요한 40년 이외에 그로부터 해방된 여유시간이 30~40년이나 된다. 따라서 가족이 인간의 성장과 양육을 위한 필수집단이라고 하는 사고방식은 점차로 약화되고 있어 가족집단의 본질까지도 변화하고 있다. 가족의 본질과 성격은 시대와 사회의 변천에 따라서 변화한다. 8 · 15 해방 이후 우리나라의 가족제도도 급격한 사회변동의 영향을 받아서 변화를 거듭하고 있다. 그 변화 중에서도 핵심이 되고 있는 것은 대가족제도에서 소가족제도로 변화하고 있고 그러한 제도적 변혁을 통해서 이루어진 가족변동의 양상은 격심한 것이다. 한마디로 핵가족이라고 불리고 있는 가족변동은 가족의 형태, 규모, 이념 등을 동시에 변화시키고 있고, 이혼 · 자녀의 비행과 범죄, 노인학대 등과 같은 새로운 사회위기를 낳고 있다. 최근에는 자녀들의 건강한 성장을 저해하고 있는 문제행동이 빈번하게 발생함에 따라서 가족집단에 대한 관심이 높아지고 있다. 그리하여 지금의 가족집단의 병리현상은 핵가족제도에서 유발된다는 견해와 함께 이와 같은 현상이 심화되면 현재의 가족제도가 붕괴될 것이라는 우려가 증대되고 있다.

따라서 오늘날 우리나라의 가족제도에는 많은 문제점과 불안요인을 내포하고 있다. 그러나 그러한 문제를 유발시키는 원인을 핵가족의 책임만으로 돌리려는 견해는 문제의 본질을 올바르게 파악하지 못한 것이다. 왜냐하면 현대 가족이 안고 있는 대부분의 문제는 가족 그 자체에서 발생하고 있다기보다는 전체 사회현상과의 관련되어 발생하고 있기 때문이다. 이러한 우리나라의 가족제도를 위협하고 있는 원인이 어디에 있는가를 몇 가지 지적해 두기로 한다(이위환, 2017).

첫째, 사회변동으로 인한 가족의 역할기능의 감소를 들 수 있다. 현대사회는 기능집단이 크게 발달하고 있는 데 반하여, 사회에서 차지하는 가족의 비중은 점차로 감소되고 있다. 과거에는 생존에 필요한 욕구는 가족구성원 상호 간에 서로 협력함으로써 충족되었으나 지금은 가족에게 의존하지 않아도 충족시킬 수 있게 되었다. 예를 들면, 기본적인 욕구인 식욕은 식당에서 자유롭게 채울 수 있어 가정에서 식사의 기능을 제거한다 해도 곤란을 느끼지 않게 되었다. 수면과 휴식을 위해서는 여관과 호텔이 그 기능을 대행하고 있고, 의복이 가정의 생산기능으로부터 제외된 지 오래되었다.

이러한 기능집단의 발달로 인하여 가정의 기본적인 기능으로서 존중되어 왔던 의 · 식 · 주의 기능은 사라졌고, 가족의 역할 또한 축소되었다. 그리하여 가족 상호 간의 기능적인 결합과 상호의존감은 현저하게 감소되고 있고, 가족을 형성하지 않아도 생존이 가능하다고 하는 경향이 나타나고 있다. 독신주의를 주장하는 사람들이 증가하고 있는 것은 그 좋은 예이다.

둘째, 도시화가 급격하게 진행되면서 가족의 고립화 현상이 심각해지고 있다는 것을 지적할 수 있다. 도시화는 지역사회주민의 연대의식을 약화시키고 있다. 그로 인하여 각 가족이 어떤 위기에 직면할 때 이웃 사람들로부터 원조를 받기가 매우 어렵고 자기의 가족은 자기가 지켜야 하고 어떠한 위기에도 스스로 대처할 수밖에 없게 되었다.

그리고 도시화의 진행과 함께 급진적으로 변화하고 있는 것은 핵가족화의 현상인데 이 핵가족화는 가족이 어떤 사고나 위험에 부딪칠 때에 그에 대처할 수 있는 인적인 대응력이 약하고 교대인원이 없으며, 그리고 가족구성원 간에 긴장과 대립이 격화할 때에도 그 중간에 서서 완충적인 역할을 해줄 수 있는 사람이 없기 때문에 가족상호 간의 갈등과 분쟁이 커지기 쉽고 가족해체의 원인이 되기도 한다. 더구나 해방 후에 유입된 서양의 자유주의와 개인주의사상을 그릇되게 받아들임으로써 자기중심적인 이기주의가 심화되고 있으며, 이러한 경향은 가족집단에까지 영향을 미치고 있어 가족구성원 간의 연대의식과 결합력을 약화시키고 있고 갈등과 대립을 발생케 하는 원인이 되고 있다.

셋째, 가족집단의 불안요인을 증대시키고 있는 또 하나의 원인은 산업화로 인한 가정과 직장의 분리현상이다. 생산체로서의 직장과 생활체로서의 가정이 분리됨으로써 남편과 부인의 근로활동에 대한 협력관계를 약화시키고 있다. 생산과 소비기능이 분리되지 않았던 전통적인 가정에서는 남편과 부인의 협력관계가 쉽게 형성되었다. 그러나 현대가정의 특징은 남편은 직장에서 일하고, 부인은 가사에 종사하는 성적 분업체제가 고정화되어 부부간의 유연한 협력과 역할 교대가 불가능하게 되고 있다. 그리하여 남편이 실직을 하거나 장해를 입고 수입이 중단되면 가족은 당장에 생계의 위협을 받게 된다.

이러한 위기에 대비하여 맞벌이 부부가 증가하고 있으나 남편이 가사에 협력할 수 있는 직장의 취업조건은 구비되어 있지 않다. 최근에는 가정과 직장의 거리가 멀어지고 있어 가족이 모두 한자리에 모일 수 있는 시간도 줄어들고 있어 가족상호 간의 일체감을 강화할 수 있는 기회가 점점 적어지고 있다. 따라서 가족의 집단성을 유지하기가 어렵다. 이 문제는 가족의 교육기능과도 깊은 관계를 가지고 있다.

이상에서 살펴본 바와 같이 현대 가족집단의 특징은 집단으로서의 결합력과 가정생활에서 발생하는 문제에 대한 해결 능력을 상실해 가고 있을 뿐만 아니라 위기에 대한 대응력마저도 길러주지 못하고 있다.

4. 가족 간 인간관계의 유형

1) 부부관계

젊은 두 남녀가 이성 관계를 통해 서로 사랑을 하고 이러한 사랑의 결실로서 결혼에 이르게 된다. 연인관계는 결혼이라는 의식을 통해 부부관계로 바뀐다. "검은 머리가 파뿌리가 되고 죽음이 서로를 갈라놓을 때까지 사랑하겠다"는 결혼 서약을 하고 두 남녀는 부부가 된다. 부부는 인생에 있어서 가장 중요한 동반자이다. 행복한 부부관계는 화목한 가족관계의 뼈대이며 한 개인의 행복을 결정하는 가장 중요한 인간관계이다. 다음에서 부부관계에 이르기까지 겪게 되는 심리적 사유를 살펴보고자 한다(이수용, 2002).

(1) 사랑

결혼을 앞둔 사람들에게 두 사람은 왜 결혼하기로 결심하는가?라는 질문을 한다면 대부분의 사람들은 이 질문에 "우리는 서로 사랑합니다"라고 거의 같은 대답을 한다. 사랑은 사회에서 사람들이 결혼을 결심하게 하는 주원인이고 사랑하지 않는 사람과 결혼을 생각해 봤다는 사람은 아무도 없을 것이다. 게다가, 대부분의 사람들은 결혼 후에도 사랑은 결혼관계의 필수적인 요인으로 남는다고 생각한다. 사랑은 결혼을 유지시켜 주는 필요조건이고 사랑의 종말은 결혼의 끝을 위한 충분한 이유로 사람들은 생각하고 있다. 75,000명의 여성을 대상으로 한 사랑과 결혼에 대한 설문조사에서 사랑은 결혼의 성공과 결혼하기 위한 최초의 결심에서 핵심 요인이었다고 대부분이 보고했다(Tavris & Jayaratne, 1976).

대부분의 사람들이 결혼하는 이유는 사랑 때문이라고 생각할 것이다. 그러나 우리는 '사랑'이라는 아주 애매한 단어로, 사람들이 '우리는 사랑하고 있다'고 말하는 경우 사랑이란 말은 종종 다른 것을 의미하기도 한다.

진실한 사랑은 사랑에 '빠지는' 것이 아니라 사랑을 '키워 나가는' 과정인 것이다. 이렇게 '사랑에 빠지는' 것은 종종 열병이 되며, 자신이 사랑하는 사람의 결함을 전혀 발견하지 못하게 된다. 그래서 사람들은 사랑하는 사람을 '완전하고', '이상적이며' 기타 다른 신성한 존재로 생각하는 경향이 있다. 진실한 사랑을 하는 사람은 상대방의 '완전한 측면'과 '결점의 양 측면'을 모두 인정해야 한다. 즉 사랑은 상대방의 결점을 알고 그러한 결점을 수용할 수 있어야 한다.

사랑은 사람들로 하여금 사랑하는 사람에 대해서 안정감과 신뢰감을 갖게 한다. 의심, 변덕, 불확실성, 그리고 이별에 대한 두려움은 순간적 열정에 수반되는 대표적인 감정들이다.

(2) 상호 신뢰성

상호 존중은 긍정적인 관점에서 상대방을 바라보게 하는 구성요소로서, 타인을 찬미하고 인정하려는 것이다. 신뢰는 타인의 맹세를 받아들이는 것으로 자기 확신을 갖도록 해 준다. 신뢰하는 관계에는 모험이 뒤따른다는 것을 인정하지만 상호 간의 신뢰감에 기초하고 있다.

사랑에 있어 보살핌의 요소는 타인의 감정과 욕구에 정서적으로 민감하게 반응하는 것이다. 자신의 욕구와 마찬가지로 타인의 욕구에 의해 영향을 받거나 행동을 하게 되는 것은 상호 신뢰감을 바탕으로 한 상대에 대한 배려의 특징이다.

(3) 동반자 의식

동반자 의식을 포함하는 사랑의 관계는 오늘날과 같이 긴장이 팽배한 사회에서 특히 중요한 감정이다. 우정을 바탕으로 맺게 되는 인간관계는 동반자 의식의 예가 된다. 그리고 이러한 의식은 공통의 관심사를 갖게 하기도 하며, 단순히 서로를 친구로 만들어 주기도 한다.

결혼과 가정생활에 있어서의 대인관계에 대한 강조는 배우자와의 관계의 주요 척도로서 근래에는 동반자 의식을 강조하는 원인이 되었다. 낭만적이고 육체적인 사랑은 부부를 결합시켜 주며, 이러한 사랑을 바탕으로 부부가 합심 단결하게 되고 동반자 의식으로 승화되어 좋은 부부관계를 유지하게 된다. 따라서 서로가 사랑을 하고 있을 뿐만 아니라 동반자로서 서로의 생활을 함께할 수 있는 충분한 공통적인 특성과 관심사를 갖는 부부가 행복하고 지속적인 결혼생활을 하게 될 것임은 분명한 사실이다(이위환 · 김용주, 2008).

(4) 성욕 충족

배우자는 성적 역할을 수행한다. 인간에게 있어 결혼이란, 사회적 · 도덕적으로 성생활을 승인하는 수단이다. 사회가 개방적이고 혼전 성관계가 과거보다 덜 부정적으로 여겨지지만, 많은 사람에게 결혼은 가장 믿을 만하고 장기간의 성생활을 제공하는 방법이라 생각하는 데에는 변함이 없다. 결혼은 대다수의 사람들이 인정하는 자신의 성적 욕구를 만족시키기 위해 받아들이는 가장 공인된 수단이다. 이성 간의 성적 욕구는 정상적인 것이고, 자신의 인성에 있어 정상적이며 현실적인 부분이라 할 수 있다.

결혼한 상태에서 자기 자신과 배우자의 성적 욕구를 만족시키는 것은 사랑의 표현이며, 이러한 경우에 성과 사랑은 건전한 방식으로 결합하고 있음을 의미한다. 성욕은 현실적인 육체적 욕구이다. 결혼한 상태에서 이러한 욕구를 서로 표현하는 것은 인간으로 하여금 상호 신뢰적이며, 합법적으로 인정됨으로써 정서적으로 안정감을 주며, 원만한 감정을 형성하는 데 도움을 주는 인간의 욕구 충족 요소들 중 중요한 부분이다. 성에 대한 욕구가 사회구조 내에서 건전하게 충족될 수 있는 유일한 수단은 원만한 결혼관계의 지속으로 이루어질 수 있다(이위환 · 김용주, 2008).

(5) 경제적 수단

때때로 사람들은 결혼을 경제적 보호를 제공하는 수단으로 여기는 경우도 있다. 예를 들어, 많은 문화권에서 결혼은 아직도 경제적 바탕 위에서 준비되어지고 있다. 현대 사회에서는 경제적 요건이 과거보다 그 중요성이 약화되었지만 경제적 요건이 결혼의 결정에 중요한 역할을 하는 것은 사실이다. 부모들도 자신의 아들이나 딸이 선택한 장래의 배우자가 적절한 경제적 배경을 가진 집안의 출신이 아니거나 장래가 촉망되는 전망이 없다면 그 선택에 반대할 가능성이 높을 것이다.

이 외에도 결혼에 이르게 되는 남녀 간의 부부관계는 단지 어느 한 가지가 아니라 여러 가지 이유가 복합적으로 작용하여 맺어진다. 그리고 바람직한 이유를 기초로 결혼을 하게 된다면 실패의 기회가 감소되는 것은 물론 좋은 배우자를 선택하여 인간관계의 초석이 되는 바람직한 가족관계를 형성할 수 있을 것이다(이위환 · 김용주, 2008).

5. 형제자매 관계

가족 관계를 구성하는 또 하나의 하위영역은 형제자매 관계이다. 같은 부모로부터 태어난 자녀들로 구성되는 형제자매 관계에는 가족마다 자녀의 숫자나 성의 구분에 따라 구성요소나 성격이 다양하다. 이러한 형제자매 관계는 인생에 있어서 매우 중요한 인간관계 영역의 하나이다.

1) 형제자매 관계의 특성

형제자매 관계는 다른 인간관계와 구분되는 독특한 특성을 지닌다. 형제자매 관계는 가족 관계의 한 하위영역에 속하지만 부부 관계나 부모자녀 관계와는 또 다른 특성을 지닌다(이위환, 2008).

첫째, 형제자매 관계는 같은 부모의 피를 물려받은 혈연적 동료 관계이다. 혈연으로 맺어진 형제자매 관계는 일차적인 관계로서 선택의 여지없이 부여된 관계이며 가입과 탈퇴가 불가능한 관계이다. 아울러 같은 부모의 유전자를 물려받기 때문에 여러 가지 유사성을 지닐 수 있다.

둘째, 형제자매 관계에는 수직적인 요소와 수평적인 요소가 복합된 인간관계이다. 형제자매는 나이 차이가 다양할 수 있지만, 출생서열에 따라 위계가 정해지는 수직적인 관계이다. 동생은 형과 언니의 말에 따르고 오빠와 누나는 동생을 보호하고 보살핀다. 이렇듯, 형제자매는 불평등한 역할이 주어지는 위계적 관계를 지닌다. 그러나 형제자매 관계에는 수평적 관계의 요소가 많다. 형제자매는 대부분 나이 차이가 많지 않기 때문에 함께 커가고 함께 늙어간다. 그뿐만 아니라 형제자매는 부모와의 관계에서 동등한 입장에 처해 있는 동료와 유사하다. 이처럼 형제자매 관계는 약간의 수직적 요소를 지닌 수평적 관계로서 매우 독특한 인간관계의 속성을 이룬다.

셋째, 형제자매는 의식주 생활을 함께 나누며 가족과 함께 동고동락하는 운명공동체이다. 가족의 일원으로서 가족의 변화를 함께 겪을 뿐만 아니라 같은 부모 밑에서 성장하고 생활하는 공통적인 체험과 입장을 공유한다. 따라서 형제자매는 나이, 가족배경, 성장체험이 유사하기 때문에 서로를 가장 잘 이해하고 공감할 수 있는 상대이기도 하다.

넷째, 형제자매 관계는 인생에서 가장 오랜 기간 동안 유지되는 인간관계이다. 출생과 더불어 형제자매 관계 속으로 들어가며 나이가 유사하기 때문에 거의 평생 동안 지속되는 관계가 형제자매 관계이다. 그뿐만 아니라 쉽게 해체되는 친구관계와는 달리 일차적인 관계이기 때문에 설혹 불편한 관계라 하더라도 형제자매 관계를 끊을 수가 없다. 이런 점에서 형제자매 관계는 가장 강력한 인간관계라 할 수 있다.

다섯째, 형제자매 관계에는 경쟁적인 요소가 있다. 형제자매는 부모로부터 공급받은 모든 것을 나누어 갖는 위치에 있다. 부모는 흔히 자녀를 서로 비교하여 평가하고 그러한 평가에 따라 애정과 물질적 보상을 다르게 준다. 이렇듯, 형제자매 관계는 서로 비교하며 우월의식과 열등의식을 느낄 수 있는 경쟁적인 요소가 내포되어 있다.

2) 형제자매 관계의 갈등요인

형제자매 관계는 인생에서 가장 친밀하고 지속적인 인간관계가 될 수 있다. 그러나 형제자매 사이에는 잠재적으로 여러 가지 갈등요인이 숨어 있다(문선모, 2007). 이러한 갈등요인을 잘 해결하지 못하고 확대시키면, 가장 친밀하고 협동적일 수 있는 형제자매 관계가 가장 소원하고 적대적인 관계로 발전할 수도 있다. 그러한 형제자매 관계의 갈등요인을 살펴보기로 한다(이위환, 2017).

(1) 형제간 경쟁

형제자매 관계에 갈등을 초래할 수 있는 중요한 요인은 형제간 경쟁(sibling rivalry)이다. 형제자매 관계에는 경쟁적인 요소가 내포되어 있다. 부모의 재정적 또는 심리적 지원을 받는 과정에서 자녀로서의 형제자매는 경쟁적인 관계에 서게 될 수밖에 없다. 어려서부터 부모의 사랑과 관심이 모든 자녀에게 똑같이 주어지기는 어렵다. 또한 첫째 자녀는 부모의 관심을 독차지하다가 새로 태어난 동생에게 부모의 관심을 빼앗기고 있다고 느낄 수 있다. 따라서 동생을 경쟁상대로 생각하고 질투와 미움을 갖기도 한다. 또한 부모는 자녀를 비교하여 평가하게 된다. 따라서 어떤 형제자매의 우수함은 상대적으로 자신의 열등함을 의미한다.

다른 형제자매가 부모의 애정을 독차지하면 그것은 내가 받을 부모의 애정을 잃는 것이다. 따라서 형제자매는 서로 비교하여 우열의식을 갖게 되고 때로는 상대방을 질투하고 시기하게 된다. 형제자매를 경쟁상대로 인식하는 형제간 경쟁은 형제자매 관계를 해치는 암초와 같은 것이다. 어떤 인간관계보다 가깝고 신뢰할 수 있는 형제자매 관계가 이런 경쟁적 요소 때문에 때로는 가장 불편하고 위협적인 관계로 느껴질 수 있다.

(2) 자녀에 대한 부모의 차별적 애정

부모의 입장에서 "다섯 손가락 깨물어 아프지 않은 손가락이 없다"는 말도 있지만 여러 자녀 중에는 외모, 성격이나 행동, 지능이나 학력 등에 차이를 보임에 따라 자연히 관심과 사랑이 달라질 수밖에 없다. 게다가 남아선호 성향이 강한 우리 문화에서는 부모들이 아들에게 더 많은 관심과 기대를 보이고 노골적인 편애를 하기도 한다. 이런 가족에서 딸들은 부모로부터 상대적으로 경시되고 배척당한다고 느끼게 되어 마음에 상처를 입는 경우가 많다. 부모의 관심과 사랑은 아동·청소년기에 매우 큰 영향을 미친다. 따라서 부모의 관심과 사랑을 얻기 위한 치열한 경쟁과 다툼이 생길 수 있다. 이러한 과정에서 형제자매는 서로에 대해 시기, 질투, 적개심, 우월의식과 열등의식을 느끼게 된다. 가장 친밀해야 할 형제자매 관계가 가장 불편하고 적대적인 인간관계로 치달을 수도 있다.

(3) 성격 및 능력의 차이

같은 부모로부터 태어난 형제자매 간에도 성격과 능력에 차이가 있다. 흔히 형제간 성격 차이는 여러 가지 요인에 의해 나타나지만, 형제간 서열이 이러한 차이를 초래하는 주요한 요인으로 알려져 있다. 출생순서에 따라 자녀에 대한 부모의 양육태도는 차이를 나타내게 된다(송명자, 1995). 또한 형제간 서열에 따라 가족 내에서 기대되는 역할도 달라진다. 형이나 누나에게는 연장자로서 동생을 보살피고 인도하는 역할이 주어지는 반면, 동생에게는 형이나 누나를 따르고 존중하는 역할이 주어진다. 이렇듯, 형제자매의 성격 차이와 역할 차이가 갈등을 초래할 수 있다. 예를 들어, 깔끔하고 꼼꼼한 형은 방을 어지르고 더럽게 하는 동생을 용납하기 어렵다. 사교성이 좋아 이성친구가 많은 여동생의 행동이 완고한 오빠의 눈에는 거슬리고 걱정스럽다. 따라서 이 경우 형이나 오빠는 동생의 행동을 규제하려 들고 동생은 반발하여 갈등이 생길 수 있다.

그뿐만 아니라 형제자매간에는 능력이나 소질에 있어서도 차이가 있다. 학업능력이나 예술적 재능에 있어서 각기 다르다. 따라서 형제자매 간의 비교를 통해 우월감이나 열등감이 생길 수 있다. 공부 잘하는 형으로 인해 상대적으로 열등한 존재로 인식되는 동생, 예술적 재능으로 많은 상을 타오는 동생으로 인해 상대적으로 무력감을 느끼는 언니가 그 예이다. 이렇게 능력과 성격이 다른 자녀에게 부모가 차별적인 애정을 보이게 되면 형제자매 간의 갈등은 더욱 미묘하게 발전하게 된다.

(4) 역할기대의 차이

형제간 서열에 따라 가족 내에서 기대되는 역할도 달라진다. 형이나 누나는 연장자로서 동생을 보살피고 인도하는 역할이 주어지는 반면, 동생은 형이나 누나를 따르고 순종하는 역할이 주어진다. 형제자매는 가족 내에서 각자의 역할에 대한 나름대로의 기대를 갖게 된다. 가족의 크고 작은 일에서 주도적인 역할을 해야 하는 형이 무관심하거나 방관적일 때 동생은 형에 대해서 불만을 갖게 된다. 때로는 언니가 지나치게 가족의 문제를 일방적으로 결정하고 동생들의 의사를 무시하여 불만을 갖는 동생도 있다. 그러나 형이나 언니의 입장에서는 그들의 결정에 순종적으로 따라와 주지 않고 이의를 제기하는 동생이 야속하고 적대적 감정이 심화될 수 있다. 이렇듯 형제자매의 서열에 따른 역할기대와 역할수행의 괴리는 갈등의 한 요인이 될 수 있다.

(5) 경제적 이해관계

형제자매간에는 미묘한 이해관계가 있다. 부모로부터 용돈이나 학비를 타게 될 때 형제자매간에는 차이가 있다. 부모입장에서는 제한된 자녀양육비 중에서 한 자녀에게 많은 투자를 하게 되면 다른 자녀에게는 상대적으로 적은 투자를 할 수 밖에 없다(박아청, 2006).

뿐만 아니라 성장하여 용돈, 학비, 결혼비용, 유산상속 등에 있어서 공정한 분배가 이루어지지 않는다고 생각될 때 형제자매간에는 갈등이 생길 수 있다. 형제서열에 따라서 분배되는 양에 대한 생각이 다를 수 있다. 장남은 자신의 큰 역할에 비례하여 많은 분배를 기대하는 반면, 다른 형제자매는 똑같은 자녀로서 균등한 분배를 기대한다면 갈등이 생기게 될 것이다.

6. 청소년기의 교육내용

1) 자아의 확립

청소년기에 들어가면 지적, 정서적, 자체적인 발달이 급격하게 진행됨에 따라서 젊은이는 자기 자신의 내면세계에 대하여 깊은 관심을 갖게 되며 자기자신의 존재에 대하여 진지하게 사색하게 된다. 이와 같은 정신적 발달이 진행되면서 일시적으로는 극히 불안정한 상태에 빠져들기도 하는데, 이 시기의 젊은이들의 불안정은 대체로 교사와 부모에 대한 반항으로 표출되지만, 이로 인하여 당사자인 젊은이는 물론 교사와 부모도 다 같이 불안과 혼란을 체험하게 된다. 따라서 자녀들에 대한 부모의 입장이 가장 어려운 시기가 바로 이 청소년기인 것이다. 이때는 부모와 자녀가 다 같이 서로 상충되는 감정을 갖게 된다. 부모는 부모 대로 그의 자녀가 반항적이고 이해하기 어려운 불안한 존재라고 느껴지는 데 반하여 자녀는 부모가 이해성이 없고 간섭과잉이라고 보는 것이다. 부모와 청소년과의 관계는 강한 긴장 관계가 형성되며 격렬한 대립상태가 전개된다. 그러나 이와 같은 대립상태가 사실은 청소년들의 자아를 확립하는 데 있어서 중요한 시기라는 것을 부모는 잊어서는 안 된다. 아동기의 어린이들과 같이 순종하는 태도와는 근본적으로 다를 뿐만 아니라 이 시기의 부모와 자녀와의 관계는 마치 서로가 결점을 가진 인간들이 전혀 새로운 인간관계를 형성하는 것과 같은 것이다(이규환, 1978). 부모는 이러한 청소년의 혼란과 불유쾌한 변화를 부정적인 입장에서 받아들여서는 안 되며 자녀가 순조로운 성장의 한 과정에 있다는 긍정적인 수용태도가 필요하다. 부모에 대한 비판과 반항은 젊은이의 자아성장의 증거이며 오히려 비판적 발달의 표현이라고 보아야 할 것이다(박아청, 2006).

2) 성적 발달

현대사회의 특징 중의 하나는 청소년의 성장발달에 있어서 성숙가속현상(accelevation)이 촉진되고 있는 것이다. 자체적인 발달과 성적 발달의 조숙현상은 청소년의 균형 있는 인간발달을 저해하는 원인이 되기도 하지만, 청소년의 건전한 성적 발달은 자연현상으로서 순수하게 수용하고 인간의 전면적 발달의 일부로서 발전시켜 가지 않으면 안 된다(이위환 · 김용주, 2007). 이에 부모는 그에 대한 적절한 태도를 가지고 대처할 필요가 있다. 청소년기에 이르면 필연적으로 이성에 대한 관심이 나타나게 되지만 그에 대한 올바른 태도가 형성되지 않으면 안 된다. 이성에 대하여 경솔한 대립적인 태도를 갖거나, 부당하게 이성을 이상화하거나, 또는 그와 반대로 멸시하는 태도는 올바른 이성관이라고 할 수가 없다. 예를 들면 아버지가 어머니를 가혹하게 대한다든가 반대로 어머니가 아버지를 경시하게 되면 자녀들은 그릇된 이성에 대한 태도를 갖기 쉽다. 청소년은 부모의 직접적인 지도를 거부하는 경우가 많은데, 부모의 일상적인 생활태도에 의해서 크게 영향을 받는다는 것을 주목해야 한다.

3) 진로의 결정

사람이 일생을 살아가는 데 있어서 장래의 진로를 결정하는 순간만큼 중요한 시기가 없다. 청소년은 여러 가지 진로를 선택할 수 있는 가능성을 가지고 있으나 그 진로를 선택하는 데 필요한 통찰력이 확립되어 있지 않기 때문에 여러 가지 시행착오를 거치게 된다.

자기가 희망하는 진로로 진출할 수 없는 청소년은 좌절과 자신감의 상실을 체험하기도 하고 귀중한 청소년기를 쓸모없이 낭비하기도 한다.

오늘날 청소년들이 진로를 선택하는 데 있어서 가장 중요한 문제는 그들이 희망하는 진로를 실제로 선택하기가 어렵다는 것이다. 바꾸어 말하면 그들의 진로선택의 목표를 너무 높게 설정하는 것이 일반화되어 있어 결과적으로 선택된 진로에 대하여 만족할 수 없기 때문에 좌절감을 느끼게 된다.

이와 같은 자녀들의 불행을 제거하기 위해서 부모는 자녀에 대하여 과잉기대를 갖지 않도록 유의해야 한다. 자녀가 이미 청소년기가 되면 부모와는 전혀 별개의 인격체가 되는 것이기 때문에 청소년에게는 자기의 독자적인 인생을 개척해 가도록 자유가 부여되어야 한다. 부모가 자녀에게 함께 걷기를 바란다거나 자기를 따라오도록 강요하는 것은 가장 위험한 일이다. 부모가 자녀의 뒤에서 따뜻한 마음으로 지켜보아 주는 자세가 갖추어질 때 청소년은 자기 자신에게 적합한 목표를 설정할 수 있고, 자기의 진로를 적극적으로 개척해 갈 수가 있는 것이다(이위환, 2017).

4) 청소년의 삶의 의미

이것은 앞에서 지적한 자아의 확립과도 같은 관계를 가지고 있는 것이지만 청소년이 자기의 삶의 의미를 충분히 자각하는 것은 청소년기 이후의 생활을 윤택하게 할 수 있는 중요한 계기가 되는 것이다. 성인기의 적극적인 생활의 추진력도 바로 여기에서 분출된다. 자기실현이라는 것도 따지고 보면 자기자신의 삶의 의미를 발견하여 추구해 가는 것이며, 이러한 지기실현적인 삶의 태도야말로 무한한 발달의 가능성을 실현할 수 있는 원동력이라고 할 수 있다. 이와 같은 청소년의 생활태도는 부모의 이해와 애정의 충만한 지도에 의해서만이 형성될 수 있을 것이다(이지혜, 1993).

7. 현대 가족의 문제점

핵가족이 증가하여 개인중심주의 사회가 되고 있으며, 핵가족화 현상은 산업화와 도시화를 특징으로 하는 근대화 과정에 있어서의 직업의 다양화와 인구이동의 급증으로 더욱 현저해진다(이위환, 2000).

1) 가족 기능의 약화

가족집단은 산업화로 인해 생산력 증대, 사회분업과 조직, 인구이동, 자유 신장 등 변천하는 현대사회의 요구에 따라 오늘날에는 전통적 가족의 기능이 점차적으로 다른 기관이나 집단에 양도되어 약화되고 있다. 이에 부수하여 가족을 중심으로 해왔던 경제, 오락, 종교, 교육, 보호의 기능 등이 직장, 교회, 학교, 오락시설, 보호기관 등의 사회의 다른 기관에서 이행되어 가족의 기능이 약화 내지 축소되었다.

2) 과보호 및 지나친 기대

핵가족을 포함한 소가족은 과거 확대가족에 비하여 일반적으로 자녀 수가 적다. 따라서 이러한 가족형태는 부모의 보호와 관심이 지나치게 될 소지가 있다. 남편은 출근하고, 부인은 자녀의 양육과 교육에 심혈을 기울이는 것이 한국의 전형적인 어머니상으로 되어 있다. 이때에 자녀에 대한 관심과 보호가 지나치게 되어 부모 자신의 보상심리에 따라 무리하게 교육을 시키게 됨으로써 심리적 부적응 문제를 야기하기도 한다(최정웅, 1983).

따라서 취학한 후의 자녀에 대한 부모의 과보호와 지나친 기대는 그 정도를 심화시켜 간다. 과보호로 인하여 의존성, 심약성, 비타협 등이 생기게 되고, 자녀들은 부모들의 지나친 기대를 충족시키지 못하는 데서 탈선, 비행, 일탈 행동 등이 생기게 된다. 성격 형성에 지장을 초래하게 되는 이러한 과보호와 지나친 기대는 부모-자녀 간의 단절을 초래하는 주요인이 되고 있다.

3) 부모의 권위약화 및 상실

전통적 가정의 경우 아버지는 다소 엄격하고 어머니는 자식을 감싸주는 포근한 사랑과 자애를 가진 엄부자모의 전통이 있었다. 그러나 산업사회 속의 부모들은 과중한 업무로 인해 피곤하며 이에 따라 자녀와의 대화시간이 축소되고 있다.

이러한 여러 이유로 말미암아 가정에서의 자녀교육은 대부분 어머니에게 이양된 것처럼 보인다. 부성의 권위는 약화되고 심하면 상실되기도 한다. 부모의 권위가 위축된다면 자녀에 대한 교육은 결코 기대치에 도달하지 못할 것이라는 예상은 쉽게 할 수 있다. 결과적으로 핵가족에서 부모의 권위위축 현상이 두드러지고 있다.

4) 자녀비행 및 일탈

비행과 일탈행동은 가정적 요인의 영향이 높은 비중을 차지한다. 결국 결손되고 가부장적인 가정의 자녀로 파악되며 이러한 반사회적 또는 비사회적 성격의 대부분의 청소년은 대체로 부모의 지나친 간섭, 무관심, 애정부족에 대한 욕구불만을 관리하는 능력이 부족하며, 이들은 그러한 부류의 또래와 함께 공동체를 구성하고 이러한 비행과 일탈을 심화시키고 있다(한상철, 2000).

오늘날 청소년들은 비교적 물질적으로 풍요하나 정신적으로 빈곤한 상태로 자아정체감이 형성되어 있지 않다. 이러한 자아정체감의 결여를 통해 그들은 그들의 비행과 일탈을 합리화하게 되고 풍요로운 소외를 느끼게 된다.

5) 가족와해

핵가족화에 따른 가족구성원 간에는 여성의 지위가 향상되어 개성과 지위가 강조된다. 과거 여성의 경우와 같이 종속적인 지위를 탈피한 그들 나름의 개성을 존중받기를 원하며 동시에 자아실현의 기회와 자유로운 활동을 요구하게 된다. 따라서 현대의 가족 집단은 부부간의 성격, 가치관, 생활방식 등의 차이로 인한 충돌과 갈등이 발생하게 되고 심지어는 가정의 경제적 조건이라든가 성생활의 문제 등으로 인해 와해되기도 한다(이위환, 2017).

6) 역할모델의 부족

확대가족의 형태에서는 다양한 관계의 가족구성원으로부터 성역할, 가장의 역할, 막내의 역할 등을 내면화하는 데 큰 어려움이 없었다. 그들은 손 윗분들로부터 적절한 사회화 모델을 제공받았기 때문이다. 그러나 핵가족이나 부부가족에서는 이러한 역할모델의 범위가 한정되기 때문에 자녀의 역할획득에 어려움이 뒤따르게 된다. 물론 부부가 모두 취업하고 있는 경우에는 역할모델의 대상이 기능을 다하지 못하게 된다. 그뿐만 아니라 핵가족에서는 육아 및 자녀교육에 대한 기초 지식과 경험이 없기 때문에 많은 문제가 발생한다(이위환, 2008).

7) 노인들의 소외문제

급속한 산업화로 인한 도시집중 현상과 핵가족이 증가함에 따라 노인들은 소외되어 소외감을 느끼게 된다. 오늘날 여러 곳에서 노인학교가 생기고 각 지역사회나 대학교에서 경로효친 정신을 발휘하여 행사나 교육을 실행하고 있으며, 각 학교에서 특별히 경로효친 정신을 생활화하기 위한 교사들의 노력은 자랑스러운 일이다.

전통사회로부터 물려받은 미덕인 경로효친 사상을 존속시켜 노인들에 대한 사회복지시설을 확충시켜 나가야 할 것이며, 노인들이 여생을 의미 있게 보낼 수 있는 교육프로그램이 필요하며, 무엇보다도 우선 가정 속에서 노인을 공경하고 존중할 줄 아는 마음과 정성을 기울여야 한다(이위환, 2008).

8) 학교교육에 의존

현대 산업사회에서의 가족의 교육적 기능은 약화되고 여기에는 학교가 가족의 교육적 기능을 위축시킨 결정적인 요인이 되었다. 교육에서는 학교교육만으로 수행할 수 없는 아주 미묘한 부분이 있는데, 이러한 면을 가족이 담당해야 한다(정영수, 1995). 이러한 종류로는 가치, 태도, 정서, 예절 같은 덕목은 가정에서 받는 영향력이 매우 중요하다. 그럼에도 불구하고 오늘날의 학부모들은 아동들의 나쁜 행동에 대해 학교와 교사만을 대상으로 질책하는 경향이 짙다. 이러한 경향은 자녀에 대한 부모로서 교육 권리를 스스로 포기하는 행위이다.

9) 이혼의 증가

앞에서도 지적한 바와 같이 가족주의 가치관의 약화, 개인주의와 평등주의의 보급, 여성의 새로운 역할수행 등은 모두 긍정적으로 평가할 내용들이다. 그러나 이러한 변화들에 부수되는 현상은 반드시 긍정적인 것만은 아니다. 왜냐하면 이러한 새로운 현상들은 모두 가족해체의 원인으로 작용하기 때문이다. 물론 이혼을 포함한 가족해체는 현대사회에만 있는 현상은 아니다. 전통사회와 그 이전의 비문명 사회에서도 이혼과 위기는 있었던 것으로 설명되고 있다. 그러나 현대와 같이 가족해체가 폭발적으로 증가하여 그것 자체가 하나의 사회문제로 된 때는 별로 없었던 것 같다.

8. 현대 가족 문제의 해결방안(이위환, 2017)

1) 부부간의 사랑과 자녀에 대한 관심 제공

핵가족이나 부부가족에서는 부부간의 애정 중심이므로 이러한 것이 결여되거나 약화되면 건전한 자녀교육이 이루어지지 못한다. 애정이 없는 부부 사이의 자녀는 결코 정상적인 사랑을 부여받지 못하게 된다. 이러한 충격의 흡수력이 약한 것이 핵가족제도의 단점이므로 부부간의 사랑은 강조될 수밖에 없다. 이러한 부부간의 사랑은 가족의 모든 문제를 해결할 수 있는 가장 훌륭한 방안이 된다고 보아도 될 것이다.

또한 부모들의 자녀에 대한 사랑이 고조되어야 한다. 전통사회의 무조건적, 헌신적 사랑이 자칫 자녀에 대한 억압이나 의무로 강조되기도 하지만 일찍이 우리

조상들은 자녀가 부모에게 효도하기에 앞서 부모가 먼저 자식에게 내리사랑을 하라고 가르쳤다. 자녀에게 꾸중하고 탓하기에 앞서 먼저 부모로서의 해야 할 일에 충실하고, 인내와 이해로서 자녀교육에 임해야 한다(조용환, 2001).

2) 부권의 권위회복

부모는 자녀의 동일시 모범이 되기 때문에 그의 역할이 침해되거나 위축되어서는 안 된다. 핵가족이 급증하는 현대사회에서 부권의 회복이 시급하며 자칫 약화될 수 있는 아버지다움, 가장다움, 남편다움, 남자다움의 위상을 본 궤도에 올려놓아야 한다. 물론 이는 옛날과 같은 엄부자모의 상태 회복을 의미하는 것은 아니며, 부성과 모성의 균형 있는 복귀를 뜻하는 것이다. 이러한 양성의 균형은 상호이해와 상호존중에서 비롯되는 것이다. 이러한 과정에서 부모의 부모다운 행동은 자녀의 비행문제를 해소시키는 계기를 마련하게 될 것이다.

3) 세대차에 대한 긍정적 수용

부모와 자녀 간에는 대략 30년 정도의 시간 차가 존재한다. 이 기간 동안의 사고방식의 차이, 가치관의 차이는 시대흐름인 것이다. 그럼에도 불구하고 부모세대는 자녀세대에게 자신의 사고방식과 가치관을 주입 · 강요하기도 한다. 여기에서 갈등이 발생되는 것이다. 따라서 부모는 자녀와의 세대차를 대화를 통해 긍정적으로 그들의 세계를 이해하며 수용 · 인정하려는 자세로 세대차를 극복해야 할 것이다. 물론 부모-자녀 간의 세대차를 무조건 인정할 수는 없으며 조화로운 차원에서 상호 간을 이해하고 문제해결을 모색하는 태도가 중요하다.

4) 자녀의 인격존중 및 인간교육의 강화

자녀도 하나의 독립된 인격체임을 부모들은 인정하며 부모-자녀 간의 불평등적 관계를 인격적인 측면에서 해소해야 한다. 자녀는 부모의 소유물이 아니라 태어나는 순간 인격체로서 존중받아야 한다. 또한 자녀가 성장해 가는 과정에서 가정과 학교에서도 인간교육의 강화가 있어야 한다.

5) 부모의 일관된 태도

가정에서 교육 시 부모는 항상 자녀에 대하여 일관된 태도를 보여야 한다. 물론 인간으로서 일관된 태도를 보이는 것은 어려운 일이다. 그러나 부모는 자녀에게 일관된 태도를 보여주는 최소한의 노력이라도 해야 할 것이다(이위환, 2000).

9. 가정교육의 당면문제

교육의 가장 원초적인 형태는 가정교육에서 시작되었다. 개인적인 측면에서 보아도 교육은 자녀의 양육으로부터 시작되었고, 역사적으로도 학교라는 교육의 전문기관이 세워지기 전까지는 새로운 세대에 대한 부모의 교육활동에서 시작되었다는 것을 알 수 있다.

그러나 현대사회에서의 교육의 모습은 그 원형이 크게 변질되어 가정이 수행해야 할 고유의 교육기능을 상실하고 있다. 그에 대한 중요한 원인은 사회기능의 분화과정에서 교육기능이 학교라는 제도적 기관으로 이관되었기 때문이다. 이러한 현상은 사회발전의 필연적인 결과라고도 할 수 있겠으나 문제가 되고 있는 것은 교육이 지나치게 학교중심으로 편중되면서 가정교육의 본래의 기능을 잃어가고 있다는 것이다. 그로 인하여 오늘날 학교교육은 심하게 압박을 받고 있다. 가정의 입장에서도 가정교육의 독자적인 체계와 방향을 정립하기 위하여 노력하기보다는 오히려 자진하여 학교의 하청기능을 수행하는 데 몰두하고 있다. 가정에서 인간의 발달의 토대를 형성하고, 사회의 전통적인 문화의 기초를 전달함으로써 민족성의 기틀을 형성한다 해도 과언이 아니다.

학교교육은 이러한 가정교육의 기초 위에서 비로소 그 기능을 유효하게 전개

할 수 있다. 그럼에도 불구하고 가정은 모든 것을 학교교육에 위임해 버렸다. 오늘날 가정교육에 있어서 무엇보다도 중요한 당면과제는 그와 같이 상실된 교육기능을 회복하는 일이라 할 수 있다(정범모, 1996).

가정교육이 중요하다 할지라도 급변하는 현대사회에서 가정교육 자체가 불가능해지는 심각한 상태에 이르고 있다. 다음에 가정교육의 위기를 발생시키는 몇 가지 사회적 · 가정적 요인을 살펴보기로 한다.

첫째, 가정교육은 학교교육과는 달리 부모의 의도적인 교육행위에 의해서 이루어지지 않고 주로 가정의 일상생활 가운데서 무의도적으로 이루어진다.

그러나 가정교육도 교육이므로 인간 형성의 방향에 관하여 명확한 목표가 있어야 한다. 그런데도 현대의 가정교육은 그 목표와 방향이 불분명하다는 것이다. 이것이 오늘날 가정교육을 위협하는 첫째의 요인으로 지적되고 있다.

과거의 유교중심의 전통사회에 있어서는 유교의 실천윤리가 그 사회의 방향성을 명시하고 있었고, 그것은 가정교육 · 학교교육 · 사회교육의 목표와도 일치하고 있었다. 그러나 자유를 필수요건으로 하고 있는 민주사회에 있어서는 가치의 다원성이 전제되고 있고, 모든 가정에 공통되는 단일목표를 제시할 수 없으므로 각 가정은 나름대로 독자적인 목표를 설정하지 않으면 안 되게 되었다. 그러한 가정교육의 목표는 부모의 생활신념이나 생활방식과 밀접한 관계가 있다. 그러나 현대사회의 급격한 변화로 인해 부모는 그러한 목표와 확신을 잃어가고 있다.

부모가 복잡한 현대사회에서 근로와 경제활동에 전념하고 있는 동안 젊은 세대, 즉 그들의 자녀는 부모보다 훨씬 신속하게 새로운 지식과 정보를 습득하고 있으며 사회변화에 직응해 가고 있다. 부모는 자녀들보다도 새로운 지식과 정보의 수용 속도가 훨씬 느리고 또 경우에 따라서는 습득할 수 없는 부분도 적지 않기 때문에 구세대 혹은 세대차라는 말을 듣게 된다. 그로 인하여 부모에 의한 자녀교육과는 반대로 자녀에 의한 부모의 사회화라는 가정교육의 역사회화 현상이 나타나고 있고, 심한 경우에는 자신감을 상실한 부모는 자녀교육을 방임하거나 포기하는 예도 적지 않다. 그러한 현상은 특히 자녀의 이성교제, 유행, 연장자에 대한 태도, 언행 등에 있어서 현저하게 나타나고 있다.

둘째, 가정교육을 위협하고 있는 또 하나의 요인으로 지적할 수 있는 것은 가정생활 내부의 변화이다. 오늘날 경제발전과 직업구조의 변화는 가족의 생산기능을 가정 밖으로 이양하게 만들었다. 과거에는 가족의 생산 활동은 가정 안에서 이루어지거나 지역사회 안에서 이루어졌고, 자녀들은 그러한 가족과 함께 생산활동에 참여함으로써 그들의 발달단계에 상응하는 직업교육을 받을 수 있었으며 그 속에서 자연스럽게 성장했다. 그러나 현대의 생산 활동은 가정 밖에서 이루어지고 있기 때문에 자녀들은 부모의 근로활동을 볼 수도 없고 가정은 오직 소비생활의 장으로 전환되어 버렸다. 그리하여 오늘의 청소년들은 그들의 부모가 밖에서 어떠한 활동을 하고 있는지 또는 그들이 겪고 있는 직장과 사회에서의 고민과 기쁨이 무엇인지를 이해하지 못하고 있다.

이와 같은 현대사회의 생산구조의 변화는 가정에서의 '아버지의 부재'라는 가정문제를 낳고 있다. 아버지는 아침 일찍 출근하여 밤늦게 집에 돌아오게 된다. 특히 통근거리, 야간근무, 출장 등으로 인하여 가정에서 머무는 시간이 적고 자녀들과 접촉할 기회가 많지 않다. 집에 있는 시간에도 피로회복을 위하여 TV를 보거나 수면을 취함으로써 자녀들에게 최소의 아버지의 모습을 보여주고 있다.

이러한 아버지의 태도는 파슨스(T. Parsons)가 지적하고 있는 바와 같이, 가정생활의 원칙을 주관하고, 생계를 유지하며 남자의 모범으로서 건강, 기개, 야심, 모험 등과 같은 '도구적 역할'을 수행해야 할 아버지로서의 직분을 다하지 못하고 있는 것이다. 아버지 없는 사회가 현대 산업사회의 보편적인 현상이라면 가정교육에 있어서 아버지의 의미가 희박해지는 것도 현대사회의 피할 수 없는 경향이라고 볼 수 있다. 이와 같이 가정에서 아버지의 모습이 희박해진다는 것은 가정이 어머니 중심으로 운영된다는 것을 의미한다. 옛날부터 가정에서 모자 관계는 매우 친밀한 사이었는데 오늘날 그 관계는 더욱 강화되고 있는 것이다.

파슨스(T. Parsons)에 의하면 아버지는 '도구적 역할'을 담당하는 데 대하여 어머니는 '표현적 역할'을 담당한다. 그리하여 어머니는 세심한 애정과 배려, 가정에서의 인간관심의 조정, 남편에 대한 보조, 자녀들에 대한 여성으로서의 모범을 제시해 준다. 그러나 가정에서의 아버지의 부재 현상은 상대적으로 어머니의 지위를 증대시키고 있고, 부분적으로 아버지의 역할을 담당해야 하므로 '도구적 역할'까지 부과되고 있어서 상당부분의 남성역할을 담당하지 않으면 안 되도록 그 지위와 역할에 변화가 생긴 것이다(이위환, 2018).

이와는 반대로 자녀들과 접촉할 시간이 많지 않은 아버지의 태도는 어머니가 지녀야 할 자애적 태도로 표현된다. 이것은 자녀의 인간 형성에 적지 않은 영향을 끼치게 된다. 이것은 자녀에 대하여 성별 역할의 판별과 수행능력을 흐리게 할 뿐 아니라 동시에 아버지의 엄격한 교육적인 태도를 잃게 함으로써 자녀의 올바른 성장에 좋지 못한 영향을 주게 된다. 더구나 핵가족이라고 하는 소가족 집단에서 한두 자녀만을 양육하고 있는 현대 가족집단의 특성은 어머니의 자녀에 대한 관심과 배려가 과격하여 과잉보호의 문제를 낳고 있다.

자녀들은 가정에서 그에 상응하는 지위와 역할을 자각하지 못하고 그에 대한 능력을 습득할 수도 없다. 그리고 자녀에 대한 관심의 대부분은 학교성적에 집중되고 있어 가정은 학교교육의 하청기관으로 전락하고 있으며, 자녀들이 학교 외의 광범한 사회적 시야를 넓힐 기회를 상실하게 만들고 있는 것은 현대 가정교육의 중대한 문제가 아닐 수 없다.

셋째, 매스컴의 발달과 가정교육과의 관계에서 발생하는 저해요인을 들 수 있다. 옛날처럼 매스컴이 발달하지 않았던 전통적인 가정에 있어서는 부모의 교육적 권위가 매우 위력적인 것으로서 자녀들이 일정한 성숙단계에 도달할 때까지는 가정으로 유입되는 모든 정보는 부모의 엄격한 선별과정을 거쳐서 자녀들에게 전달되었다. 그러므로 불필요한 것이나 해로운 것은 제거하고 양질의 것만이 가정으로 유입되었다. 그러나 오늘날 가정으로 들어오는 지식, 정보, 취미, 오락

등은 여러 가지 유형의 전파 매체와 인쇄 매체를 통해서 무분별하게 유입되고 있고, 게다가 앞에서 지적한 부모의 교육력의 약화라고 하는 불가피한 한계성 때문에 가정교육은 더욱 어려운 국면을 맞이하고 있다.

그리고 이와 같이 부모의 선별과정을 거치지 않고 모든 정보가 어린이들에게 직접 전달된다는 것은 가정교육에 의해서 개성 있는 인격 형성의 비중이 그만큼 감소된다는 것을 의미하며, 이러한 현상이 지나치면 모든 가정이 균일화된 인간상을 길러내게 될 위험성마저 있다.

10. 현대 가정교육의 과제와 방향

가정교육은 가족집단을 단위로 하여 정립하는 교육형태이다. 학교교육은 학생을 대상으로 하며, 사회교육은 근로청소년과 성인을 대상으로 하는 교육인 반면, 가정교육은 가족구성원을 대상으로 하는 교육이다.

교육의 세 가지 형태 가운데서 가장 원초적인 형태는 가정교육에서 찾을 수 있다. 한 인간의 교육과정을 보아도 그것은 부모의 자녀에 대한 양육으로부터 시작되며 역사적인 측면에 있어서도 학교와 같은 전문적인 교육기관이 설립되기 이전에는 새로운 세대에 대한 교육은 전적으로 부모의 책임이었다(정원식, 1969).

이와 같이 가정교육은 인간의 성장에 있어서나 사회발전에 있어서나 교육의 원형으로서 오랫동안 그 기능을 수행하여 왔다. 그러나 사회발전과 더불어 가정의 원형적인 교육기능은 약화되어 그 기능이 거의 소실의 위기를 맞이하고 있다. 사회발전은 사회기능을 분화시켜 왔고 그 기능분화의 과정에서 교육기능 역시 학교라고 하는 제도화된 사회기능에 위임되고 있다. 부모의 교육적인 기능과 역할은 교사라고 하는 학교의 전문적인 교육자에게 넘겨졌다. 이러한 경향은 사회변화에 따라서 발생하는 필연적인 결과라 보고 거의 이견 없이 받아들여지고 있고, 부모까지도 가정교육의 독자적인 기능을 포기하고 학교교육의 하청업체와 같은 성격으로 변신하고 있음에도 불구하고 이의를 제기하지 않고 있다(이위환, 2017).

가정은 인간발달의 기초를 형성하는 데 있어서 가정만이 수행할 수 있는 독특한 교육영역을 가지고 있다. 현행 교육제도에 있어서는 교육이 학교교육 중심으로 운영되고 있으나 정상적인 학교교육은 정상적인 가정교육에서만이 가능하며, 따라서 가정교육의 원형적인 교육기능이 회복되지 않고는 정상적인 인간교육은 불가능하다는 것을 간과해서는 안 된다.

그러나 현대 가정교육에 있어서 보다 큰 문제는 부모가 적극적으로 가정교육을 수행하려는 의도를 가지고 있다 해도 현대 사회의 구조적인 변화 속에서 실현하기 어려운 현실이다. 가정교육은 건강한 자녀들의 성장 발달을 기원하는 부모의 애정만으로는 달성하기 어려운 문제를 안고 있는 것이다(이위환, 2017).

Sociology of Education

제8장

학교사회와 교육

1. 학교사회

1) 학교사회의 개념

학교는 교육이라는 목표를 가지고 그 목표를 달성하기 위하여 조직된 하나의 사회조직이다. 또한 학교는 커다란 일반 사회의 일부이면서 동시에 그 자체가 하나의 사회를 이루고 있다. 따라서 학교사회는 일반 사회와 불가분의 관계를 가지게 된다. 학교는 사회문화의 영향을 직 · 간접적으로 받을 뿐만 아니라 사회문화에 많은 영향을 미치기도 한다. 학교는 고도의 조직을 요하는 사회체제의 종합적인 틀이 있으며, 사회의 가치나 문화를 보존하기 위해 각 구성원들이 역할관계를 유지하는 조직의 집합체라는 관점에서 특별한 사회체제라고 볼 수 있다(정범모, 1972).

학교는 큰 테두리의 사회 속에 있으면서 자체적으로 하나의 독자적인 특수한 사회체제와 문화체제를 이루고 있다. 학교사회는 다른 사회와 같은 공통성을 가지고도 있지만 다른 사회와는 구분되는 특수성을 가지고 있다. 이러한 학교사회만이 갖는 특수성을 이해하여야 한다.

2) 조직으로서 학교사회의 특성

(1) 사회체제로서의 학교

체제란 상호관련되고 상호작용하는 각 부분 또는 하위체제로 구성되는 하나의 통합체를 총칭하며, 모든 유기체나 조직체는 하나의 체제를 이루고 있다고 할 수 있다. 오늘날 체제는 외부 환경과 상호작용하는 요소들로 구성되며, 환경으로부터 투입을 받아 그것을 전환시켜 그 환경에 맞는 결과를 산출하며, 산출은 피드백을 통하여 체제 속으로 재투입되는 개방적 체제이다. 이러한 체제의 기본적 요소는 투입, 과정, 산출, 환경, 피드백 등의 변인으로 구성되고 있으며, 각각의 변인은 상호작용을 통하여 체제의 목표를 달성한다. 기능주의 분석에 따라 학교체제는 각자 목적을 지닌 독특한 하위체제 또는 부분으로 구성되어 있으며, 이들 부분들은 기능하는 전체를 이룬다. 만약 이들 부분들 중 하나가 문제가 있거나 파손되어 제 기능을 다하지 못한다면, 다른 관련 부분들도 영향을 받는다. 각 부분은 원활한 운영을 위해(기능에 필요한 자료와 자원을 위해 또 생존을 위해) 다른 각 부분들과 관련되어 있다(진규철, 1989).

(2) 중간집단의 성격

사회학 연구에서 기본적인 개념은 집단이므로, 교육사회학이 지향하는 핵심도 집단으로서 학교의 특성을 해명하는 것이라 할 수 있다(이윤수, 1981). 학교집단의 모습은 복합적인 요인에 의해 다양하지만, 가정이나 일반사회 집단과 달리 학교 나름대로의 공통적인 집단적 특성을 지니고 있다. 사회집단의 유형분류는 학자에 따라 다양하게 이루어지고 있으나, 오늘날에도 인간사회를 이해하는 데 매우 유용하게 활용되고 있는 집단 분류는, 퇴니스(F. Tönies)의 공동사회(gemeinschaft)와 이익사회(gesellschaft), 쿨리(C. H. Cooley)의 일차집단(primary group)과 이차집단(secondary group)으로의 분류를 들 수 있다. 퇴니스에 따르면, 공동사회는 인간의 실재적이며 자연적 의지로서의 본질적 의지(wesenwille)에 따라 성립된 참된 유기적 사회이다. 또한 사회구성원 간의 연대성과 일체감을 통해 우리 의식(we-feeling)이 충만해 있으며, 친절한 감정을 가지고 서로를 신뢰하여 인간관계가 인격적이고 포괄적이다. 혈연과 애정을 중심으로 하는 가족, 친족, 이웃, 친구 집단이 공동사회의 대표적인 집단이다.

이익사회는 인간의 관념적, 행위적 의지로서의 선택의지(kurwille)에 따라 인위적 계약에 의해 성립된 집단으로 지성적이고 합리적인 성격을 지녔다. 하지만 인간관계가 목적이므로 기능적, 일시적, 부분적 특성을 갖고 있어 극히 형식적이고 구성원들 간의 일체감을 찾기 어렵다.

(3) 관료제적 성격

오늘 우리 사회는 산업화, 도시화 및 그에 따른 많은 사회문화적 변동의 영향을 받아 공동사회, 일차집단의 중요성이 상대적으로 약화되고 이익사회, 이차집단의 영향이 강화되었으며, 조직사회는 관료조직체의 역기능과 문제점에도 불구하고 그 지배적인 영향이 확대되었다. 이처럼 사회조직 전반의 관료제가 자리 잡고 있는 곳에서 알 수 있듯이 학교조직도 공식적 조직으로서 관료제의 성격을 찾아볼 수 있다. 관료제는 '조직표(organization chart)'와 명백한 명령 체계를 가진 위계 서열의 '피라미드 조직체'를 말하는 것으로 '모든 행위의 연속이 조직체의 목표의 기능적으로 연관되도록 명확히 규정된 활동 유형을 지닌 형식적이고 합리적으로 조직된 사회구조'를 말한다.

이러한 특성을 가진 관료 조직은 합리성과 비인간화의 특성에 근거하여 탁월한 효율성 질서와 안전 조직 운영의 예측 가능성과 공정성, 지속성이라는 장점을 가지고 있지만, 또한 획일주의, 형식주의, 비밀주의, 무사안일주의, 수단과 목적의 전도 등과 같은 관료적 병리 현상과 탈인간화 조작을 통한 소외 현상 등과 같은 역기능도 지니고 있다.

학교사회에서 이러한 역기능을 해결하기 위해서는 의사결정의 분권화, 교육과정 변경, 인간화 수업, 학생들을 지역사회 상황에도 많이 참여토록 하는 노력이 필요할 것이다. 또한 최근 많은 연구가들은 도시와 농촌의 소규모 학교의 학구적, 인격적 가치를 지적하고 있다. 소규모 학교는 학업 성취도 높으며, 보다 인격적이고 학생과 교사의 만족도와 사기가 보다 높으며 중퇴율과 문제행동도 낮고 학생들이 과외 활동에 더 많이 참여하는 경향이 있다고 한다.

3) 학교의 사회적 기능

(1) 문화유산 전달 기능

문화는 본질상 후천적으로 학습되는 성질을 갖고 있다. 이 세상에 태어날 때부터 말할 줄 아는 사람은 없으며 또 태어나자마자 글을 읽는 사람도 없다. 인간은 누구나 태어난 후의 가정에서 가족으로부터 말을 배우며 기본적 생활 태도를 익힌다. 사람은 가정교육을 통해서 인간사회 예절과 규범을 배우며 문화 가치를 습득하게 된다. 학교교육을 통하여 사람들은 각 사회 집단의 문화유산을 습득하고 이를 계승하게 된다. 그뿐만 아니라 그 사회의 말과 글을 익히고 그것을 매개로 한 지식과 기본 기능을 습득하게 된다(진규철, 1996).

(2) 사회통합의 기능

사회화를 통하여 공유된 가치와 태도를 갖게 함으로써 사회가 통합된다. 사회통합은 문화의 전달을 바탕으로 하고 있으나 차이점은 사회통제라는 강제력을 갖고 있다는 점이다. 사회통제는 사회통합에 어긋나는 경우 이를 저지할 수 있는 힘을 사용한다. 개인은 사회의 구성원으로서 다른 사람들과 협동하고 사회질서를 지켜나가야 하는데 이런 것들이 사회화를 통하여 그 사회의 가치관, 규범, 태도 등의 생활양식이나 행동양식을 교육받게 됨으로써 이루어진다고 볼 수 있다.

여러 사람들이 모여 사는 사회에서 사람들이 모두 개성이 다르고 자기 멋대로 행동한다면 그 사회는 유지되지 못하고 혼란과 무질서에 의해 사회 해체 현상을 가져올 것이다. 사회를 통합시킨다고 해서 개인을 수동적이고 획일화시키며 개인의 독특한 개성을 무시한다는 의미는 아니다. 이러한 점에서 통합과 통제는 의미에 다소 차이가 있다. 통합이라는 측면은 개인의 자발성이나 능동적 참여를 다소 강조하는 말이라면 통제라는 것은 다소 강제성의 의미가 있다고 볼 수 있다(이위환, 2000).

(3) 사회적 선발 및 분류-배치 기능

학교는 사회에서 요구하는 인재를 육성하여 공급하는 역할을 수행한다. 인재의 공급에서는 인재의 선발과 분류-배치가 포함된다. 즉 인간의 능력을 판별하여 능력이 있는 자와 그렇지 못한 자를 구별하고 능력이 있는 자를 뽑아 필요한 곳에 공급을 해 준다. 현대사회에서는 학교의 능력 선발기능이 강조됨에 따라 높은 지위 획득을 위한 수단으로 교육에 대한 문제도 발생되고 있다. 학교는 일정한 기준에 의하여 학생들을 선발한 다음 일정한 기간 동안 가르쳐서 사회구성원들이 그 사회에 적응할 수 있도록 준비시키는 역할을 수행한다. 사람이 살아가는데 필요한 기술과 지식 등을 가르침으로써 사회구성원으로 자리 잡게 하는 것이다. 즉 선발된 인력을 교육시킴으로써 사회구성원으로서 사회가 필요로 하는 각 위치에 인력을 할당 배분하는 것이다(이위환, 2000).

교육의 사회적 선발 및 배치의 기능은 학교의 교육제도 및 운영과도 관계가 있다. 학교에서 학생을 선발하는 방법에는 단선제(singletrack system)와 복선제(multitrack system)로 나눌 수 있다, 단선제는 대학진학의 기회가 고등학교를 졸업한 자들 모두에게 허용되는 제도로서, 이 제도는 모든 학생들에게 교육기회를 균등하게 부여한다는 점에서 민주형이라고 하는데, 주로 자유경쟁적 사회이동(contest mobility) 방식을 취하는 미국, 일본, 우리나라가 이에 속한다. 복선제는 영국, 프랑스, 독일 등에서 주로 실시하고 있는데, 독일의 경우에는 학교에서 정치적, 사회적 그리고 학문적 엘리트를 교육하는 계통과 일반대중을 교육하는 계통으로 구분되어 있다. 학교교육의 사회적 선발 및 배치의 기능을 올바르게 하기 위하여는 갈등론자들의 비판적 견해를 참고로 하여 공정한 선발과 분배가 이루어질 수 있는 제도와 대책이 필요하다고 하겠다.

4) 사회통제 기능

학교는 사회의 유지존속과 통합을 위하여 개인의 사회화나 문화의 전달이라는 기능과 함께 사회통제의 기능을 수행한다. 일반적으로 사회통제는 형식적 통제와 무형식적 통제로 나눠볼 수 있다. 형식적 통제는 기성세대의 전통이나 관습에 의하여 통제되는 것이며 또한 사회제도나 조직, 사회 규범을 제정하고 이를 관할하는 기관을 설치하여 사회구성원의 생활이나 행동을 규제함으로써 사회의 질서나 통일을 유지하려는 것과 같은 통제이다. 형식적 통제는 형식적 통제의 토대가 되는 사회의식 그 자체에 의한 통제이며 또한 성원들이 사회의 공동 이상이나 목적에 대하여 공동의 관심이나 감정에 고무되어 자발적으로 사회 규범에 복종하고 협력하여 스스로 생활이나 행동을 규제함으로써 사회 질서와 평화 통일을 유지하고 성원의 집단생활에 생동감을 불어넣는 것이다(김준기, 1996).

이것은 성원 내면에서 일어나는 내적 통제로 성원 스스로의 의지가 포함되기에 자연적 자기 통제인 것이다. 이 내적인 무형식적 통제는 사회구성원에 내면적 형성 및 개조를 전제로 하는 것으로 이 과정을 곧 광의의 교육이라고 볼 수 있으며 교육의 사회통제 기능이라 할 수 있다. 즉 학습자들은 교육을 통하여 바람직한 행동은 권장받게 되지만 비정상적인 행동이나 일탈적인 행동은 제재를 받게 된다. 그래서 학습자들은 사회가 공인하는 방향으로 사회적 습관과 태도를 형성해 나가는 것이다.

5) 사회변화 및 사회개혁 기능

학교교육은 사회 유지 존속을 위한 보수적인 기능뿐만 아니라 사회의 변화와 개혁의 기능도 가진다. 학교교육은 단순히 미성숙한 세대에게 성숙한 세대의 모습을 그대로 전수시키는 기능뿐만 아니라, 그들에게 교육적 성장을 추구토록 함으로써 사회를 변화시키고 바람직한 방향으로 개선·발전시키는 능동적이며 진보적이고 혁신적인 기능을 한다(이위환, 2000).

6) 학교교육의 부수적 기능

학교교육은 앞서 언급한 보수적 기능과 증폭 기능뿐만 아니라 이를 일차적인 학교의 기능을 수행하는 과정에서 보수적(이차적)으로 나타난 역할들이 있다. 특히 요즘 학교에서는 체력 검사, 체질 검사, 영향 실태조사, 생활지도, 성교육, 여가 활동, 지역사회, 봉사 활동, 오락 활동뿐만 아니라 탁아소의 역할, 하위문화 전달의 역할, 배우자 선택 기회 부여 등 다양한 활동이 이루어지고 있다. 이와 같은 활동들은 과거에는 가정, 교우집단, 지역사회, 직업집단 등 학교 밖의 집단이 담당했던 것이다. 그러나 급격한 산업사회의 변화로 인해 이 역할들을 학교가 떠맡게 된 것이다(이위환, 2000).

7) 학교의 사회적 구조

학교의 기본단위는 학급이지만 소수의 행정가와 행정 직원, 교사들 그리고 다수의 학생과 여러 학년조직과 학급 조직들로 구성되어 각기 기능을 한다. 학교는 다른 조직구조와는 달리 연령별과 학년별 조직 중심으로 되어 있다. 학교에 사회적 구조를 우선 다수를 차지하는 학생의 입장에서 분석하면 학교사회는 연령별 조직으로 파악된다. 학교의 사회구조를 연령 기준으로 대별하면 성인 사회구조와 학생 사회구조로 나눌 수 있다. 학생 사회구조는 학년과 학급, 성별 그리고 계층별로 나눌 수 있다. 또한 성인 사회구조는 교장, 교감, 초임 교사로 구성되고, 교사는 학년별, 남녀별, 담당 과목별 등 다양한 요소로 조직되어 있다.

성인 사회를 구성하는 행정가와 행정 직원 그리고 교사와의 관계도 여러 각도에서 분석해 볼 수 있다. 학교의 최고 책임자인 교장이 어떠한 권한과 책임을 지느냐에 따라 교장과 교감 그리고 행정 직원과 교사와의 관계가 달라질 것이다. 성인 문화와 학생 문화가 따로 형성되어 존재하고 있는 것이 학교의 사회적 구조의 큰 특징이다. 이 두 문화는 때로는 갈등과 대립 관계에 있고 때로는 성인 문화가 학생 문화를 지배하기도 한다. 성인 문화, 즉 교사 문화와 학생 문화 사이의 갈등 때문에 교사와 행정가에 의한 학생 통제는 항상 불완전한 상태에 있게 된다(남정걸, 2001).

초 · 중등 수준에서의 아동 혹은 학생 문화는 미약하여 교사의 성인 문화에 의하여 지배되고 교사의 일방적인 권위 문화와 정면으로 충돌하여 갈등과 마찰이 생기기도 한다. 수업의 결과는 학생의 하위문화와 사회구조의 강도에 의해 제한을 받으며, 학교가 지역사회의 기대를 충족시키려면 교직원들이 갈등을 포용할 수 있어야 한다. 이와 같이 두 문화 간의 갈등은 외부 사회구조와도 관련이 있으며 때로는 사회문제화되기도 한다.

8) 학교의 사회집단적 성격

학교는 하나의 사회적 집단이다. 윌러(Willer)는 학교 집단의 사회적 특성 5가지를 다음과 같이 기술했다.

① 일정한 인구로 구성된다.
② 소수의 상호작용 과정에 의해 영향을 받는 일정한 정치적 구조가 있다.
③ 사회관계 긴밀한 망상조직(network)을 나타낸다.
④ 동지적 감성(we-feeling)이 충만되어 있다.
⑤ 독자적인 문화를 갖는다.

9) 쿨리의 집단 분류와 중간집단으로서의 학교

쿨리(Cooley)는 집단을 1차 집단과 2차 집단으로 분류하였다. 1차 집단은 얼굴을 서로 맞대고 지낼 만큼 친근한 교제와 협동으로 결합된 것을 특색으로 한다. 이러한 집단은 여러 가지 의미에서 일차적이라고 할 수 있지만 주로 개인의 사회적 성격과 이념을 구성하는 데 기초적이라는 점에서도 일차적이라고 할 수 있다. 친근한 교제는 심리적으로 각각 다른 개성의 공통된 전체로 융합하고 따라서 개인 스스로 여러 가지 목적을 위해서 공통된 생활과 집단의 목적이 일치하도록 인도한다(박용헌, 1977).

이러한 정체성을 가장 간결하게 표현한 것은 '우리'라는 말이다. 이 말에는 일종의 동정과 공동의식이 포함되어 있고 그것을 자연스럽게 표현하면 우리가 된다. 이차적 집단은 성원 간의 친밀도가 적고 접촉이 간접적인 방법으로 행해지며 비인간적이고 제도화되어 있다. 그 예로, 노동조합, 회사, 정당, 국가, 고객과 상인, 상권 보호 관계 등이 있으며 1차 집단과 2차 집단을 비교하여 아래 에 표로 제시하였다. 학교사회의 집단적 특성을 1차 집단적 성격과 2차 집단적 성격의 중간 또는 양면적인 것으로 파악하는 경향이 우세하다. 학교사회는 그 구성원의 가입 방식, 성원 간의 접촉 방식에서 중간집단 또는 양차적 집단이다. 스미스(Smith)는 학교를 대응하는 양 집단, 즉 1차 집단과 2차 집단 사이에 위치하여 양 집단의 성격을 동시에 가지고 있는 중간집단으로 관찰하고 있다.

스미스에 의하면, 중간집단은 성원들의 사회적 접촉이 부분적으로는 직접적이고 부분적으로는 간접적이다. 교과서는 이차적 관계의 매개체로서 기능한다. 제도적으로 또는 전체적으로 학교집단은 이차적 또는 이익사회지만 특히 사립학교의 경우 그 안에 존재하는 학급 교사들의 동료집단, 학생들의 친우 집단과 과외활동반 등은 일차적이고 공동사회적 집단이 될 수 있다. 학교집단의 공동체적 성격으로는 능동적 자아관여 관계, 장기적 학생의 발달과 복지에 대한 관심, 전면적 전인적 관계 등에서 찾아볼 수 있다.

〈1차 집단과 2차 집단의 차이〉

특성과 보기	1차 집단	2차 집단
전형적 집단	가족 유희집단 도당 '동지' 집단 인카운터(감수성 훈련) 집단 촌락	학교 보이스카웃 공장 노동조합, 군대 전문인 집단 도시, 국가
전형적 2인 관계	부모 부부 사제 친구	장교, 사병 연예인, 관중 국회의원, 유권자 점원, 고객
사회적 특성	인격적(인간적) 비형식적 구실과 구조 자발적(자연스러움) 일반적 목표 자유로운 느낌의 표현 타인에 대한 지식이 포괄적 목적의 동일화 쉽게 바꾸기 어렵다	비인격적(비인간적) 형식적 구실과 구조 공리적(인위적) 특정목표 외적제약 제한된 지식 목적의 다양성 쉽게 바꿀 수 있다
외형적 조건	영구적(장기적) 소규모 신체적 근접	일시적(유동적) 대규모 신체적(사회적) 거리

2. 학교조직

1) 학교조직의 목표

학교의 일반적인 목표는 학생들에게 사회의 습관과 가치를 가르쳐서 사회화시키고 복잡한 산업 사회 속에서 역할수행에 필요한 기술을 가르침으로써 성인에 필요한 역할을 준비하도록 하는 것이다. 즉, 성인이 되어서 어떤 지위를 갖게 될 때 그 주위에는 항상 역할이 따르게 마련인데 그 역할을 잘 수행함으로써 조직체에서 필요로 하는 것을 충족시켜 줄 수 있는 역할을 준비하는 것도 포함될 수 있다. 밀러(Miller)는 학교조직이 다른 조직과 구별되는 특성을 다음과 같이 지적하고 있다(이위환, 2000).

첫째, 목적의 모호성이다. 교육 조직의 목적은 애매모호하기 때문에 대부분 사람들은 특정하기 어려운 것으로 생각한다. 학교의 목표를 달성하기 위해 필요한 매일매일 교사의 역할 행동을 하나하나 열거할 수 없기 때문에 교사가 수행하는 역할이 잘된 것인지 아닌지를 측정할 수 없다.

둘째, 교사와 학생을 교수 장면에 투입하는 데 있어서의 다양성이다. 공립학교는 능력이나 동기 등에 있어서 다양한 어린이들을 수용해야 한다. 더욱이 교사의 지적 능력, 인간관계 그리고 교과목 지식의 범위는 학생들의 범위만큼이나 다양할 것이다. 이와 같은 다양한 교사 층이 교육 조직에서 상당한 압박의 원인이 되며 자질을 갖춘 교수 요원을 확보하기 위한 필요성을 증대시킨다.

셋째, 대부분의 다른 조직과는 달리 교사의 역할수행은 다른 교사들이나 상급자에게 상대적으로 보이지 않는다는 점이다. 학생들은 교사가 역할을 잘 수행하는지 아닌지를 관찰할 수 있다. 그러나 학생들이 교사를 평가하거나 제재할 수 없다. 물론 오늘날의 대학에서는 학생의 강의평가가 실시되고 있다.

넷째, 학교 내 경제조직과 비교해 볼 때, 각 부분 간의 상호 의존성이 낮다. 임무를 제대로 수행하지 못한 교사는 다른 교사들의 직무와 관련된 행동에 직접적으로 영향을 미치지 않는다. 낮은 의존성에서 나타나는 결과 중에 하나는 어떤 교사의 행동이 비생산적인 방법으로 아주 일상화될 수 있다는 것이다.

다섯째, 공립학교는 주위환경으로부터 통제와 비평을 받기 쉽다. 그러므로 비전문가들이 가끔 교육정책을 세운다. 더욱이 지역사회 학부모들의 학교교육에 대한 관심으로 학교 직원들에게 많은 압력을 가한다. 그러나 이러한 지역사회의 통제와 비평이 학교의 자율성을 감소시킬 수 있다(김신일, 2000).

3. 학급사회

1) 학급이란

학급을 그 기능에 따라 살펴보면 학습 집단으로서의 기능과 생활 집단으로서의 기능을 갖는다. 집단이란 어떤 행동 목표를 달성하기 위하여 두 사람 이상이 모여 서로 상호작용하는 하나의 사회체제를 말한다. 학습 집단으로서의 학급은 집단의 과학적 측면을 강조하여 학과를 능률적으로 가르치기 위한 기초적인 집단으로 보는 견해이다. 생활 집단으로서의 학급은 집단의 정서적 측면을 강조하여 생활 전체를 관여하는 인격적 공동체로 학급을 보는 견해이다(배종건 · 이미나, 1988).

2) 학급편성의 원리와 방법

(1) 원리

① 아동이 서로 충분히 이해하고 친밀하게 접촉하는 사회적 활동을 통해 사회화가 원만하게 이루어지도록 한다.

② 교사가 개별적으로 지도, 조언함으로써 개인차를 고려한 전인적 교육활동이 가능해야 한다.

③ 생태학적으로 기본적인 욕구가 충족될 수 있는 정도의 공간과 시설이 확보되어 정서적으로 안정되고 건강한 심신을 유지할 수 있어야 한다.

(2) 방법

학급 편성 방법은 크게 두 가지다. 하나는 다양한 능력과 적성과 사회적 배경을 가진 학생들이 고루 섞인 이질 집단으로 편성하는 방법이다. 이 방법은 일반적으로 널리 쓰이기 때문에 일반 학급 편성이라고 흔히 부른다. 다른 하나는 교육 효과에 중점을 둔 특수 학급 편성 또는 동질적 학급 편성 방법 있다.

① 이질적 학급 편성 또는 일반학급 편성: 동일 연령의 학생들로 편성하며 우수아, 보통아, 지진아 또는 열등아가 고르게 분산 편성되어 있다 도서, 벽지 학교에서는 두 개 이상의 학년을 위한 학급으로 편성하는 복식 학급이 있다. 예외적으로 국민학교나 직업 훈련원과 같이 다연령 집단으로 편성되기도 한다.

② 동질적 학급 편성 또는 특수학급 편성: 특수아를 효과적으로 지도하기 위한 특수 학급이 있으며, 우수생과 열등생을 구분하여 편성하는 우열반, 전공과목에 따라 편성하는 문과 · 이과반, 진로에 따라 편성하는 진학반 혹은 취업반, 과목에 따라 능력별로 편성하거나 특별활동반, 남녀 성별에 따른 편성 등이 있다. 그러나 능력별 학급 편성이 학업 성적 향상에도 효과적인지는 아직 연구 과제로 남아 있다.
동질집단은 능력별 집단이라고도 부르며 비슷한 능력을 가진 집단이다. 능력별 학급편성(ability grouping)은 대학진학 등 학생의 장래 진로에 큰 영향을 준다. 그런데 일단 학생이 어떤 능력집단에 속하게 되면 그 집단 수준에

계속 머물게 되는 경향이 있다.

로젠바움(Rosenbaum, 1976)은 대부분의 학생이 능력집단 이동에서 성적의 하락 성향을 보이며 더 높은 능력집단으로 이동하기는 매우 어렵다는 연구 결과를 보고한 바 있다. 그 이유는 능력집단에 따라 교사의 기대가 다를 뿐만 아니라 제공되는 학습 프로그램도 다르기 때문이다. 이질집단은 각 학년 수준에서 전체 학급을 편성할 때 주로 사용된다. 이질집단에서는 학생들 간의 사회적 관계를 증진시키며 공동의 학습 목표나 기대를 용이하게 해준다.

3) 학급의 크기

맥키치(Mckeachie, 1962)는 학급 크기와 학급 생산성 사이에 분명한 관계가 없는 것은 각기 다르게 작용하는 두 요인 때문이라고 말하고 있다.

첫째 요인은, 학급 크기가 증가하면 집단의 자원이 증가된다는 것이며,

둘째 요인은, 모든 학급 학생들이 최대한으로 기여할 가능성이 줄어든다는 것이다.

그러므로 학급 크기와 학업 수행 간의 관계는 간접적인 관계이다. 맥키치(Mckeachie)의 분석은 중요한 시사점을 주는 것임에 틀림없다. 그럼에도 불구하고 콩나물 교실과 같은 과밀학급 상황은 학급 생산성에 분명한 장애요인이라고 판단된다. 우리나라의 교실상황과 교사의 업무량을 고려하여, 공은배 등(1964: 160)은 학급의 적절한 크기는 그 상한선이 40명을 넘지 않는 것이 바람직하며, 현실적인 제여건을 논외로 한다면 30명 이내에서 설정되는 것이 이상적이라고 판단했다.

4) 사회체제로서의 학급

사회체제란 집단 구성원들이 그의 지위와 역할에 따라 행동하는 상호작용 체제를 의미한다. 사회체제로서의 학급을 이해하려면 학급을 형성하고 있는 지위와 역할의 사회적 구조를 분석하고, 상벌체계, 그리고 이것들이 상호작용하는 역동적 과정을 파악해야 한다(이위환, 2000).

5) 학급 내의 역동적 사회관계의 이해

감정, 욕구 등을 가진 개인 간의 상호작용은 어떤 기계적 규칙에 따르기보다는 서로 영향을 주고받으며 변화하며 적응해 가는 역동적 과정에 있다. 이러한 집단 역동의 과정을 이해하려는 이론을 집단역동이론이라고 한다. 집단역동이론에서는 사회성 측정을 위하여 다양한 방법이 개발되었다. 그런 방법 중에서 사회성 측정방법은 기본적인 것이다.

사회성 측정법은 1934년 모레노(Moreno)가 창안하고 퇴니스(Tönnis)에 의해 더욱 발전된 연구방법으로 집단의 구조, 응집성, 안정성, 외적 압력에 대한 저항성, 사기 수준 등을 측정 평가할 수 있고, 성원 개인의 특성, 즉 성적, 욕구, 지위, 적응성, 인기 등을 측정 평가할 수 있게 해준다(박용헌, 1982).

이 방법의 개요는 아래와 같다.

- 질문요령: 같이 일하고 싶은(공부하고 싶은, 앉고 싶은) 사람들의 이름을 지명하게 한다. 이런 질문을 통하여 동료 간에 지각된 유능성, 비공식적인 권력관계 및 사회적 인정도를 측정할 수 있다.
- 집단의 인간관계 구조, 응집성, 안정성, 외부 압력에 대한 저항성, 사기 수준 등을 측정 평가할 수 있다.
- 교우관계도(sociogram)의 작성: 교우 관계도엔 많은 지지를 받는 학생도 나타나고 또 따돌림받아 고립된 학생도 나타나게 마련이다.

※ 인기아: 가장 인기 있는 사람

※ 고립아: 전혀 선택을 받지 못한 사람, 외톨이

※ 소외아: 선택한 것만큼 선택받지 못한 사람

- 주의점: 각 학생에 대한 평정결과가 알려지지 않도록 보안조치를 엄격히 취하고, 평정자를 무기명식으로 해야 한다.
- 교육적 응용: 사회성 측정을 통하여 얻은 자료는 학생들에 대한 생활지도나 상담, 좌석배치, 집단지도 등을 위한 자료로도 활용되고 있다.
- 보완 활동: 교실에서의 이러한 다양하고 복잡한 집단 역동 관계를 통합하려면, 학생들의 사회문화적, 경제적 배경을 알아야 하며, 나아가 그들의 개인적 심리 상태까지 이해해야만 한다.

4. 사회적 측면에서 본 교권

교권문제는 결코 새삼스러운 것이 아니다. 광복 이후 끊임없이 지속되어 온 문제이다. 1977년 12월에 대한교련에서 발간한 『교직과 교권』이라는 책자의 간행사를 보면, "창립 서른 돌을 맞아 30여 년 동안 벌여 온 교권 옹호 활동을 경험으로 하여 앞으로 보다 구체적이고 적극적인 교권 옹호 확대 사업과 일반 사회인이나 교원들에게 교권에 대한 새로운 인식을 높여 보자는 뜻에서 이 책을 펴낸다."라고 되어 있다.

그 이후로 여러 가지로 해석할 수 있지만 교권이 흔들려서는 안 된다는 것을 아무리 강조해도 지나치지 않다. 그럼에도 불구하고 현실적으로 교권이 흔들리고 있다.

교사 또는 교원으로서 위신을 가지고 학생을 가르치고 지도하는 권력 또는 권위를 교권이라고 할 때, 교권이 흔들리게 되면 그 나라 국민 교육, 특히 학교교육은 일대 위기에 직면하게 될 가능성이 크다.

교권을 무시하거나 소홀히 하는 사회는 서로 존중되어야 하고 인간으로서 당연히 대접받아야 할 인권을 소홀하게 생각하는 분위기를 만들게 되는 것이다. 교권을 지켜야 할 사람이 교원임에 틀림없다. 그러나 교원들의 노력만으로 교권이 지켜지는 것은 결코 아니다. 교원이 중심적인 역할자가 되어 전개되는 교육은 그 자체가 사회적이기 때문이다.

1) 학교에서의 교권

교원이 근무하고 있는 학교에 따라 정도의 차이는 있겠지만 일반적으로 교원은 위신과 권위를 가지고 항상 '사표가 될 품성과 자질의 향상에 힘쓰며 학문의 연질(研金質)과 교육 원리의 방법을 탐구 · 연마하여 국민 교육에 전심전력(교육법 74조)' 해야 하는 것으로 되어 있다(성병창, 1998).

학교에서의 교권은 교원이 해야 할 역할을 충실히 할 수 있으면 보장되는 것이 원칙이다. 그런데 우리나라 학교의 현실은 그러한 원칙이 지켜지지 않는 데서 교권이 위협받고 있다고 할 수 있다.

과밀이라는 표현을 빌리지 않더라도 학급당 학생 수가 지나치게 많은 것은 물론 교수량(教授量)과 주당 시간 수가 많기 때문에 자질 향상과 탐구에 소홀할 우려가 있다. 그뿐만 아니라 우리나라 교원은 이미 알려진 대로 교육 이외의 업무에 시간과 노력을 부당하게 빼앗기고 있다. 초 · 중 · 고등학교를 막론하고 일반적으로 우리나라 교원은 교육과 연구라는 본연의 역할이 아닌 일에 지나치게 시달리고 있는 경향이 있는 데서 교원의 위신과 권위가 높아지지 못하고 있다.

교원은 교수 활동과 학생 생활지도를 위해서 행정적 · 사무적인 역할을 해야 하는 것이지 행정적 · 사무적인 역할을 위해서 교수 활동과 학생 생활지도 역할이 있는 것이 아니다. 주객이 뒤바뀌거나 목적과 수단에 혼란이 일어나면 어떻게 되겠는가? 이런 상황이 있게 되면 교원의 권위나 존재 의의가 변질되고 만다.

학교에서 교육의 주체는 교사다. 교사가 교사다운 교사가 되려면 무엇보다도 교사로서의 당연한 대접을 받을 수 있어야 하는 것이다. 교사다운 대접을 받느냐, 받지 못하느냐는 일차적으로 교사 자신과 학교 자체에 달려 있다.

교사들 스스로 해야 할 역할을 다하고 당연히 보장되어야 권리와 위신을 포기하지 않도록 해야 하겠지만, 학교 전체의 분위기가 교권을 스스로 손상시키지 않도록 특별한 노력을 해야 할 것이다.

학생들 앞에서 사용되는 교사 상호 간의 말과 행동, 특히 교장 또는 상위자들의 교사를 대하는 태도는 대단히 중요한 의미를 갖고 있는 것이다. 교사란 권위를 먹고 산다고 할 수 있을 만큼 교사의 권위는 중요한 것이며, 학생들 앞에서 한 번 떨어진 권위는 회복하기 어렵다(오욱환, 2000).

특히 일부 학교에서는 교권을 침해하는 사례가 아직도 있다. 신임교사 채용 시에 기부금 또는 기념품을 요구한다거나, 여교사들에게는 결혼하면 사표를 제출하고 퇴직하겠다는 각서를 쓰게 하는 일은 있어서는 안 될 것이다. 누구보다도 교권을 솔선하여 옹호해야 할 학교에서 그런 일을 한다면 어떻게 되겠는가?

어느 곳보다도 먼저 학교에서 교권을 옹호하고 교사를 아껴주어야 하는 것은 너무도 당연하다. 교권을 옹호하고 교사를 아껴주는 일을 단지 경제적인 것과 관련지어 생각하는 사람들이 있겠지만, 경제적 보수는 교권을 옹호하는 하나의 수단이 될 수는 있어도 결코 전부가 될 수는 없다. 경제적 보수란 상대적으로 측정될 수 있는 것이기 때문에 공립이든 사립이든 간에 부당하게 줄 수는 없다. 단지 비슷한 타 직종과 비교할 때 우리나라 교사 집단에 대한 경제적 보수가 부족하므로 개선되어야 한다는 것과는 다르게 해석되어야 할 줄 안다.

학교에서 교권을 옹호하고 교사를 아끼는 길은 교사로 하여금 교수 활동과 학생 생활지도에 그야말로 전심전력할 수 있는 자율적인 학교 분위기를 조성하는 일이다. 그렇지 않고 교사가 행정적 · 사무적인 일에 쫓기고, 교장과 서무직원의 눈치나 보게 되면 자연히 학생의 눈치까지 살피게 되고 말 것이다.

2) 가정에서의 교권(이위환, 2000)

자녀를 학교에 보내고 있는 부모들 중에 자녀의 장래를 위하여 교육이 중요하지 않다고 생각하는 사람은 극소수에 지나지 않을 것이다. 특히 우리나라 부모의 자녀 교육에 대한 열의와 기대 수준은 매우 높다. 그럼에도 불구하고 자녀교육에 대해 무언가 착각하고 있는 사람들이 아직도 많은 것 같다. 우리나라 부모들은 교사의 위신을 직 · 간접적으로 떨어뜨림으로써 결과적으로 교권을 손상시키고 있지는 않은가?

자녀에게 관심이 많기 때문에 자녀와 관련 깊은 대상에 대해서 관심을 갖고 비판하는 것은 당연하다. 사회적으로 교육의 기능이 무엇인가? 국가적으로 교육의 의미가 어떤 것인가 등에 대한 것은 제쳐두라고도 자녀에게 있어서 교사라는 존재가 어떤 의미가 있는지는 누구나 알고 있을 것이다.

자녀의 교사가 나이가 어리거나 공부를 적게 했거나, 여자거나, 키가 작거나, 가정 살림이 가난하거나, 흔히 말하는 사회적 지위가 형편없이 낮으면 '교사'라 하지 않고 비하하는 용어를 쓰는 경우가 있다.

그런데 가정에서 그것도 자녀들 앞에서 '요즘 선생들은 형편없다'든지 '요즘 선생들은 돈을 좋아한단 말이야' 등의 말을 습관적으로 하고 있는 가정은 과연 없을까? 어떤 부모의 눈에는 교사가 형편없게 보일 수도 있을 것이다. 그러나 교사가 부모에게는 '우습게' 보일지라도 자녀에게는 결코 '우습게' 보여서는 안 되는 존재이다.

교사가 학생에게 '우습게' 보여서 권위를 잃게 되면 이미 그 교사와 학생 사이의 교육은 상처를 입게 된다. 상처는 교사도 입지만 학생의 상처가 더 크다. 나이가 어리면 어릴수록 학생에게 있어서 '교사의 힘'은 어떤 위력보다 강할 뿐만 아니라 결정적인 힘이 되기도 한다. 막강한 전투력을 가진 1개 사단병력은 어린이를 어떻게 하지 못하지만 교사 한 사람은 어린이의 장래를 좌우할 수 있는 것이다.

물론 사회구조적인 문제이긴 하지만 가정과 학교, 부모와 교사 관계가 교육적이지 못해 상호 피해를 입게 되면 결과적으로 교권이 흔들리게 된다. 가정이 학교를 불신하거나 부모가 교사를 불신하게 되면 희생되는 것은 바로 학생이다.

3) 사회에서의 교권

우리 사회는 전통적으로 교육을 중요하게 생각했고, 따라서 교사를 사회적으로 존경했다는 말을 자주 한다. 역사적인 표현으로 '군사부일체'라는 말이 있다는 것은 그야말로 삼척동자도 알고 있을 정도이다.

과연 오늘날에도 교사의 지위가 임금님처럼 높은 자리에 있다고 여길 만큼 존중되고 있을까? 제자(학생)들 중에 스승(교사)을 부모 이상의 존재로 생각하고 존경하는 것은 옛날이나 지금이나 크게 다를 바 없겠지만, 교사를 임금 자리와 같이 높은 사회적 지위에 있다고 믿기는 어렵다. 당시 나라의 임금은 절대적 권위로서 제일 높은 사람이었기 때문에 교사는 결코 임금의 지위와 같을 수 없는 것이다.

임금의 스승은 임금을 가르친 사람이기 때문에 대단히 존경을 받았을 것이지만, '군사부일체'라는 말의 뜻은 국민 교육제도가 없었고, 그래서 일부 계층의 자녀들에게만 교육의 기회가 주어졌던 사회에서도 교사의 권위를 높여주고 옹호해 주어야 한다는 것이다(이상주, 1997). 계급적 봉건사회였던 시대와는 비교할 수 없을 정도로 교육이 중요한 현대사회에서 교사의 권위는 오히려 더욱 높여 주고 옹호되어야 할 것이다.

그런데 왜 오늘날의 교사는 권위를 잃어감으로써 교권이 사회적인 문제로 자주 등장하게 되었는가? 여러 가지 원인을 찾아볼 수 있겠지만 현대 사회 자체에 원인이 있다고 할 수 있다.

현대 사회, 특히 한국 사회는 광복 이후 지금까지 사회 자체가 감당할 수 없을 만큼 급격한 변화를 겪으면서 국민교육 자체에 대해서 소홀히 했다. 대단히 복합적인 문제지만 전쟁에 시달리고, 그렇게 발전되지도 않은 정치에 시달리고, 경제 건설에 신경 쓰면서 나라 발전의 근본이라는 교육에는 신경을 상대적으로 덜 쓰게 되었다.

사회적으로 또는 국가적 차원에서 교육조건, 교육환경 마련에는 인색하면서도 교육에 대한 국민의 높은 개인적 열성과 사회적 필요 때문에 교육인구는 폭발적으로 증가하기 시작하면서 학교들은 스스로 설정하고 있는 교육 목적에 충실하지 못했고, 학교의 사회적 기능에 혼돈이 일어나게 되면서 '학교교육 이대로 좋은가'라는 소리가 높아졌다(이영자 · 진규철, 1992).

그런데 사회적으로 교권이 흔들리게 된 원인들 중에서 특히 다음 세 가지 문제를 생각하지 않을 수 없다(이위환, 2000).

첫째, 우리 사회는 아직도 성숙된 교육관을 갖고 있지 않다는 것이다. 교육이 중요하다는 것은 누구나 인식하고 있으면서도 올바른 교육관이 없기 때문에 교육이 마치 '동네북과 같은 격'이 되었다.

북을 치고 싶은 사람이 마음대로 칠 수 있게 되면 북은 찢어질 수밖에 없고, 그렇게 되면 북을 꿰매거나 새 북을 마련해야 한다. 이렇게 되면 북을 전문으로 쳐야 할 사람의 위치는 흔들리게 되는 것이다. 교육은 교육을 맡고 있는 사람들에게 맡겨야 된다는 교육관부터 세워야 할 것이다.

둘째, 사회적으로 보다 힘 있는 역할자들의 무책임한 역할 때문이다. 현재 우리나라에는 약 30만 명의 교사가 있다. 이들은 태어나면서 교사자격증을 갖고 있었던 것이 아니다. 교사의 질이 떨어져서 문제라면 교사자격증을 준 제도 자체에 근원적 책임이 있는 것이다. 교사 양성 기관인 교육대학, 사범대학, 교육대학원 등에도 책임이 있다. 예를 들어, 종합대학의 경우 사범대학에 대한 학교 당국자들의 태도는 대학에 따라 차이는 있지만 일반적으로 경시한다는 것은 널리 알려진 사실이 아닌가?

이런 상황에서 예비교사들이 긍지를 가질 수는 없을 것이다. 교사 양성 과정을 거쳐 교사로서 첫걸음을 내딛으려고 할 때 스스로 위축되기도 하고 이른바 높은 분들의 간섭은 얼마나 많았는가? 높은 분들의 학교 방문이 학교에 끼친 공헌보다 부작용이 더 심하다는 사실은 일선 학교에서는 잘 알려져 있다.

이런 점에서 교육당국의 책임 있는 역할 수행과 아울러 새로운 정책은 반드시 충분한 검토와 일정한 실험 기간을 통하여 일반화시키도록 해야 할 것이다. 그래서 즉흥적 정책 집행으로 인한 교육적 손실이 더 이상 생겨나지 않도록 해야 할 것이다.

오늘날 교권뿐만 아니라 교육문제에 대해서 행정적으로 가장 책임을 많이 져야 할 기관은 교육부이기 때문에 교육 문제를 교육적으로 개선한다는 보다 성실한 노력과 장기적인 안목을 교육 당국에 기대하지 않을 수 없다.

셋째, 교권을 스스로 추락시키는 극소수에 속하는 교사를 전체로 바라보는 경향이다. 물론 부분을 전체와 분리할 수는 없다. 그러나 부분이 바로 전체는 아니다. 우리나라 절대 다수의 교원들은 불리한 교육 조건 속에서 교원으로서의 위신과 자질을 높이기 위하여 어떤 면에서 자기희생을 기꺼이 하고 있는 것이다.

누구나 마찬가지이지만 속해 있는 학교 조직에서 조직이 요구하는 역할을 다하고 자질 향상을 위하여 박봉에도 불구하고 야간 또는 계절을 틈타 교육대학원에서 배우는가 하면, 끊임없이 현장 연구를 하고 있는 현상은 다른 나라 교사들에게는 찾아보기 어려운 일이다.

특히 매스컴은 교사의 사회적 역할을 고려하여 교사에 관한 보도에 보다 더 신중해야 할 것이다. 우리나라 교사뿐만 아니라 외국의 교사문제를 보도할 때도 학생들의 의식구조에 미치는 영향을 생각할 필요가 있다. 예를 들면, 어느 나라의 학생들이 교사를 폭행하는 사례가 날로 많아지고 있다는 보도는 하지 않는 것이 옳을 것이다. 왜냐하면, 그런 행동을 우리나라 청소년들이 모방할까 두렵기 때문이다.

사회의 근본적 질서는 교육에서부터 형성되는 것이다. 그래서 교육은 모든 것의 근본이라고 한다. 교사는 교육의 열쇠와 같은 역할을 한다. 즉, 교육을 운전하는 역할이다.

물체를 운전하는 버스 운전기사에게 승객들이 운전 간섭을 하면 운전기사는 제대로 운전을 할 수가 없게 된다. 교사는 물체를 운전하는 것이 아니라 인간을 운전하는 것이기 때문에 보다 중요한 역할자가 된다(이용교, 1993).

교사가 교사의 역할을 충분히 하기 위해서는 오랜 준비와 여러 가지 조건을 구비해야 하는 것은 어느 사회나 마찬가지다. 그중에 가장 중요한 조건 중의 하나는 교권이다. 교권이 보장되지 않으면, 교사는 힘을 잃고 만다. 그래서 교권은 교원의 정신적 생명과 같은 것이다.

교권은 지켜야 할 책임은 일차적으로 교원 자신에게 있다. 그러나 교원이 속해 있는 학교, 학생들의 가정 그리고 행정 당국과 일반 사회의 환경이 교권을 옹호하는 방향으로 개선되지 않으면 크게 기대할 수 없을 것이다.

교권은 교원의 사회경제적 지위와 불가분의 관계에 있다. 비록 헌법에 교육의 전문성 보장과 교원의 지위를 법률로써 우대한다는 조항이 삽입되어 있긴 하지만, 교육현장에 헌법정신이 구현될 수 있는 구체적인 환경과 제도가 마련되지 않을 때는 의미가 없는 것이다.

5. 학교교육의 문제

1) 학력주의

역사적 추이를 겪으면서 우리나라의 교육은 공교육화되었으며, 학력이 모든 구조에서 가장 최상위에 서게 되었다. 일제의 억압과 미군정기의 교육을 거치면서 한국인의 사회 이동과 지위 경쟁은 학력에 바탕을 두게 되었고, 학력주의 사회를 낳게 하였다. 이러한 학력 경쟁은 오늘날의 고학력 현상과 교육열 등으로 이어져 하나의 사회적 증후군으로 자리 잡게 되었다.

이처럼 학교의 지위분배 기능의 비대화와 함께 지위분배에 있어서 학력의 중요성은 대부분의 국가에서 점점 커지고 있다. 학력 사회 또는 학력주의 사회란 학력이 지위 결정에 대단히 중요한 요소로 작용하는 사회를 말한다. 학력주의는 어떤 개인의 인간됨과 능력을 학력으로 평가하는 행동유형이다. 이러한 학력주의적 행동유형은 한국 사회에 널리 퍼져 있다. 학력에 따라 계층이 결정되는 사회가 있다면 그것은 가장 전형적인 학력 사회일 것이며, 교육경쟁도 강화될 것이며, 문제의 심각성도 커질 것이다(이종각, 2001).

이처럼 우리 사회에서 학력이 중시되는 이유는, 첫째, 학력 이외의 방법으로 지위 향상을 꾀할 수 있는 통로가 거의 없다는 점, 둘째, 직업 취득의 과정에서 학력과 학벌에 따른 차별이 심하다는 점, 셋째, 임금정책에서 학력에 따른 차별이 심하다는 점, 넷째, 승진 정책에서 학력에 따른 차별이 심한 점, 다섯째 결혼관습에서 학력에 따른 차별이 심하다는 점 때문이다(이종각, 1998).

이러한 학력에 대해 고형일(1996)은 학력의 상품화와 관련시켜 설명한다. 즉 학력은 어떤 의미에서는 학교교육을 통해 습득된 지식이나 기술, 태도 등을 의미한다. 학력의 상품화는 이러한 학력이 자본주의 시장에서 하나의 상품이 되는 현상이며 학력의 상품화와 관련하여 두 가지 차원으로 나누어진다. 그 하나는 직무의 수행과 관련된 지식, 기술, 태도 등을 의미하는 학력이고, 다른 하나는 직무수행과는 관계가 없으나 학교교육을 통해서 습득되는 지식, 기술, 태도 등을 의미하는 학력이다. 전자의 학력은 사용가치와 교환가치를 다 같이 지니면서, 학력이라는 상품을 상품으로 성립시켜 주고 가치를 부여하는 요인인 반면, 후자는 순수하게 사용가치만을 지니며 상품으로 학력이라는 개념 속에서는 별반 의미를 갖지 못하게 된다는 것이다.

이러한 현상에 대해 이두휴(1993)는 학력인플레이션이란 개념을 사용하여 설명하고 있다. 즉 학력 인플레이션이란 교육 시장에서 수요는 없는데, 공급이 지나치게 많아서 상품화된 학력이 노동시장에서 평가절하되는 현상이다. 결국 이러한 현상은 학력의 가치가 지속적으로 떨어져 교환이 일어나지 않거나 낮은 임금과 교환되는 현상으로 정의될 수 있으며, 구체적으로 임금 저하, 실업, 직종 하향 이동 등으로 나타난다고 하였다. 이러한 영향으로 학력의 가치가 떨어지고 학력주의 문제가 발생하고 있다는 것이다.

이러한 학력 인플레이션을 이한(2000)은 질적인 학력 인플레이션과 양적인 학력 인플레이션으로 나누고 있다. 전자의 의미는 과거 대학생들은 시험 성적에 별로 신경을 쓰지 않아도 취업이 되었지만, 학력 인플레이션에 따라 현재는 경쟁이 심화되어 성적을 잘 받아야 하기 때문에 금전적, 정력적, 시간적 투자가 훨씬 증가한다는 것이다. 후자의 의미는 새로운 자격증의 요구, 대학교육 이상의 학력 요구, 늘어난 교육 연수, 더 많은 합격증 요구 등의 양적인 학력 인플레이션이 나타난다는 것이다. 따라서 이러한 현상은 동일한 노동시간에 노동 강도는 두 배로 늘어났지만 소득은 오히려 감소하는 결과로 나타난다.

2) 부모의 교육열

우리나라 부모의 교육열은 전 세계적으로 알려져 있으며 많은 긍정적 결과가 있었던 것으로 평가받아 왔다. 그러나 최근의 여러 사회적 징후를 보면 결코 긍정적인 평가를 내릴 수 없다. 우리나라 부모의 교육열은 교육결과, 즉 과거 급제, 학력, 학벌, 성적, 순위로 얻게 되는 사회적 가치에 의해 이루어진 것이다.

부모들의 이러한 교육열은 '학교교육열'이다. 교육결과에 의해 방향지어진 교육열은 학교교육열로 나타날 수밖에 없다. 학교가 학력 부여권을 독점하고 있기 때문이다. 학원이나 과외에 대한 욕구가 높은 것도 성적을 올리기 위한 것이기 때문에 학교교육열의 표현이다. 학교교육도 최상급의 학교, 특히 대학입시에 집중된 교육열이다. 대학졸업이 아니라 대학입학에 집중된 교육열인 이유는 우리나라의 대학의 부실(대학입학이 곧 졸업인) 때문이다. 한국인의 교육열이 학교교육열이라는 점은 교육열의 형식주의적 · 도구주의적 측면을 잘 나타낸다. '학력주의', '학력우상화', '학력신앙'이라는 말까지 생겨났다(이종각, 1997).

이와 같은 교육열의 형성배경을 거시적인 측면에서 살펴보면 다음과 같다(이위환, 2000).

첫째, 자원구조로 우리나라는 인적 · 물적 자원 중에서 물적 자원이 극히 빈약하고 인적 자원밖에 없는 상황이다.

둘째, 신분구조로 구시대적인 신분구조가 어느 사회보다도 급격하게 무너진 사회이다. 신분구조의 붕괴는 곧 신분적 측면에서 개방사회가 되었다는 말이며, 교육이 개방사회에서의 지위 획득이나 출세의 수문장 역할을 하게 되었다. 따라서 사회의 신분이나 지위투쟁에서 학교의 분배기능은 급격히 높아지게 되고, 부모의 교육열도 높아지게 된다.

셋째, 정서구조로 해방된 자유세계에서 구세대의 교육에 대한 염원이 폭발했다고 볼 수 있다. 교육을 위해 구체적으로 어떤 사회적, 교육적 구조와 관련되어 있는가를 '학부모의 문화'라는 관점에서 밝히려 했다. 또한 전통적으로 중앙정부가 주도적이고 서열 편향적인 우리나라의 교육체제하에서 지방이나 대도시의 중산층 학부모들이 자녀들의 교육적 성취를 위하여 형성한 학부모 문화의 특징을 밝히려고 했다. 그 결과는 학부모 문화가 사회문화적 · 교육제도적 환경이라는 생태적 제약을 받고 있으나, 학부모들이 표출하는 문화적 행위를 통해 생태적 환경을 수정 · 변형시키는 힘을 갖고 있다는 것이다.

미시적인 측면에서 살펴보면 다음과 같다.

첫째, 문화적 요인으로 전통적 유교적 가치관에 기초한 부모-자녀 간의 공생적 관계, 인문숭상의 전통, 체면의식 등이 지적된다.

둘째, 역사적 요인으로 과거제도, 일제의 식민교육정책 등이다.

셋째, 경제적 요인으로 학력에 따른 차별적인 임금정책, 단층적 노동시장구조이다. 이러한 여러 요인이 복합적으로 작용한다. 그리고 여기에는 한국인이 가진 자녀의 특성(독립성이 결여됨, 상속을 많이 물려주려는 의식), 가족주의적 특성(가족중심, 공공성 빈약), 관료적 출세와 지위의 추구가 최고라는 부모세대의 경험이 반영되어 있다. 전문가 사회에서는 흔히 학력이 높아지는 경향이 있기 때문에 한국 사회의 전문화 과정은 교육열의 강화에 영향을 미쳤다고 판단된다(이종각, 1997).

우리의 교육에 문제가 발생하는 원인은 대다수의 사람들이 학교교육에 대해 잘못된 기대와 의식을 가진다는 것이다. 즉, 학교교육을 받거나 자녀를 학교에 보내는 주요한 목표를 올바른 인간 함양이 아니라 사회적 지위상승이나 부의 추구 등에 필요한 학력취득이나 자격증 획득에 두는 경향이 강하다고 할 수 있다. 그러므로 많은 학생들과 부모들은 상급학교의 진학에 관심을 두며 그러한 사고는 학력주의와 교육열로 이어져 많은 문제가 누적적이고 복합적으로 드러나게 된다.

6. 학교교육의 병리적 현상

1) 호도(糊塗)된 교육열

우리 사회의 왜곡된 교육의식은 '교육열'이고 진학열이다. 따라서 이러한 교육열의 문제는 어디에서 연유하는가 하는 문제로 귀착된다. 사실 그것은 여러 차원에서 분석이 가능하겠지만, 직접적으로는 우리 사회에 만연되어 있는 '학력주의적 가치관'에 근원을 두고 있다고 볼 수 있다(이종각, 1989). 지배적인 가치관으로 광범위한 영향력을 발휘하고 있는 학력주의적 가치관이 문제의 근원이다.

물론 교육열은 경제발전의 기초가 되었고, 결과적으로 국가발전으로 이어져 한국의 국제적 지위를 확보하는 데 크게 기여했다고 말할 수 있다(이상기, 1988). 올바른 교육열, 바람직한 교육의 모습을 지향하는 것이 과제이다.

(1) 학력주의 지향에 의한 기능장애

학교교육은 궁극적으로 인간해방을 지향하지 않으면 안 된다. 그러나 실제로는 동조원리에 기초한 인격의 획일적 정형화나 자주성에 대한 억압 또 그에 따른 인간관계의 개별화와 소외현상이 나타나고 있다.

(2) 엘리트문화 지향에 의한 기능장애

사회에는 학교에 오래 다니면 다닐수록 인간은 고급으로 된다는 학력 신앙이 있다. 그런데 학력 신앙의 한 지주로서 학교교육 자체에 잠재되어 있는 엘리트문화 지향을 들 수 있다. 예를 들어, 학교사회에서는 필요 이상으로 지식의 중요성이 강조되고 있다. 그래서 지식이 많은 사람은 그것 때문에 훌륭한 인간으로 간주되는 경향이 다른 어떤 사회보다도 높다.

확실히 대학 진학의 동기로서 고교 교사들은 학생들에게 인간적 미숙 때문에 대학에 가야 한다는 논리를 펴고 있다. 이것은 언뜻 보면 지당한 의견으로 보이지만 그 배경에는 지식을 가진 인간은 훌륭하지만 그렇지 못한 인간은 훌륭하지 않다는 생각이 숨어 있다. 학교교육에 있어서 선발은 단순한 학업상의 선발에 그치는 것이 아니라 거기에 바람직하지 못한 점이 수반된다는 점이 문제인 것이다. 엘리트와 비엘리트로 선별되고 분화되는 교육과정의 형태가 문제인 것이다.

학교 문화는 다른 많은 부분 문화와는 달리 의도적이거나 또는 대립적으로도 만들어질 수 있다. 다른 사회와 구별하기 위한 문화의 고급화와 이념화가 촉진되어 문화적 괴리를 넓힌다. 여기에 학교 문화의 엘리트 문화화의 요인이 있는 것이다. 그러나 그 문화에 살아남을 수 있는 것은 일부의 엘리트뿐이다.

많은 대중들은 그것으로부터 탈락되어 열등감이라는 굴절된 감정을 갖고 살아간다. 그러한 그들의 생활방법을 엘리트 문화 지향의 학교교육은 거의 제시하여 주지 못하고 있다. 또한 비진학 근로자를 위한 철학은 등한시되고 있다.

2) 개성을 무시한 획일적 교육

우리나라 교육의 가장 핵심적이며 큰 문제 중의 하나는 각급 학교의 교육과정이 정상적으로 운영되지 못하다는 것이다. 교육과정 운영의 본래의 의미와 의의는 학생 개개인의 소질이나 적성, 취미, 욕구, 지적 능력 등의 성향 혹은 개성을 최대한 길러 주고 계발하도록 돕는 데 있다. 그러나 전국에서 모든 학교가 같은 교과서로 같은 내용을 한 가지 방식으로만 가르치고 배우며, 천편일률적인 평가방식이 적용되고 있다.

(1) 입시위주의 교육

한국의 입시교육은 엄청난 시간을 '공부'에 투자하고 있다는 것, 국어, 영어, 수학 등 입시 시험에서 배점이 많은 학과위주로 수업하고 학습한다는 것, 수업방식은 주입식 · 암기식 학습 위주이며, 상위 10% 학생들 위주로 수업을 진행한다는 것이다.

이와 같은 입시교육의 폐해는 '잘해야 지식 암기'라는 이른바 하등정신 과정을 통한 번잡한 '박식(博識)'일 뿐, 고등정신 과정의 사고력, 창의력, 상상력, 지적 호기심과는 거의 관계가 없다. 입시위주 교육으로 인한 극심한 경쟁의 와중에서 틀에 박힌 입시위주의 공부 때문에 학생들의 정서적 · 신체적 스트레스가 가중되어 위험수위를 벗어났다.

부모에게는 '고3 부모 증후군'이라는 정신질환을 유발시키고, 금전적인 부담을 가중시키며, 가족생활의 위축이나 정상적인 가정기능에 장애를 가져다 준다. 입시위주 교육의 핵심적 병인(病因)은 경쟁에 있다. 입시교육이 빚어내는 경쟁에는 페어플레이 정신은 없다.

(2) 과외 과열

입시경쟁이 치열한 사회에서는 과외수업은 필연적으로 발생할 수밖에 없는 필요악인 것이다. 어떤 법적 제재조치를 가한다 하더라도 과외수업을 통하여 얻는 개인적 이득이 법적 제재조치 보다도 득이 될 경우 모든 방법을 동원하여 과외수업을 하게 되는 것이다. '과외수업'의 본질적 목적이나 기능은 학교수업에서 학업성취도가 낮거나 정규교과목으로 설정되지 않은 교과에 대한 부족한 지식을 보충 · 심화시키는 데 있다. 그러나 현재의 과외수업은 그러한 본래의 목적과는 달리 상급학교 입시준비를 위한 방편으로 변질되었으며, 그 폐해가 매우 심각하여 '과외 망국론'까지 제기되고 있는 실정이다.

첫째, 과외 과열로 인한 교육적 측면에서의 병리는 크게 교권의 누수현상, 고등정신 기능과 사회성 및 정의적 특성에 대한 훈련기회의 위축, 학생들에게 심각한 정신적 부담 등 세 가지로 요약된다.

둘째, 경제적 측면에서 보면, 사교육비의 지출을 증대시키고 있다.

사교육비 중에서 가장 문제가 되는 것이 과외비이다. 문제는 1시간당 100만 원 이상의 고액과외가 성행하는 데 있다. 사교육비의 이러한 기형적 팽창은 가계의 엄청난 부담뿐 아니라 교육 불평등이나 빈부 격차에 따른 사회 위화감을 조성하여 사회적으로 큰 문제가 되고 있다.

셋째, 정치 · 사회적 측면에서 보면, 과외 과열은 계층 간 위화감을 조성하고 국민의 공동체 의식을 해치는 부작용을 낳기도 한다.

우리나라의 교육의 가장 큰 문제점을 요약하면 다음과 같다.

첫째, 교육의 획일주의이다.

중등학교 수업에서는 교과서 이외의 참고서, 문제집, 교사제작 유인물 등도 사용되지만, 이는 모두 교과서를 토대로 제작된 것이다. 이러한 획일성 속에서 살아가는 학생들은 자신도 모르게 획일주의적인 인간으로 성장하게 된다.

둘째, 권위주의와 위계질서에 대한 순종 강요이다.

우리나라의 교사와 학생들은 강한 위계관계의 고리 속에서 살고 있으며 이것에 대하여 모든 결정권은 교사에 의해 이루어진다. 또한 학교는 교사와 학생의 제도적 권위, 인격적 권위관계에 의해서 관계를 맺으며, 상급학년과 하급학년의 관계는 위계질서 속에서 이루어지고 있다.

셋째, 형식주의와 결과우선주의이다.

교사와 학생의 관계는 일차적 관계가 아닌 이차적 관계인 계약과 형식에 얽매여 있다. 또한 학교는 학생이 학교성적을 중요시하는 결과우선주의적 성격을 띠고 있다.

제9장

지역사회와 교육

1. 지역사회의 성격

1) 지역사회의 개념

지역사회(community)에 관한 개념은 다양한 의미로 사용된다. 이는 지역 사회의 유형이 다양하기 때문이며 따라서 그 유형이나 크기가 어떠하든지 그 내부에는 공통의 요소가 존재한다. 지역사회의 개념은 독일의 향토교육 혹은 학교에서 근원을 가지나 향토란 개념은 마을(village), 조그마한 소도시(town), 지방(district), 시골(country)의 의미에서 한정된 개념이다(조용환, 2001).

- 하울리(A. H. Hawley): 지역사회란 주민들이 그들의 욕구를 충족하고 공동의 문제를 해결하는 지역적 조직체.
- 헌터와 호톤(C. L. Hunt & P. B. Horton): 사람들이 자신들의 모든 생활 활동을 수행하고 있는 지역집단.
- 퇴니스(F. Tönies): 공동생활을 하는 주민들의 통합된 친밀한 집단.
- 쿠크(L. A. Cook): 하나의 연속적 지역에 거주하는 사람들이 과거의 경험을 통하여 결합되어 있으며 몇 가지 기초적인 봉사기관을 가지고 있고 그 통일성을 기하면서 돌발적인 생활위기의 처리에 협동하는 단체
- 넬슨(L. Nelson): 일정한 지역의 주민들이 공통의 목표를 달성하기 위하여 서로 자주 접촉하는 문제를 해결해 가는 조직된 공동체
- 워렌(R. C. Warren): 일정한 지역 속에서 주요한 사회적 기능을 수행하는 사회적 단위체의 조직
- 매키버(R. M. Maclver): 인간의 공동생활이 영위되는 일정한 지역으로 정의내리고 있다

이러한 지역사회의 교육적인 측면은 일정한 지역주민들이 사회화되는 데 있어서 영향을 미치는 자연, 사회 및 인적 환경을 의미하고 있으며, 이러한 지역사회가 갖추어야 할 요소로 요나센(C. T. Jonassen)은 다음과 같이 제시하고 있다.

① 집단의 형성
② 한정한 지역의 확보
③ 상호의존적 분업
④ 공동문화와 주민들의 활동을 조직하기 위한 사회체계
⑤ 주민들의 집단에 대한 협동심과 소속감
⑥ 조직화된 태도로서의 집단적 활동이 있어야 한다.

한편 쿠크(Cook)는 지역사회가 갖춰야 할 7가지 요인을 제시하고 있는데 이러한 특성을 살펴보면 다음과 같다.

① 일정한 인구의 집합체
② 한정된 인접한 지역
③ 역사적 유산의 공유
④ 봉사기관
⑤ 공동생활양식
⑥ 지역적 통일의식과 집단의식
⑦ 협동

첫째, 지역사회가 성립하기 위해서는 일정한 주민이 있어야 한다. 여기에는 인구와 주민의 질적 성격의 의미를 내포하고 있으며, 인구는 인구의 분포, 인구의 이동, 연령, 성별구조, 출산율, 사망률의 양적 개념이며, 또 하나는 주민의 교육, 종교, 직업, 가치관, 태도, 사회적 · 정치적 인식 등을 말한다.

둘째, 지역적 공간으로 주민의 생활에 있어 토지를 통해 주민의 생리적 욕구가 충족되고 사회적 욕구를 실현하는 기초가 된다. 이러한 지역적 특색은 위치, 크기와 모양, 기후, 자원 등의 자연적 조건에 의해 ① 거미줄형 ② 방사형 ③ 격자형 ④ 직선형의 지역사회로 분류된다.

셋째, 지역사회는 역사 · 문화적 유산을 공유한다. 특정지역을 중심으로 오랜 생활양식, 관습, 가치관의 특징이 나타나게 된다.

넷째, 지역사회는 주민들의 욕구충족과 생활의 편리를 도모하기 위한 다양한 형태의 봉사기관을 가진다. 따라서 주민들은 경제, 교육, 정치, 건강, 안보의 필요를 충족하게 된다.

다섯째, 우리 감정(we-feeling)의 공동의식 형성이다. 매키버(Maclver)는 지역사회 감정의 요소를 우리 감정(we-feeling), 역할 감정(role-feeling), 의존 감정(depending-feeling)으로 보고, 이러한 심리적 일체감이나 연대의식의 형성은 지역주민들의 협동단결의 기본이 됨과 동시에 지역사회 발전의 원동력이 된다. 이에 반해 갈등이나 분열의 원인이 되기도 한다.

여섯째, 공동생활 참여이다. 지역사회에는 주민들이 공동으로 참여하고 협동하는 활동을 가능하게 하는 다양한 조직을 가진다. 즉 주민들의 경제, 정치, 교육, 오락 등의 욕구와 필요를 충족하게 하면서 협동과 단결은 가능하게 하는 집단활동이 있다.

2) 지역사회의 유형

지역사회를 분류하는 데 있어 여러 기준이 활용되는 데, 이를 이분법으로 분류하면 농촌지역사회와 도시 지역사회로 분류되고 공동사회와 이익사회, 신분사회와 계약사회로 분류된다. 이러한 분류기준은 학자마다 일치되지는 않으나 인구의 대소, 서비스 기능, 사회 · 경제적 지위, 공동성의 정도 등으로 구분된다(진규철, 1989).

(1) 쿠크 엘(L. A Cook)과 쿠크 에프(E. F Cook)–인구에 의한 분류

미국의 지역사회를 분석한 후 그 성격을 주민의 인구수로 분류하여 다음과 같은 7개 유형으로 분석하였다.

- 촌락(hamlet) ———— 250명 이하
- 부락(village) ———— 250~1,000명
- 읍(town) ———— 1,000~ 5,000명
- 소도시(small city) ———— 5,000~25,000명
- 중도시(middle city) ———— 25,000~100,000명
- 대도시(metropolis) ———— 100,000~ 1,000,000명
- 국제도시(great metropolis) ———— 1,000,000명 이상

① 매키버(Maclver) – 역사적 발달단계에 의한 분류

- 촌락지역사회(village community)
- 도시지역사회(urban community)
- 봉건지역사회(feudal community)
- 국가지역사회(national community)

② 올센(Olsen)의 분류 – 공동성 범위에 의한 분류

- 향토사회(local community)
- 지방사회(regional community)
- 국가사회(national community)
- 국제사회(international community)

2. 도시사회와 교육

1) 도시사회의 성격

도시사회는 인구구조 측면에서 농촌에 비해 인구밀도가 조밀하고 인구가 일정 지역을 중심으로 집중되어 있고 직업과 산업측면에서는 주로 2차 산업, 3차 산업, 혹은 4차 산업이 중심이고 다양한 직종이 분화 혹은 전문화되어 있다. 환경적인 측면에서는 사회문화적 환경이 지배적이며 분화된 사회계층을 가지며 계층 간의 갈등이 심하여 계층 간의 소득 격차 또한 심하다. 또한 농촌사회에 비해 개방적이며 사회이동이 심하고 인간관계 측면에서는 일시적 피상적이고 수단적이며 형식적이고 합리적인 것에서 차이가 있다.

우선 도시는 인구를 중요 요인으로 간주한다. 시 또는 읍은 대부분이 도시의 형태를 갖추고 있고 시는 인구 5만 이상, 읍은 2만 명 이상으로 규정짓고 있다(진규철, 1989). 따라서 인구 5만 명 이상을 도시로 분류한다. 이러한 도시의 정의는 다음과 같다.

- 에릭슨(Erickson): 인구의 조밀성에 의하여 도시구조가 이질화되고 인간관계가 비정한 경향을 보이는 인간의 정주집합체
- 워드(Wirth): 비교적 규모가 크고 인구가 조밀하며 사회적으로 이질적인 사람들의 상설거주지

이러한 도시의 발달에는 군사이론이나 수호이론이 있으며, 오늘날과 같은 도시의 발달은 산업혁명 이후에 본격화되었다.

원시도시는 고대도시의 형태를 지니며 도시(polis)는 그리스의 도시국가 형태를 말하며 사양도시는 한때는 번창했던 도시가 쇠퇴기에 접어드는 도시를 지칭한다. 공포도시란 도시가 급격히 발달하고 인구가 급증하므로 인하여 도시범죄가 많이 발생하고 공해와 사회불안이 심한 도시유형을 가리킨다.

〈도시의 형성 및 발달〉

메이틀랜드(F. W. Maitland)	군사이론(military theory) 수호이론(garison theory)
피렌(Henri Pirenne)	종교 집회 장소
웨버(M. Weber)	상업상의 교역 중심지

도시의 유형

원시도시(eopolis)
도시(polis)
근대 대도시(metropolis)
거대도시(megalopolis)
사양도시(nekropolis)
공포도시(tyrannopolis)

한편 소로킨(Sorokin)과 짐머만(Zimmerman)이 제시하는 도시사회의 성격은 다음과 같은 특성을 갖는다.

① 비농업분야의 직업이 지배적이다.
② 자연환경보다는 인위적인 환경의 사회이다.
③ 농촌에 비해 그 규모가 크다.
④ 이질적인 사회이다.
⑤ 인구밀도가 높다.
⑥ 사회적 이동이 부단히 일어난다.
⑦ 개인 중심적이고 이기주의적인 성격을 가진다.
⑧ 이차적 인간관계로 특징짓는다.

2) 도시화의 정의 및 현상

현대 산업사회의 특징 중 하나는 도시화(urbanization)이다. 물론 도시화의 개념도 다양하게 정의되고 있다. 도시화를 도시의 기능과 그 영향이 농촌지역으로 확대 침투해 가는 과정이라고 보는 생태학적인 정의와 도시화를 주민이 도시적 태도, 가치관, 성격을 갖게 되고 도시적 생활양식을 채택하게 되는 과정으로 보는 형태론적 견해가 있으며, 도시화를 일정지역 내에 인구가 집중하고 인구밀접지역이 확대하는 과정으로 파악하거나 전인구에 대한 도시인구의 비율이 증가하는 인구집중 과정이라고 보는 인구학적 정의 등이 있다(Gelpi, E., 1990).

이상과 같은 도시화에 대한 학자들의 견해를 살펴보면 다음과 같다.

① 데이비스(Davis): 도시화는 전체인구 중 도시 지역에 집중된 인구의 비율이 증가하는 것이다.
② 하우저(Hauser): 도시화는 인구집중의 과정으로서 인구가 집중된 장소의 지역적 확대과정과 인구밀도가 높아지는 과정의 두 측면을 가진다.
③ 워스(Wirth): 도시화란 도시라고 부르는 지역에 새로운 인구가 집중되고 도시의 생활환경에 흡수되는 과정뿐만이 아니라 사람이 어디에 살든지 간에 도시적인 생활양식을 채택하게 되는 과정까지 포함한다.

이상과 같은 정의를 종합하면 다음과 같이 요약되는데, 즉 도시화란 일정한 지역에 인구가 집중하여 인구밀도가 상승하고 인구밀집지역이 확대되며 각종 정치적, 경제적, 사회적, 문화적 기능과 조직과 시설이 집중되고, 그 지역 주민 간에 도시적인 태도와 생활양식이 형성되고 그것이 타지역으로 전파되는 과정을 의미한다.

이상에서 보듯이 도시화는 인구학적, 도시 구성원의 이질성이나 비정성 등 문화적 측면에 관심을 둔 형태론적 견해 등에 입각하고 있으나 행정기구, 경제조직, 문화시설, 정보체계 등의 집중현상으로 일어나는 기능적인 관점도 고려되어야 한다.

3) 도시지역 사회인의 특성

(1) 브리게스(Burgess)

대도시의 특질을 이질성이라 규정짓고 도시사회의 교육적 영향을 두 가지로 제시하고 있다.

① 인간에 대한 비속화 작용(secularization)

비속화 작용이란 도시가 인간의 자기소외를 촉진하고 몰개성적, 비인간적인 경향을 강화하는 작용이다.

② 교지성(sophistication)의 작용

교지성의 작용이란 교지성을 조장하는 작용이다. 도시사회는 농촌사회에 비해 이질적이며 다양한 성격을 가지며, 직업, 계급, 흥미에 있어서 복잡한 유형을 나타낸다. 또한 도시인들의 비 sophist적인 태도와 관용을 통한 환경적응에 대해 교육의 필요성을 부각시키고 있다.

(2) 에릭슨(Erickson)

① 단절성, 익명성: 도시인은 다수의 집단에 분속하므로 그 장의 필요에 따라 차례차례로 역할을 바꾼다. 그 결과 분리적 인격이 발달하게 된다.

② 외견성: 인간 상호의 접촉이 매우 복잡하기 때문에 외견적 상징을 보고 판단하는 고정관념(stereotype)이 있다.

③ 타산성: 도시인은 복잡한 사회에서 살아가기 때문에 시간 계획을 세워서 행동한다.

④ 실용성, 무관심: 도시는 물리적으로 접근하고 있으나 사회적으로는 거리가 있어 사회적 접촉내용은 표면적이고 일시적이면서 비인격적인 화제를 택하고 무관심을 보인다.

4) 도시사회와 교육(이위환 · 진규철, 1997)

개인을 사회적으로 형성시키는 교육 작용은 출생과 더불어 시작하여 인간의 전 생애를 통해 끊임없이 행하므로 교육 환경으로서의 지역 사회 또한 인간 형성의 여러 면에 영향을 미친다. 즉, 지역사회의 경험적 조건은 교육의 이상을 달성함에 있어서 직접적으로 중요한 역할을 할 것이다(Nyquist, E. B., 1972).

또 지역사회의 현재 문화적 수준이 요구될 뿐만 아니라 미래에 전승할 교육의 종류와 내용에 대한 일반적 태도에도 크게 영향을 미친다.

도시에의 밀집한 대학교와 과밀학급은 학생 개인의 개성을 고려한 개별화된 수업을 하기 어렵게 하며 교사와 학생 간의 인격적 접촉을 줄이는 결과를 가져온다.

도시의 사회적 환경은 청소년의 인격형성에 여러 가지 부정적인 영향을 미치기 쉽다. 도시사회의 비인격적 인간관계, 그리고 도시가족의 높은 이동성과 불안정성, 부모의 가외취업, 약화된 가족 및 친족관계 등은 도시 청소년의 건전한 성장 발달을 저해하는 요인으로 작용할 가능성이 크다.

도시에서의 높은 청소년 비행률도 하나의 교육문제로 간주할 수 있다. 우리나라 도시에서 일반 청소년의 범죄율뿐만 아니라 학생의 비행률도 농촌에 비해서 상당히 높은 경향이 있다.

급변하는 변화조류에 대응할 수 있는 도시의 교육문제로는 다음과 같은 문제를 열거할 수 있다.

(1) 전문적인 직업교육의 필요

전문적으로 분화된 직업에 필요한 기술을 도시학교가 어떻게 개인에게 효과적으로 가르쳐 줄 것인가 하는 문제는 도시학교의 중요한 역할이다.

(2) 여성교육의 강화

사회 변천 과정에 따라서 여성의 사회 진출이 현저히 증가하므로 여성을 위한 교양교육 및 전문교육이 강화되어야 한다.

(3) 도시생활양식의 생활화

농촌은 동질적인 사회로서 보수적이고 인정을 토대로 하는 사회인 데 반하여, 도시사회는 독립적인 생활과 경쟁이 심하므로 합리적인 방법으로 문제를 해결하는 태도를 길러주는 것이 좋을 것이다.

(4) 문화실조 아동(culturally deprived children)의 특수교육

사회계층으로 보면 하류출신의 아동이나 버려진 아동(spoild child) 등을 대상으로 특별한 정의적인 교육이 이루어져야 할 것이다.

(5) 새 가치관 확립의 필요

현대사회에서는 다양적 변화에의 적응을 위한 새로운 가치체계(value system)가 필요하게 되었다.

변화의 양상 중에는 정치, 경제, 사회, 문화적 생활전반에 걸쳐 미래에 대처할 수 있는 새로운 가치체계의 확립과 기술이 요청된다. 이러한 일은 지식내용이 교육과 병행하여 인간적 수준의 접근이 유효하다는 것이다.

가치란 각 개인의 성격 내에서 주요한 내적 신념과 감정이다. 가치는 자아의 잉태된 감정이다. 가치는 자아의 발달과 더불어 감정과 정서적 수준에서 기능이 행해진다. 즉, 생활이 계속되고 경험에 덧붙여짐으로써 가치는 형성된다(Thibadeau. G., 1995).

가치의 분류는 Murphy, Spranger, Allport, Vernon, Linzey 등의 검사요망에서 적용되었다.

① 이론적 가치: 이론적 가치란 사물의 성질을 강조하여 생활의 질서와 체계적인 지식을 강조한다.

② 경제적 가치: 경제적 가치란 특별히 경제문제, 직업문제나 직업세계에 관련해서 이해득실의 관계를 강조한다.

③ 심미적 가치: 심미적 가치는 생활에 있어서 감수성이나 감정측면을 강조한다.

④ 사회적 가치: 사회적 가치는 인간관계에 있어서 추상적이고 이론적이기보다는 각 개인 사이에서 개인적 상호관계들에 관심을 둔다.

⑤ 정치적 가치: 인간 존재 내에서 권력의 역할을 강조한다. 권력, 권세, 지위, 명성 등의 욕구가 강하다.

⑥ 종교적 가치: 종교적 가치는 인간생활을 일시적이고 부분적인 것으로 보지 않고 생활의 종합성과 전체성, 그리고 인간이 알고 있지 못하는 훨씬 먼 세계에 대해서 강조한다. 이 가치는 인간 존재의 우주적이고 초월적인 면에 관심이 있다.

현대 도시인들의 사고가 물질위주의 사고가 팽배하고 있어 황금만능주의, 또는 유물주의에 대한 사고의 변화에서 교육의 중요성을 찾아볼 수 있다.

3. 농촌사회와 교육

1) 농촌사회의 유형(이위환 · 진규철, 1997)

(1) 원시적 농촌촌락(primitive agricultural village)

농토는 혈족소유이며 소전식 경작을 사용하여 촌락 간의 교역이 미비하다. 따라서 자급자족의 생활 형태를 지닌다. 자연히 촌락주민들은 공동체 자체에 의존하며 공동의 정신으로 결속된다. 전통과 풍속은 사회를 통제하는 힘이 있고 가치의식의 중요 요건이 된다. 그리고 무용제와 같은 행사를 통해 강화된 단결심이 표출된다.

(2) 촌락 공동체(village community)

혈연집단으로 공동소유의 농토, 뚜렷한 구분 경계 속의 부락, 촌락의 집단에 의한 통제된 행동과 협동을 통한 공동체적 성격을 띤다. 전투적이고 동적인 수렵 생활에서 평화와 안전한 생활을 추구하게 된다.

(3) 근대적 농촌촌락(modern agricultural village)

공유농지의 소멸 및 완전 사유화의 확립과 자유로운 농토관리를 할 수 있게 된다. 근대적 농촌촌락은 구조적 측면에서 밀집된 가옥, 경지의 분산이 나타나며 기계사용에 의한 기계화에의 적응 형태를 보인다.

(4) 근대적 농촌공동체(modern rural community)

근대적 농촌공동체는 분산농장과 촌락으로 구성되며, 이 촌락 중심에는 농촌 공동체를 건설하는 데 주도적 역할을 수행해야 한다는 교육적 이념을 가진다.

2) 농촌주민의 가치관

샌더스(Sanders)는 농촌사회의 가치관을 다음과 같이 제시하고 있다.

첫째, 가족주의: 가치판단에 있어서 개인의 이익보다는 가족의 이익을 추구하며 가족과 친족에 충성을 강조하는 관념이다.

둘째, 토지신성관: 농민은 땅으로부터 모든 것을 공급받고 있기 때문에 토지는 인간의 어머니이며 생명의 근원이라고 믿는다. 그리하여 토지 소유는 가장 값진 것을 갖는 것이며 단순한 재산소유 이상으로 신성한 것을 소유하는 것으로 간주한다.

셋째, 보수주의: 새로운 변혁에 대한 민항의식을 가지며 옛것을 보존하는 것을 미덕으로 여긴다.

넷째, 자연에의 유화: 농민은 자연의 리듬에 순화하며, 자연에 대한 높은 의존심과 자연과의 유대감을 갖는다.

다섯째, 희박한 시간관념: 농민들이 자연에 밀착되어 있는 한, 자연의 리듬 속에서 시간의 관념이 형성된다. 농민들에게는 정확한 시간약속이나 시간단위의 세분화가 되어 있지 않다.

여섯째, 숙명론: 농민들은 인간이 태어날 때부터 운명이 결정되어 있다는 생각을 하는 경향이 있다. 이러한 숙명론적 경향은 농경사회에서 흔히 찾아볼 수 있는 초자연주의 이상이나 다신교와 밀접한 관련을 가지고 있다.

한편 한국 농촌의 가치경향은 다음과 같이 정리될 수 있는데, ① 전통주의로, 여기에서는 과거의 생활양식에 밀착되며 비합리적 사고가 특징이다. ② 권위주의로, 남녀관계, 부모자녀관계, 장유노소 관계에서 권위주의적이다. ③ 교육을 중시한다. ④ 가족주의로, 혈연 중심적이며 개인보다 가족 중심이다. ⑤ 부권이 존중되고 있으나 획득방법에는 합리성이 결여되어 있다. ⑥ 안정성으로, 정치, 경제, 사회 전반에 안정을 동경한다.

3) 농촌 학교교육의 기능(이위환 · 진규철, 1997)

농촌 학교교육의 기능은 개인적 측면과 사회적 측면으로 파악할 수 있다.

첫째, 개인적 측면에서의 학교교육의 기능은 지식과 기능의 습득 및 산업사회에서 요구되는 인간성 육성에 초점을 두고 있다. 이외에도 학교교육은 개개인의 사회이동을 촉진하는 가장 중요한 요인의 하나로 인정되고 있다. 즉 학교교육은 개인의 성취를 위한 지식과 태도육성 및 사회적 상승이동의 기회를 부여한다는 것이다.

둘째, 사회적 측면에서의 농촌 학교교육의 효과는 농촌에 필요한 인력제공 및 도시화, 공업화를 추진해 나가는 데 필요한 인력도 공급한다는 점이다. 그리고 또 농촌이 외부 사회, 특히 도시로부터 근대적인 문화, 기술, 가치관 등을 수용함과 동시에 도시화의 유기적인 관계를 증대시켜 가는 사회접합의 촉진제가 된다.

4. 지역사회학교

1) 지역사회학교의 형성

지역사회학교(community school)는 전통적 학교에 대한 비판과 부수되어 지역사회와 학교가 밀접한 관련을 가짐으로써 지역사회의 발전과 지역주민들의 교육적 욕구를 충족시켜 주는 것을 목적으로 생성되었다. 이러한 지역사회 학교운동(community school movement)는 1940년대 미국에서 하나의 사회교육 운동으로 출발되었다(Tonnies F., 1955).

미국에 있어서 지역사회 학교운동에 큰 공을 세운 올센(E. G. Olsen)은 지역사회학교의 특징을 다음과 같이 제시한 바 있다.

① 지역사회학교는 그 지역사회의 지금의 생활을 향상시킨다.
② 지역사회학교는 지역사회를 학습의 실험장으로 사용한다.
③ 지역사회학교는 학교시설을 지역사회센터로 활용한다.
④ 지역사회학교는 생활의 기본과정과 문제를 중심으로 교육과정을 구성한다.
⑤ 지역사회학교는 학교정책과 교육계획 수립에 지역주민들을 참여시킨다.
⑥ 지역사회학교는 지역사회 여러 기관의 조정적 역할을 하는 데 있어서 지도적인 위치에 선다.
⑦ 지역사회학교는 모든 인간관계에 있어서 민주주의를 행사하며, 또한 이를 증진시킨다.

이렇게 볼 때, 지역사회학교란 별도의 새로운 학교가 아니라 학교를 둘러싸고 있는 지역사회와 상호관계성을 높임으로써 학교는 지역사회의 발전에 기여하고 또 지역사회에서 필요로 하는 인간을 길러내며, 그리고 지역사회는 학교를 이해하고 돕고자 하는 형태라는 것을 이해할 수 있을 것이다. 요컨대 지역사회 학교란 학교교육의 지역적 사회생활의 측면을 크게 강조하고 있다는 데 그 특색이 있는 것이다.

2) 지역사회학교의 성격

지역사회학교란 일반 교육의 다른 형태의 어떤 특수학교를 지칭하는 것이 아니라 현대교육의 한 경향으로서 그 성격을 구명할 수 있다.

올센(Olsen)은 교육은 본래 사회과정으로서 인간의 변천되는 욕구에 순응하지 않으면 안 되기 때문에, 민주 교육은 개인으로서나 또는 집단의 일원으로서 인간이 보다 행복하고 효과적으로 생활할 수 있도록 도와주어야 할 기본적인 과제를 지니고 있다고 말하고, 이와 같은 과제를 수행하기 위하여 지역사회학교는 다음의 기능을 가진다고 하였다.

① 현재의 생활을 질적으로 개선한다.
② 지역사회를 학습을 위한 실험장으로 삼는다.
③ 학교의 시설을 지역사회의 센터로 이용한다.
④ 교육 과정을 사회의 기본 과정과 생활문제를 중심으로 구성한다.
⑤ 학교의 정책이나 교육 계획을 작성하는 데 지역사회의 주민을 참여시킨다.
⑥ 학교는 지역사회의 조정하에 운영된다.
⑦ 학교는 모든 인간관계에 있어서 민주주의가 향상되고, 또 민주주의적 생활을 할 수 있도록 교육하여야 한다.

칼리(V. A. Carley)는 지역사회학교의 성격을 다음과 같이 체계적이고 포괄적으로 고찰하였다.

(1) 지역사회의 「센터」로서의 학교

① 청장년에게 계속적인 교육의 기회를 준다.

② 사회적 · 산업적 변화에 따라 요청되는 새로운 지식과 기술을 습득할 수 있는 훈련을 쌓는 기관이다.

③ 학교의 모든 시설을 지역사회 발전을 위하여 효과적으로 이용할 수 있도록 한다.

④ 학교 행사를 통하여 주민들에게 사회적 · 오락적인 위안과 만족을 줄 수 있어야 한다.

(2) 지역사회를 위한 봉사기관으로서의 학교

① 지역사회의 생활 개선을 강조한다.

② 지역사회의 욕구와 문제를 발견하기 위한 조사연구를 계속한다.

③ 지역사회의 욕구와 문제를 해결하기 위한 공동 노력을 강화하여야 한다.

(3) 지역사회 중심의 교육과정

① 지역사회의 배경, 자원, 욕구를 고려한다.

② 지역적 상황과 문제에 순응할 수 있도록 한다.

③ 지역사회의 자원인사를 참여시킨다.

④ 지역사회 발전에 필요한 새로운 분야의 과정을 도입한다.

⑤ 기술사회의 변동에 따라 교육 과정의 재구성과 교수 방법의 개선을 부단히 도모하여야 한다.

(4) 지역사회와 상담

① 교육적 · 직업적인 지식과 지도를 제공한다.

② 자기 자신에 대한 이해와 결단을 돕는다.

(5) 지역사회의 목표와 부합될 수 있는 학교행정

① 지역사회의 욕구에 맞는 학교의 역할을 구상한다.

② 지역사회 주민들에게 계속적인 교육의 기회를 준다.

③ 학교의 정책이나 교육 계획을 결정하고, 평가함에 있어서 지역사회의 계속적인 충고와 지지를 받는다.

④ 다른 사회 집단과의 긴밀한 협조를 도모하여야 한다.

(6) 민주주의의 생활 장으로서의 학교

① 학교는 민주주의 생활을 연습하는 곳이다.

② 학교는 지역 사회를 민주화하는 데 선구적 역할을 다한다.

③ 민주주의 훈련이 생활과 노작을 통하여 강조되어야 한다.

3) 지역사회학교의 활동영역

(1) 봉사활동

지역사회에 대한 봉사활동을 전개함에 있어서는 먼저 계획을 세우고, 그 계획에 따른 실천이 필요한데, 계획을 세움에 있어 유의할 점은 그 봉사활동이 어디까지나 교육적이어야 하고, 지역사회의 가치와 요구에 부합되어야 하며, 또 학생들의 자발적 참여하에 이루어지도록 해야 한다는 점이다.

봉사활동의 구체적인 내용은 경우에 따라 다양하겠으나, 대체로 다음과 같은 것들이 고려될 수 있을 것이다.

① 환경개선을 위한 것으로서 청소활동, 자연보호활동, 꽃길 가꾸기, 나무 가꾸기, 애향단 활동 등

② 소득증대를 위한 것으로서 모내기, 벼 베기, 영농기술 자원활동 등

③ 계몽활동으로서 건전 노래 부르기, 국기달기, 여가선용 지도 등

④ 보건 · 위생활동으로서 의료진료활동, 방역활동 등

(2) 현장학습 활동

지역사회에 설치되어 있는 회사, 관청, 신문사, 문화재, 공장, 목장, 은행, 병원 등 사회기관을 학생들이 방문하여 학습함으로써 산 경험을 통한 지식을 습득할 뿐만 아니라 지역사회를 이해하는 데 도움이 된다는 의미에서 현장학습활동이 지금보다 더욱 활성화될 필요가 있다고 본다. 현장학습 때 노작적 경험을 시키는 것도 지역사회를 이해하고, 자신의 직업적 적성을 탐색하고 선택하는 데 도움이 될 것이다.

(3) 지역사회 자원의 활용

지역사회학교는 그 지역의 모든 물적 · 인적 자원을 교육에 효율적으로 활용함으로써 교육효과를 올리는 데 노력하지 않으면 안 된다. 여기에서 특히 강조되는 점은 자원인사의 활용이다. 학부모, 공무원, 언론인, 종교인, 문화예술인, 기능보유자, 참전용사, 외국인 등 교육활동에 도움을 줄 수 있는 사람이면 누구나 다 교육적 자원인 것이다.

자원인사를 교육에 활용할 때 기대되는 장점은 생생한 경험을 학생들에게 줌으로써 산교육이 이루어진다는 점이다. 예컨대, 참전용사의 무용담을 듣고 반공정신을 키우게 된다든가 또는 도자기 만드는 과정을 도예가로부터 듣고 본다든가 하는 경우를 들 수 있다.

(4) 문화·체육 활동

학교는 그 지역사회의 문화센터로서 주민들의 문화체육에 대한 의식의 향상과 문화예술, 체육활동에 노력하여야 한다. 예컨대, 주민계몽 강연회, 사회 교육 강좌, 문화예술공연, 전시회, 강연회, 운동장 개방, 체육대회, 동문회 활동 등은 지역학교의 협조가 있을 때 더욱 알찬 행사가 될 것이다.

Sociology of Education

제10장

사회계층과 교육

1. 사회계층

1) 사회계층의 개념

인간사회는 다양한 형태의 집단에 소속되며, 그 집단 구성원에 의해 평가된 사회적 지위가 부여됨과 동시에 그 지위에 따른 고유의 역할을 수행해 나간다. 이러한 과정에서 상호 유사하다고 지각된 사회적 지위를 통해 구성원들은 하나의 사회계층을 형성하게 된다(Illich. I., 1971).

따라서 집단이나 사회에서는 이러한 여러 유형의 다양한 계층을 형성하게 되고 여기에 부수하는 계층의 서열이 나타나게 된다.

인간사회에서는 사회적 차별과 서열이 강화(reinforcement)나 자기 보호에 대한 기제 및 분업과의 상호 관련성이 내재하기 때문에 사회에서 계층체제는 중요한 의미가 있다. 사회에서는 사회적 업무나 지위가 그 중요성에 따라 분화되고 이에 따른 보수에도 차이가 생기므로 사회적 불평등이 생기며, 이와 같이 사회적 업무와 지위 간의 불평등이 사회 전반에 받아들여져서 제도화될 때 사회계층제도(social stratification system)가 형성된다.

사회계층제도란 부귀(wealth), 위신(prestige), 권력(power)처럼 사회에서 대단히 귀중하게 여겨지거나 매우 희귀한 것의 분배와 소유의 관련에서 발생하는 개인차를 지칭하며, 인류의 역사를 통해서 볼 때 과거에서 현재에 이르기까지 계층제도가 존재하지 않았던 사례는 별로 없으며, 가까운 미래에 계층제도가 철폐될 가능성은 전혀 보이지 않는다. 인간사회를 통해서 볼 때 보편적인 사회계층은 너무도 불공평하고 불평등하다고 말할 수 있다. 그런데도 한편으로 우리 사회는 자유, 평등, 박애를 근본이념으로 생활하는 민주주의 사회요, 자유주의 사회 속에서 살고 있음에 틀림없다. 그럼에도 불구하고 민주주의가 발달한 사회일수록, 그리고 풍요한 사회일수록 이러한 불평등의 현상은 더욱더 심각하다 할 수 있다.

사회계층은 이러한 불평등한 사회현실을 근본으로 한 개념이다. 이러한 불평등에서 사회신분, 사회계급, 사회계층, 사회성층이 발생하게 된다.

사회계층과 사회계급, 사회신분, 그리고 사회성층은 어떻게 구별하는가?
먼저, 사회계급과 사회계층을 구별하면 다음과 같다(이위환, 2000).

① 사회계급(social class)은 생산수단의 소유 여하에 의해 분류된다. 즉 경제적인 지표가 계급의 준거가 되는 일원론적이고 단일성인데, 사회계층은 경제력 외에도 교육 정도나 직업이나 명성 등 여러 요인에 의해서 분류된다. 그래서 사회계층의 준거는 다원론적이고 복합성을 갖고 있다.
② 사회계급은 역사적이고 철학적인 개념인데, 사회계층은 사회 기능적인 개념이다. 사회계급은 객관적이고 절대적인 구분인데, 사회계층은 상대적이다. 사회계급은 이원적인데, 사회계층은 다원적이다.
③ 사회계급을 비연속적이고, 이질적인데, 사회계층은 연속적이다.
④ 사회계급은 근대적인 개념인데, 사회계층은 현대적인 개념이다.

(1) 사회신분(social estate)과 사회계급

사회신분은 출생과 더불어 운명지어진 폐쇄적 계급이다. 그러므로 신분의 이동은 생각할 수 없고 직업도 세습적이다. 인도의 카스트제도나 중세 봉건시대의 노예제도, 귀족과 평민은 사회신분이다. 그래서 사회신분은 고대와 중세적인 의미가 강하다.

그러므로 사회계층보다 사회계급이, 사회계급보다는 사회신분이 더욱더 폐쇄적이고 고전적인 성격을 갖고 있다.

(2) 사회계층(social strata)

① 사회계층은 개인적인 반면 사회성층은 사회적이다.
② 사회계층은 산업사회와 자본주의 사회에서 많이 사용하는 개념으로 사회 성층은 후기 산업사회 혹은 후기 자본주의 사회에서 사용하는 개념이다. 산업

사회에서 사회계층이 보다 사회적이고 집단적인 의미로 사용될 때는 사회성층을 사용한다. 그러나 넓은 의미로는 사회계급과 사회계층은 동일하게 사용하며, 사회성층과 사회계층 역시 사회계층의 의미로 사용되는 것이 일반적인 경향이다.

따라서 사회계층은 ① 사회성, ② 현대성, ③ 동일성, ④ 다양성, ⑤ 결과성의 특성을 가지고 있기 때문에 넓은 범위로 사용하며 사회계층은 사회학, 교육학, 심리학, 역사학, 경제학, 정치학 등 여러 학문 분야에서 연구되고 있다.

2) 사회계층의 발생이론

인간 불평등에 기원해서 사회계층의 생성을 탐구할 때 인간본능에 대한 여러 견해와도 접근되는 것이며, 사회의 성격에 대한 많은 학자들의 주장과도 관계된다. 즉 사회계층의 발생은 근본적인 인간본성의 능력의 차이와 선천적인 유전 인자의 차이가 사회불평등을 가져온다는 입장을 취할 때 이것은 인간본성의 생득설 혹은 유전설과 관련되며, 환경과 사회제도 및 교육과 경험 차이가 사회불평등을 가져온다고 했을 때는 환경설, 획득설과 관련되는 것이다(Parsons, T., 1969).

또한 사회의 성격을 규명할 적에 인간과 사회의 관계를 어떻게 보느냐에 의해서 사회불평등이 일어난다. 여기에서 몇몇 입장을 중심으로 살펴보자.

(1) 자연주의적 사회계층이론

인간사회의 불평등은 하나의 자연적 현상이며, 자연의 기후가 일정하지 않고 춥고 덥고 서늘하고 따뜻한 봄, 여름, 가을, 겨울이 교차되듯이 인간사회의 불평등은 어떤 초자연적인 힘에 의해서 이루어지는 것이다. 이 같은 현상은 이성이나 과학적인 방법으로 증명할 수 없다. 신의 계시요, 초자연의 자연에의 명령이요, 법칙과 같은 것이다. 자연의 질서요, 자연의 섭리이다. 항상 날씨가 따뜻한 자연에의 순종이다. 플라톤(Platon), 아리스토텔레스(Aristoteles) 등이 여기에 해당한다.

(2) 사회주의적 이론 사회계층 이론

인간은 생득적으로 선하고 평등하다. 그러나 출생 이후 사회와 사회제도의 차이가 인간을 불평등하게 만들고 있다고 루소(Rousseau)는 주장하였다. 그리고 마르크스(K. Marx)도 여기에 해당한다.

(3) 구조기능주의적 사회계층 이론

인간사회의 불평등과 사회계층의 순기능을 강조하고 그 존재에 대하여 긍정적으로 수용한다. 사회계층은 사회가 발전하고 진보해 나가는 과정에서 생성되는 현상이므로 사회불균등 현상을 없앨 수 없을 뿐만 아니라 사회가 정상적으로 그 기능을 원만하게 수행하는 데 필요한 것이다.

데이비드(Kingsleyu Davis), 무어(Wibert E. Moore), 파슨스(T. Parsons) 등이 해당한다.

(4) 갈등이론적 사회계층 이론

인간사회에는 모든 사람의 욕구를 충족시킬 정도의 재화가 있는 것은 아니다. 그래서 개인과 개인 또는 집단과 집단 간에는 이러한 희소가치의 재화나 잉여 재화를 상대방보다 더 많이 소유하려고 경쟁하게 되고 대립과 갈등이 발생한다.

여기에서 유리한 위치에 있는 사람과 불리한 위치에 있는 사람의 차등이 생긴다. 그래서 갈등이론은 앞의 구조기능주의 입장과는 달리 사회계층의 존재에 대하여 부정적이고 사회발전에 역기능적이라고 한다. 대표적인 사람은 마르크스(K. Marx)이다.

(5) 절충주의적 사회계층 이론

구조기능주의와 갈등이론의 장단점을 취한 상호보완적인 이론을 말한다. 즉 사회계층의 현상이 잉여자본의 분배가 권력을 가지느냐 못 가지느냐에 의해 결정된다고 보는 갈등이론의 입장을 취하고 있으나 그 갈등은 대립과 반목의 계층

(계급)의 투쟁에서 나오는 것이 아니다. 합법적인 절차에서 온다는 구조기능주의적 입장을 취한다. 렌스키(Gerhard E. Lenski)와 오소브스키(Stanislaw Ossowski)가 여기에 해당한다.

이러한 사회계층 발생이론에서 특히 주목받고 있는 것은 구조기능주의와 갈등이론이다. 이 두 이론을 비교 · 정리하면 다음과 같다.

구조기능주의자들은 미국은 모든 사람에게 같은 기회가 주어지는(social mobility) 나라이기 때문에 개인의 노력과 재능에 의하여 상승적 사회계층을 할 수 있다고 주장하는 것이고, 갈등이론은 사회계층 이동에 있어서 개인의 재능이나 동기는 중요치 않으며 상류계층에 태어나는 것이 중요하다고 주장한다. 구조기능주의자는 제반사회제도가 국민 전체의 복지를 위하여 봉사한다고 보는 데 반해 갈등이론 제도는 종종 집권층을 위해 모든 사회제도를 도구화한다고 주장하고 있다.

3) 사회계층의 측정

(1) 객관적 측정방법(이위환 · 진규철, 1996)

개인의 직업, 교육 정도, 수입, 거주지 및 성 등과 같이 개인을 특징지을 수 있는 외적 요소에 의한 사회계층의 측정방법이라는 뜻에서 객관적 방법에 의한 계층의 측정이라고 일컫는다. 미국 시카고대학교 부설의 국민 여론 조사연구소(NORC)에서 실시한 500개의 직업에 대한 각 직업이 갖고 있는 위신도(prestige)에 대한 측정이 객관적 방법에 의한 조사연구의 전형적인 예이다. 각 직업을 최고 90에서 최저 10점에 이르는 위신의 연소체제(continum)에 배치하는 방법으로, 그동안 거듭해서 실시하는 이 조사 결과 일반적으로 의사, 변호사, 대학교수 등이 항상 높은 점수를 획득하는 직업으로 서열화되는 것으로 나타났다. 리스(A. Reiss)와 그의 연구팀은 직업의 서열화의 직접적인 요소는 교육 정도와 수입이라는 것을 발견하였다.

최근에 트리만(Donald J. Treiman)은 53개국에서 직업의 위신에 대한 조사결과를 종합하였다. 이 조사에서 트리만은 전 세계에 걸쳐 직업에 대한 위신평가에 있어서의 유사성이 있으며, 국가의 산업화 정도에 따라 미국과 더 유사한 경향을 발견하였다. 이 조사결과를 토대로 트리만은 위신결정에 대한 구조이론(structural theory ofprestige determination)에서 다음과 같은 윤리를 정립시켰다.

① 각 사회의 기본적인 욕구가 유사하므로 모든 사회에서는 비슷한 일(직업)을 하여야 하며, 그 결과로 모든 사회에서는 유사한 분업체계가 형성되어졌다.
② 특수한 분업(divion of labor)은 권력과 재산과 같은 희소자원에 대한 관할(통제)에 있어서의 성원 간의 차이를 초래한다.
③ 어느 사회에 있어서나 권력을 가진 자는 또한 기타 특권을 가질 수 있으며, 중요한 직업의 고위직에 있는 사람은 그들 자신의 이익을 위하여 정치적 영향을 행사할 수도 있다.

권력과 특권은 어느 사회에 있어서나 귀중히 여기기 때문에 권력과 특권을 주는 직업은 어느 사회에 있어서나 높은 위신을 갖는다.

트리만(Treiman) 자신이 인정하고 있듯이 그의 이론은 다음과 같은 취약점을 가지고 있다. 위에서 본 것과 같이 각종 직업의 사회적 위신도 측정에 있어서의 전 세계적인 유사성은 반드시 사회구조의 유사성에 기인하는 것이라고는 생각할 수 없다.

이는 아마도 사람들의 직업을 평가하는 데 있어서 외국의 영향을 받았는지도 모른다. 위에서 지적한 바와 같은 결함에도 불구하고 트리만(Treiman)의 이론은 데이비스(Davis)와 무어(Moore)의 각 직업별 기능적 중요성의 차이 개념과 마르크스(Marx)의 생산양식과 워너(Waner)의 명성적 접근법(reputation approach) 등을 종합·이론화했다는 점에서 사회계층이론의 발전에 큰 기여를 하였다고 볼 수 있다.

(2) 주관적 측정방법

계층의 주관적 측정방법이란 측정의 대상이 되는 사람들에게 그들 자신을 사회계층체계 속에 위치케 하는 방법이다. 사람은 인종과 성, 연령과 같이 자신이 속하는 사회계층을 인지할 수 있다는 가설에 입각한 주관적 계층 측정 방법은 다음과 같은 결함이 있다.

첫째, 사람들은 그들의 실제 지위보다 그들이 선망하는 지위와 동일시하는 경향이 있어 하류층을 중류층이라고 함으로써 미국의 한 조사에서는 중류층이라고 하는 사람이 73%에 이르는 넌센스를 낳기도 하였다.

둘째, 미국의 경우 시민평등사상의 강조 때문에 하류층과 상류층과 동일화하는 경향이 있다.

이러한 결과로 계층의 주관적인 측정법에 의한 조사는 미국에는 계급차가 별로 없다는 거짓 인상을 주고 있다고 NORC의 보고서는 말하고 있다.

(3) 평판적 측정방법(reputational method)

평판적 측정방법을 최초로 개발한 것은 미국의 사회학자 워너(Lloyd Warner)는 양키시(Yankee city)에 대한 계층연구를 통해 평판적 측정 방법을 개발하였다. 평판적 측정 방법은 양키시에 살고 있는 모든 사람의 계층상의 서열을 다른 사람들에게 물어서 결정하는 것이다. 양키시의 연구에서 계층을 상류상(upper upper), 상중류(upper middle), 하중류(lower middle), 하하류(lower low)의 등분으로 구분하였으며, 상상류는 대대로 내려오는 훌륭한 가문인 데 반해 신흥부호는 중상류 계층으로 구분하였다. 반면 중상류는 교육 정도가 높은 전문직의 종사자인 데 반해 중하류는 비서나 은행원과 같은 사무원들이며, 나아가서 중하류는 블루칼라(blue collar) 노동자로 최말단의 가난한 사람들이 속하는 하하류와 구분된다.

워너(Warner)의 연구는 다음과 같은 취약점을 갖고 있다.

첫째, 워너의 이론은 그 자신의 직접 관찰에 의한 것이기 때문에 양키(Yankee)시와 같지 않은 여타의 도시에의 적용이 가능한지에 대해서 의문이다.

둘째, 양키시와 달리 그 시에 살고 있는 다른 모든 사람을 알 수 없는 대도시에는 워너(Warner)의 이론을 적용할 수 없다.

셋째, 전국 규모의 계층제도를 설명하기에는 쓸모가 없다.

넷째, 계급은 사람들의 마음속에 내재하는 단순한 현상이 아니다.

4) 한국 사회에서의 계층분류

한국 사회의 경우는 사회계층을 측정하고 분류한 연구는 미흡한 실정이며, 급속한 사회변동을 체험하는 형태로서 명백한 기준이나 분류가 매우 어려운 현실이다. 물론 이러한 분류의 활발한 연구가 시도되고 있지만, 합일점에는 도달하지 못하고 있다. 최근 사회변동이 극심한 개발도상국에 적용될 수 있는 계층분류 방법의 주요인을 가구에 두고 연구를 수행하고 있다. 한편 종전까지 주로 사용되었던 분류 방법으로는 모젤-힐(Mozell-Hill)의 모델을 중앙 교육연구소(1992)에서 우리의 실정에 맞춰 조사 연구한 것을 모형으로 사용하고 있다.

중앙교육연구소의 계층분류 기준요인을 보면 직업, 수입, 주택, 교육 정도의 4개 기준요인에 각각 1, 2, 3의 가중치를 주고, 각 요인의 내용을 7가지로 나누어 점수를 1점에서 7점까지 배점하였다.

2. 사회계층 이동(social mobility)

1) 사회계층 이동의 개념

사회계층 이동(social mobility)은 사회계층의 변동을 의미한다. 인간사회의 계층구조는 변동하기 마련이다. 사회구성원으로서 자기의 사회적 지위(social status)를 이동시키는 것을 사회계층 이동이라고 말한다. 예컨대, 농민의 아들로서 사장이 되고 판사가 되고 검사가 되는 것은 사회계층 이동이다. 또 어떤 사람이 학교의 직원으로부터 출발해서 국회의원이 되고 시장이 되는 것도 사회계층이동이다. 그런데 전자의 이동을 세대 간 이동(intergenerational mobility)이라고 하면 후자의 이동을 세대 내 이동(intergenerational mobility)이라고 한다. 보통 사회계층 이동이라고 하면 수직적 이동을 생각할 수 있다. 이러한 수직적 이동(vertical mobility)은 한 계층에서 다른 계층으로 옮아가는 사회계층 이동으로 이 사회계층 이동은 낮은 계층에서 높은 계층으로 올라가는 상승이동(upward mobility)과 그 반대로 내려가는 하강이동(downward mobility)으로 구분한다.

또한 한 계층에서의 변동인 수평이동 (horizontal mcbility)이 있다(Cooley. C. H., 1937). 예컨대, 노동자의 아들이 사업가가 되는 경우에는 수직이동의 상승이동에 해당되고 사장으로 있었던 사람이 사업의 실패로 가산을 탕진하였을 때는 하강이동이라고 한다. 또한 산업구조의 변화나 사회구조의 변동으로 많은 관리직이 필요하고 숙련기술자가 필요해서 농촌에서 도시에도 몰려들고 농부에서 숙련기술자의 직업으로 전직이 되는 경우를 구조적 이동(structural mobility)이라고 하고, 경기변동으로 인하여 호경기에서 불경기로 순환됨으로써 많은 사회 이동을 경험하게 되는데, 이때의 이동을 순환 이동(circulation mobility)이라고 한다. 그리고 완전 이동(perfect mobility)과 불완전 이동(unperfect mobility)이 있다.

이러한 사회계층 이동은 귀속적인 폐쇄사회(closed society)에서는 거의 없거나 아주 미약하게 일어나는 데 반하여 성취중심의 개방사회(opened society)에서는 사회계층이 이동이 활발하게 일어날 수 있는 것이 특징이다. 이처럼 사회이동이 어느 정도 빈번하게 일어나느냐에 따라 그 사회가 개방적인 사회인가 혹은 폐쇄적인 사회인가를 판가름할 만큼 사회 이동의 정도는 바로 그 사회의 개방지수(index of openness)를 의미한다. 예컨대, 아버지 세대에서 농업에 종사한 사람 중 호주에서는 41%, 이탈리아에서는 53%가 자식의 세대에서도 농업에 종사한 반면 미국은 22%만이 농업에 종사하고 있다는 것을 보면 국가의 개방의 정도를 짐작할 수 있다.

2) 사회계층 이동의 원인

사회계층 이동을 유발하는 원인에는 여러 가지 요인이 작용한다. 즉 몇 가지 요인들이 복합되어 있는 다변인적 현상이다. 그것을 요약하면 다음과 같다.

첫째, 산업구조의 변화이다. 1차 산업 구조에서 2차 산업, 3차 산업 혹은 4차 산업으로 산업의 구조가 변화하면서 도시화 현상을 유발하여 많은 인구가 도시로 이동한다. 흡입요인(pull factor)에 의해서 도시화가 형성된다. 그래서 직업이동이 나타나고 지역 이동이 일어나며 사회계층 이동 현상이 증가한다. 예컨대, 1920년에서 1950년 사이에 미국에서 세대 간의 수직적 사회 이동이 사회계층 이동 전체의 67%를 차지하였는데, 이러한 수직적 이동의 이상이 직업 구조의 변화에 기인한 것이라고 한다(최정웅, 1983).

둘째, 인구구조의 변화이다. 유럽 및 미국 등의 선진국에서는 일반적으로 인구가 감소되어 가는 추세이다. 특히 중상류 계층일수록 자녀의 수가 적고, 중상류 계층일수록 인구가 많다. 그럼에도 불구하고 산업화의 발달에서 전문직이나, 숙련기술직의 직업이 증가하고 또 그러한 분야의 사람을 필요로 하는 데서 인구감소 이전에는 중상류 계층에서 차지하여 오던 직업이나 기능을 유지하기 위해서는 부득이 중상류 계층에서 인구가 흡수되어야 한다. 그러면 결과적으로 상승적 사회계층 이동이 일어나게 된다(최정웅, 1983).

셋째, 경제구조의 변화이다. 마르크스주의에 의하면 경제적 체제 변화가 사회이동에 영향을 준다는 것이다. 즉 생산구조나 소비구조의 변화는 필연적으로 사회계층 이동을 촉진시킨다.

넷째, 교육구조의 변화이다. 교육은 사회계층 이동의 독립변수인 동시에 종속변수이다. 고학력화는 사회계층 이동을 촉진시킬 수 있다. 즉 진보주의적 교육이냐, 전통주의적 교육이냐, 학생중심 교육이냐, 교사중심의 교육이냐 혹은 교육에서 자유를 더 중시하느냐, 권위를 더 중시하느냐에 따라서 사회계층 이동에 영향을 미친다(최정웅, 1983).

다섯째, 정치구조의 변화이다. 정치적으로 안정되어 있는가 혹은 불안정한가의 문제가 사회계층 이동과 밀접하게 관련된다. 안정된 사회이면 사회이동은 촉진되나 불안정한 사회에서는 사회계층 이동을 기피한다(최정웅, 1983).

여섯째, 개인의식구조의 변화이다. 사회구성원의 성취동기가 강한가 혹은 약한가에 따라서 사회계층 이동에 영향을 미친다. 즉 성취동기(achievement motivation)가 강하면 사회계층 이동이 촉진될 것이고, 성취동기가 약하면 사회계층 이동은 적어지게 된다(최정웅, 1983).

일곱째, 가족구조의 변화이다. 가족구조가 확대가족(extended family)이면 사회계층 이동은 적어질 것이고, 핵가족(nuclear family)이면 사회계층 이동은 활발해질 것이다(최정웅, 1983).

3) 사회계층 이동에 따른 특성

사회계층 이동에 따른 특성에는 ① 개인적 특성, ② 가정적 특성, ③ 사회적 특성으로 나누어 볼 수 있다.

첫째, 개인적 특성: 지능이 우수한 사람이 우수하지 못한 사람보다는 사회계층 이동에 긍정적이다. 특히 현대 산업사회는 지식산업의 시대라고 할 정도로 지식이 중요한 가치를 가지게 된다. 따라서 지능과 지적 성장에 지능의 요인은 큰 비중을 차지한다. 그 다음은 학업성취, 즉 학력이다. 학력이 높은 사람이 낮은 사람보다는 사회계층 이동에 적극적이다. 그다음은 성취동기 혹은 야망이다. 야망이 높거나 강한 성취동기를 가진 사람은 그렇지 못한 사람에 비해서 사회계층 이동에 긍정적이다. 또한 성취동기 요인과 부수해서 욕구충족의 연기(deferred gratification)를 말할 수 있다.

사회계층의 상승이동을 위해서는 즉시적이거나 현재적인 욕구를 지연시킴으로써 자기의 이상에 보다 접근할 수 있으나 그렇지 않으면 어려운 경우가 많다. 그러나 그 요인 역시 노력이 따르지 않으면 안 된다. 욕구충족을 연기함으로써 성실한 노력을 통해 자기의 목표에 접근해 나가야 할 것이다. 그다음은 개인적인 Personality로서 사회성, 지도성, 친절성이다. 대인관계의 장(場)인 집단 속에서 어떠한 사회적 관계를 형성해 나가느냐가 중요하다. 그리고 특기 혹은 어떠한 분야에서의 재능이 있는 사람이 그렇지 못한 사람보다는 효과적이다(이종각, 1997).

둘째, 가정적, 정신적 직업: 가정적 요인은 물론 부모의 사회경제적 지위가 높거나 지적이고 정신적 직업을 갖고 있거나 혹은 부모의 열망이 높거나 아버지 어머니의 부부관계가 사랑에 찬 경우에는 그렇지 못한 경우보다 자녀들의 사회계층 이동에 보다 긍정적이다. 또한 부모의 교육 정도 역시 중요한 영향을 미친다. 그리고 가정의 분위기가 자유롭고 허용적이냐, 엄격하고 거부적이냐가 중요하다.

이것은 부모의 자녀에 대한 교육태도와 관계가 있다. 가족제도적인 측면에서 확대가족보다는 핵가족이, 전근대적 가족보다는 근대적 가족이, 대가족보다는 소가족형태가 사회 이동에 긍정적이다. 또한 결혼이 사회계층 이동과 관계가 있다. 조혼이 다소 부정적이다. 더욱이 여자는 결혼과 사회계층 이동은 관계가 깊다. 또한 출생순위도 영향을 미친다. 즉 장자 혹은 장녀인가, 차남 혹은 차녀인가 아니면 독자 혹은 막내인가에 따라서 부모의 생각이 달라질 수 있다(이종각, 1997).

셋째, 사회적 특성: 사회구조가 업적지향적이냐 귀속지향적이냐에 따라서 영향을 받는다. 혹은 어느 정도 개방적이냐, 그리고 산업사회냐 산업화 이전 사회(pre-industrial society)냐 후기 산업사회(post-industrial society)냐에 영향을 받는다. 그다음은 사회적 안정도이다. 불안한 사회이면 사회 이동을 기피하고, 안정된 사회이면 사회계층 이동이 긍정적이다.

지역사회의 크기가 사회계층 이동과 관계가 있다. 즉 지역사회가 클수록 사회계층이동의 기회가 많고 적을수록 기회가 적다. 부모나 친지, 또는 주위 친구들이 대학교육을 경험하였거나, 대학교육 자체에 높은 평가를 가하는 사람들이 주변에 있다면 이들은 자신의 진학 의욕이 많이 고취될 것은 분명하다. 이러한 요인은 학자에 따라 달리 분류되고 있다.

스웰(Sewell)은 사회계층, 부모의 교육 수준, 직업, 수입으로 올프(Wolfe)는 개인의 지적 능력, 부모의 경제적 능력, 본인의 의욕, 부친의 직업, 지리적 등을 들어 설명하고 있는 실정이다. 헨더슨(Henderson)도 대학교육을 받은 부모들의 지도와 격려, 그리고 캠벨(E. Campbell)과 알렉산더(C. Alexander)는 가까운 친구의 대학진학 의욕이 주요 변인이라고 강조하고 있다. 거주지역, 역시 대도시는 농촌과 소도시에 비해 대학진학에 대한 많은 자극체계를 갖고 있다. 이러한 환경이나 격려 외에도 현실적인 제약요소인 경제적인 능력이 항시 내재되어 있다. 그러나 높은 교육 수준을 가진 부모들은 진학에 대한 격려나 기대로 정체되는 것은 아니며, 여기에 현실적인 경제적 능력도 많은 영향력을 부여한다. 이는 사회계층에 따른 우월심 조장이나 특권 전이가 악순환되는 현상을 지속하게 된다.

3. 학교교육과 사회계층 이동

1) 실력주의 입장(meritocratic positions)

우리는 교육을 하류층 출신이 자신의 사회적 지위를 개선시키는 하나의 주요한 수단이라고 생각한다. 실력이나 능력 혹은 업적지향적인 사회에서 비록 사회계층과 같은 개인의 귀속적인 특징이 성공 기회에 대한 차이를 초래한다고 하지만 학교는 고도의 능력과 동기를 가진 사람들로 하여금 사회의 직업구조 속에서 자신의 발전을 도모할 수 있는 하나의 중요한 기제가 된다.

이 견해는 사회의 보상체제, 즉 직장, 승진, 봉급 인상, 고등교육 등은 가장 능력 있는 사람들에게 호의를 베푼다는 것이다. 만약, 실력 사회체제(meritocratic)가 적절히 작용한다면 사회계층, 인종적 배경, 정치적 관계, 그리고 수입 등과 같은 요인들은 개인의 목표성취와는 아무런 관계가 없다. 아마 목표 추구는 경쟁적인 것이며 기능적으로 가장 능력 있고 야망에 찬 사람들이 차지하게 될 것이다.

그러나 개인의 가족적 사회계층의 배경은 비록 실력 사회체제에서조차 간과될 수 없을 것이다. 그러므로 다음과 같은 질문이 제기된다.

즉, "개인의 사회계층적 배경과 관련된 힘은 한 개인의 학문적 적성과 야망을 감소시킬 만큼 그렇게 깊이 침투되어 있는가?"라는 것이다. 이 질문에 대한 실력주의 입장은 비록 이러한 요인들의 중요성을 부정하지는 않지만 우리들의 성취지향적인 사회에서는 한 개인을 다른 사람들과의 경쟁에서 제외시킬 만큼 강력한 요인들은 아니라고 제의하는 바이다.

실력주의 명제의 지지자들은 학문적 능력, 교육적 야망, 그리고 학업성취 등은 학교교육 과정에서 사회계층 이상은 아니라 할지라도 최소한 사회계층만큼은 중요하다.

이 명제의 지지자들 대부분은 학교에서 사회계층적 편견을 감소시키거나 제거하게 될 계획과 정책이 수반될 수 있다는 것을 주장한다.

2) 수정주의 입장(revisionist position)

보울스와 진티스(Bowles & Gintis)는 교육은 표면상의 객관적 실적의 근거에 입각한 개인의 경제적 위치에의 배치를 합법화함으로써 불평등을 재현시킨다고 주장했다. 더욱이 실적평가의 근거, 즉 경쟁적 학업성취는 경제생활에 있어서 개인적 성공의 속성 등과는 약하게 관련되어 있을 뿐이라고 한다. 그래서 교육에 있어서 합법화 과정은 거창한 상징적 형태를 취한다.

계층구조의 영속화는 노동의 위계적 분야가 구성원들의 의식 속에 재생산되는 것을 요구한다. 교육체제는 지배적인 엘리트들이 이와 같은 목적을 성취시키는 여러 가지 재생산 기제 중의 하나인 것이다. 교육체제는 부분적으로 교육체제 자체의 내적인 사회적 관계와 노동시장의 사회적 관계 사이의 교섭을 통해서 자본주의에서 기원하는 불평등과 억압의 정도를 더하지도 빼지도 않는다. 오히려 교육체제는 노동력의 훈련과 분류과정에서 기성의 유형을 재생산하고 합법화시킨다.

수정주의 입장은 사회주의적인 신마르크스주의(Neo-Marxism)에서 유래한다. 보울스와 진티스(Bowles & Gintis)는 이 견해에 가장 대표적인 사람들이다. 수정주의에서는 자본주의 사회는 착취적이며 학교는 그 착취적인 성격을 반영한다고 주장한다. 이러한 의미에 있어서 이 입장은 의사 결정에 있어서 권력 엘리트 이론(powerelite thcory)과 비슷하다. 즉, 지배층의 일부인 엘리트들은 사회와 학교를 통제하고 그 양자가 그들의 최선의 이익에 쓰이도록 배려한다는 것이다. 이리하여 수정주의자들에 의하면 학교는 기존의 사회계층 구조를 재생산한다는 것이다. 그래서 실적에 입각한 보상분배의 관념은 정확한 계산 같으나 믿기 쉬운 실제의 허위설명이라는 것이다. 사실상 학교는 현재의 계층구조를 유지하도록 고안되어 있으며 나아가 현재의 불평등을 영속화시킨다는 것을 의미한다. 이러한 불평등은 사회계층 구조에 고유한 현상이며 또한 자본주의 사회의 불가결한 요인인 것이다(Newman, F. M.1985).

이러한 수정주의 명제에 의하면 학교의 근본적인 목표는 현존하는 불평등한 사회적 생산관계를 재생산하는 것이기 때문에 사회계층적 출신성분은 학교교육의 양과 질, 직업선택, 전공 선택 등의 각기 다른 보상 배분에 있어서 하나의 주요한 요인이 된다. 보울스(Bowles)에 의한 자료에서는 어린이의 학교교육의 획득 연수는 오십 년 전과 마찬가지로 최근에 있어서도 그의 아버지의 사회적 지위에 의존한다는 것을 말해 주고 있다고 한다.

보우든(Raymond Boudon)을 비롯한 다른 연구자들은 보울스와 반대되는 보고를 하고 있다. 즉, 모든 서구사회는 교육기회의 불평등에 있어서 꾸준한 감소와 사회적 기회의 불평등에 있어서 거의 완벽한 안전성이 제2차 세계대전 이래 지속되어 왔다는 것을 보고하고 있다. 바꾸어 말하면 증가된 교육기회에도 불구하고 사회계층구조가 전과 똑같은 상태로 서구 세계에 여전히 남아 있다는 것이다. 비록 수정주의자들의 입장이 최근에 인기를 모아 왔으며 그 지지자들에 의해 과도히 선전되어 왔으나 그들의 입장에 대한 타당성 여부와 의문이 제기된다는 경험적인 명백한 증거들이 상당히 있다. 예를 들면, 레버거와 로센탈(Rehberg & Rosenthal)은 수천 명의 뉴욕 학생들을 네 시기로 나누어 조사하였다.

즉, 1977년에 9학년, 1989년에 10학년, 1990년에 12학년, 그리고 1990년과 1991년에 고등학교 학생들을 조사하여 다음과 같이 보고하였다.

- 9학년 수준에서는 대학 예비 프로그램의 배치가 사회계층 배경에 의해서보다는 성적에 의해서 결정되었으나, 대학입시에 대한 야망은 성적보다는 사회계층에 의해서 결정되었다.
- 10학년에 있어서는 학습 프로그램의 배치가 사회계층보다는 능력에 더욱 많이 의존되었다.
- 고등학교 이상의 교육을 계속 받으라는 상담자의 학생에 대한 격려는 사회계층보다는 학문적 능력에 훨씬 더 영향을 받고 있음이 밝혀졌다. 9학년에서 11학년까지는 학업성취도 사회계층적 출신성분보다는 학생들의 학문적 능력과 교육적 야망을 더욱 많이 반영했다.
- 취업결정이나 대학진학에 있어서 가장 영향력 있는 요인은 학문적 능력이었다.

- 이 연구도 한 개인이 어느 정도의 학교 수준까지 진학할 것인가를 예언하는 데 가장 중요한 요인이 사회계층이라는 생각을 지지할 아무런 증거를 발견하지 못했다.
- 학교에서의 개인의 서열과 최종적인 학교교육 서열에 있어서 성적이 사회계층보다 한층 더 강한 결정요인으로 나타났다.

레버거와 로센탈(Rehberg & Rosenthal)은 다음과 같이 결론지었다.

- 수천 명의 학생을 상대로 표집조사 한 결과 9학년에서 12학년까지, 그리고 대학진학이나 학업에 영향을 주는 것은 가족의 사회계층보다 개인의 성적이었다.
- 미국에 있어서 수정주의자들이 주장하는 명제에 대한 경험적 연구에 의한 지지를 발견할 수 없었다.

3) 학교의 사회계층적 요인

사회계층은 인간의 유아기로부터 성장, 생활여건 및 개인 수명에 이르기까지 모든 국민에게 영향을 미치며 교육과 깊은 관련성을 맺고 있다. 따라서 교육과 사회계층에 대한 많은 관심을 통해 여러 측면에서 연구를 진행해 왔으며, 사회계층의 교육적 의의를 탐구하게 되었다.

특히, 사회계층은 아동의 사고, 창의력, 성격, 태도, 지능, 학업성취, 진학기회 및 동료집단 등 교육에 미치는 영향이 실로 다양하며 크다.

이러한 연구에서 유추해 볼 때 학교가 사회계층 이동에 공헌한다는 사실은 보편화된 것이라고 하겠다. 그러나 우수한 학교에 누구나 진학하여 졸업한다고 볼 수 없다. 개인의 능력(지능, 학업 성취도)이 탁월하다고 해서 모든 여건이 보장되는 것은 아니다. 이러한 요소로서 경제적 재원이나 생활여건 등의 상태가 불완전하다면 진학의 기회가 제한되는 것이다. 이는 곧 학교가 현실적인 불평등을 영속화시키는 수단으로 제공되거나 사회계층 이동에 공헌하지 못하는 결과를 초래할 수 있다고 하겠다(Pace. C. R., 1993).

이러한 주장은 학교가 사회계층 이동(social mobility)과 연관성이 있기는 하지만, 개인이 학교에 접근되는 기회와 학교에서의 학업성적이 학부모의 경제적인 능력에 의하여 많은 영향을 받는다는 데서 오는 것이라 볼 수 있다.

경제적으로 빈곤하거나 농촌에서 출생한 사람은 부유하고, 도시에서 태어난 사람보다 학교에 접근할 수 있는 기회가 폐쇄적이고, 취학한다 하더라도 상급학교에 진학할 수 있는 기회가 적다. 공 · 사립학교의 차이, 인문 및 실업계 학교의 차이는 일생을 통한 성공할 수 있는 기회의 균등을 저해하는 요인이 된다. 최근 우리나라는 초등학교 졸업생의 중학교 진학률은 지방이 90%를 조금 넘는 데 비해 서울은 약 99%를 상회하고 있다. 전국적으로 사립초등학교 졸업생의 중학교 진학률은 99.7%, 공립초등학교 졸업생의 중학교 진학률은 95.6%이다. 또 인문계 고등학교의 대학진학률은 75%에 가까운 반면 실업계 고등학교의 대학진학률은 50% 미만으로 이들은 상급지도자가 될 수 있는 기회가 제한된다. 또한 학교가 중류 사회중심의 성격을 띠고 있다는 점인데, 교사의 언어사용, 교과서의 중심내용, 혹은 교사의 출신 배경과 미래지향적 가치관 등이 중류사회의 특성을 내포하고 있다. 이러한 측면에서 교사의 학생에 대한 호감도 및 애정도 중류 출신 교류가 활발할 것이라 하겠으며, 이 계층의 학생은 행동학습이나 가치관에서 하류 출신 학생에 비해 안정적으로 강화된다. 이는 수정과 적응의 과정에서 개인적 갈등을 초래하게 되는 것을 의미한다(Blackledge, D. & Hunt, B., 1985).

또한 학교 현장에서의 지능지수나 학업성적은 부모의 사회계층적 요인과 밀접한 관계를 가지고 있다는 점이다. 가정에서의 일상언어, 생활습관, 신체발달, 가정의 격려, 압력, 성취동기, 풍부한 학습자료 등은 모두 높은 지능지수와 학업성적을 나타내는 데 필요한 요인들이다. 그러므로 학업성적이나 지능지수에는 가정적 요인이 크게 작용한다. 즉, 사회는 출신학교와 학교의 학업성적에 의해서 개인의 능력을 평가하여 직장을 제공하지만 출신학교와 학업성적은 개인 자신의 능력보다는 부모의 사회경제적 능력과 계층에 의해 영향을 받기 때문에 상대적으로 낮은 사회계층이나 빈곤한 경제력을 지닌 개인에게는 학교가 상승 이동에 조력하지 못하는 결과를 초래하며 오히려 학교는 역기능의 현상을 가진다.

학교는 고유의 목적과 역할 속에서 교육과정이 수행되며 이러한 교육과정의 평가는 학업성취를 매개하게 된다. 물론 학생들의 학업성취도는 요인은 복합적이며, 이러한 요인에는 학교 내외적 요인을 들 수 있는데, 교육조건, 교사기대, 학급편성, 학급규모 및 학교문화 등은 학교의 내적 요인에 속하고 지능, 학교주변 환경, 그리고 사회경제적 배경은 물론이고 지능, 그리고 사회문화적 및 정치경제적 환경은 많은 범위를 통해 사회계층의 영향을 받고 있다 하겠다.

4) 교육제도, 교육정책과 사회계층 이동

교육을 통한 사회계층 이동은 경쟁적 이동(contest mobility)과 후원적 이동(sponsored mobility)으로 분류되며, 전자는 기회의 균등화를 통해 최종적인 결정을 연장하는 반면, 후자는 그 선발을 될 수 있는 대로 빠른 시기에 하려 한다. 이 두 가지 제도는 개인의 잠재력에 의존하기보다는 일정한 시기에 형성되는 성지에 의존하게 된다.

이러한 제도와 사회계층 이동과의 연관성을 실펴보면, 학교교육이 학생의 교육적 학력에 영향을 미치는 경우는 경쟁적 이동이 될 수 있고, 학교교육의 영향력이 학력에 있어 짧은 시기에 확고해지는 경우는 제도적으로 후원적 이동에 접근된다 하겠다. 그러나 일단 이 정규교육 과정을 통해서만 상승이동(upward mobility)이 발생한다고 가정하면, 경제적, 신체적, 지적 · 정신적 사유로 인한 정규 교육을 받지 못한 우수한 학생은 상승 이동이 불가능하다는 논리가 적용된다. 학교교육 중에서의 이러한 저해요인과 교육제도와의 관련을 통한 관계분석은 실로 유용하다 하겠다(정원식, 1969).

먼저 교육제도는 기본유형으로 단선형 제도(single-track school systern)와 복선형 제도(multi-track school system)가 있으며, 전자의 경우는 학교의 계통이 모든 국민을 위해서 단일 계통, 또는 계제로 일원화되며 여러 종류의 학교가 존립한다 할지라도 동일 단계에 있는 학교들 사이에 근본적인 차이가 없고, 교육 연한도 동일하기 때문에 동일 단계의 학교에서 보다 높은 단계로 진학할 수 있는 길이 열려 있는 체제로 정의된다.

한편, 복선형 제도는 귀족학교와 서민학교와의 복합형태를 가진다. 이 제도는 또다시 부분 복선형 제도와 완전 복선형 세도로 구분되는데, 전자는 초등학교에서 동일하게 출발하여 중학교 수준에서 대학 진학자와 미진학자로 학교가 분리되는 제도이며, 후자는 초등학교 수준에서 계급반영을 통한 분리제도를 지칭한다. 따라서 복선형 제도는 능력보다는 계급의 반영이 많은 영향을 미치며, 오늘날에는 완전 복선형 제도는 존재할 수가 있다. 우리나라의 경우 형시적인 형태로는 초등학교-중학교-고등학교-대학교의 6-3-3-4제의 단순형을 취하고 있지만, 내용상으로는 복선형적인 요소를 지니고 있다. 초등학교도 완전 무상 의무교육이 시행되지 못하며, 이는 하류 계층의 자녀 문제에 논의점이 가해지고 있다. 고등학교의 경우 계열에 의한 구분(인문, 실업계고등학교)이 명확하기 때문에 이동이 거의 불가능하다. 종전의 실업계 학교 학생을 위한 동일계 진학제도가 거의 유명무실하고 그 범위도 한정적이었기 때문에 이러한 일련의 교육제도는 내용상으로 복선형적인 성격이 짙다.

이러한 저해요인을 고려한 이상적인 학제는 존재할 수 없으나, 하류 계층의 불리한 교육기회를 억제하여 이들이 상승 이동할 수 있는 가장 공평한 기회가 장기적으로 개방된 사회는 단선형의 학교제도의 사회계층 이동에 있어 경쟁적 이동의 형식을 가질 떼민이 가능하다 하겠다.

그러나 이러한 사회는 교육연한에 상관없이 최종의 경쟁에서의 결과 여부가 진로를 결정하게 된다. 또한 이러한 제도는 인적 자원의 손실이라는 측면에서 재고해야 할 여지가 많다. 반면 복선형 학교제도를 취하는 사회는 능력에 따라 결절되는 경우가 있으므로 능력이 있는 하류 계층 자녀라 할지라도 지위의 상승을 갖게 된다. 그러나 이러한 사회라 하더라도 계급성이 강하게 작용하므로, 하류 계층 자녀에게는 그 기회가 많이 주어지지 않는다. 이러한 근거로는 레위스(O. Lewis)의 연구가 많은 시사점을 주는데, 그는 하류 계층은 하류 문화를 통해 경제적 요인이나 문화적 격차는 제도적인 분리로 인하여 잠재적 능력 여부에도 불구하고 상승의 기회를 갖지 못하게 된다. 위에서 언급한 제한을 극복하기 위한 이상적인 사회구조와 학제의 구성은 계층을 탈피하여 능력 있는 사람이 경쟁적으로 선발되어 계층의 상승 이동이 가능하도록 기회를 제공하여야 하며, 이러한 과정에서 환경적 조건 등에 의한 제약이 없는 민주적 운영방식을 취하는 것만이 선결문제라 할 수 있다(조용환, 2001).

한편 교육정책과 사회계층 이동의 관계는 학교교육에 접함에 있어 그 기회가 유리한 사람과 불리한 사람들에게 평등한 투자보다는 불리한 사람들에게 상대적으로 더 많은 교육투자를 하여 교육성과의 결과를 균등하게 내도록 하는 것이 교육의 균등화를 실현하고 상승 이동의 기회를 부여하게 하는 기본적인 정책이라 할 수 있다.

그러나 메이요(Mayo, 1989)의 연구를 보면, 대도시 중심부의 좋지 못한 환경 속에서의 아동이나, 변화가 심한 지역의 아동은 낮은 성취 수준이 나타나는데, 이러한 현상은 부모의 관심, 의욕, 가정의 안정성, 경제력이나 지역사회의 생활양식 등 환경적인 요인보다는 미약한 학교의 교육적 힘의 부족에 기인한다 하겠다.

여기에서 플로우던(Plowdern) 보고서는 이들이 적용을 초등학교에 한정하여 정책적 건의를 하고 있다. 이 연구는 정부와 지방교육 당국이 학교교육의 발전을 위해 상호 노력해야 하며, 이러한 문제의 한계에 대한 극복을 지역사회가 담당해야 한다는 것이 그 요지이다. 여기에 덧붙여 사회적 장애로 인한 불이익 지역을 교육 우선 지역(Educational Priority Areas)으로 선정하여 다른 지역에 비해 재정, 교사, 시설 등의 투자에 최우선적으로 지원하여야 한다고 건의하고 있다.

빈민층의 아동은 지적 능력이 부족하기 쉽고 장래의 높은 지위를 통한 직업의 선택이 어려우며, 유지하기도 어렵게 되어 빈곤에서 탈피하지 못하는 악순환을 되풀이하게 된다. 이러한 악순환의 근본적인 해결의 구심점을 교육이 담당해야 하며, 교육은 지적, 정의적 영역 등의 개선을 위한 교육을 학교에서 보충해야 한다.

물론 많은 연구(Coleman et al., 1996; Jencks, 1972; Dyer, 1968; Alexanderctal, 1968)가 학교학습의 성취에 있어 결정요인이 학교 내적 요인보다는 학교 외적 요인의 기여도가 큼을 보여주고는 있으나, 교육정책의 구현을 통해 학교교육의 내적인 여건의 정비를 탐색해야 한다.

Sociology of Education

제11장

사회변동과 교육

1. 사회변동의 개념

인간 생활이 끊임없이 변화하고 있는 것과 마찬가지로 사회도 강물과 같이 부단한 유동 상태에 있다. 특히 오늘날 사람이 원하든 원치 않든 사회변동은 피할 수 없는 현상이다.

그러나 사회변화는 현대사회만의 고유한 현상이 아니다. 그 형태와 정도의 차이는 있지만, 어느 사회에 있어서도 사회변동은 있어 왔으며 이러한 의미에서 무어(Moore)는 사회변동을 인간의 보편적인 역사적 경험이라 하였다.

사회변동이란 말은 보편적으로 사용되고 있지만, 그 개념은 학자마다 차이를 보이고 있으며 이를 소개하면 다음과 같다.

- 오그번(Ogburn): 사회변동은 인간이 만든 생활조건의 변화, 인간의 태도 및 신앙의 변화, 인간의 손이 닿지 못한 곳에 있는 생물학적, 생리학적 성질의 변화에 대응하는 과정이다.
- 맥키버(R. M. Maclver) 사회변동은 문화적 또는 문명적 변화와는 다른 사회관계의 변동이다.
- 로스(A. M. Rose): 사회변동이란 사회구조의 변동이다.
- 소로킨(P. Sorokin): 사회변동이란 사회문화적 변동이다.

이러한 개념규정에서는 사회변동, 사회변화, 사회진보, 문화변동 등은 유사한 말로서 때로는 같은 뜻으로 쓰이고 때로는 다른 뜻으로 쓰이고 있는 실정이다(김신일, 2000).

사회변화를 사회변동이라고도 하는데, 사회변동은 사회의 구조(social structure)와 사회관계(social relationship)가 변화해 가는 것을 말한다. 따라서 사회변동은 현존하는 사회의 질서, 체제, 관념, 가치의 내용 일부 또는 전체가 변하는 과정이요, 사회형태, 체제, 제도 등 외형적 변모뿐 아니라 사회구성원 개개인의 인성체제와 행동체제까지도 변화하는 것을 의미하게 된다. 이러한 사회관계 혹은 사회구조는 사회를 구성하고 있는 다수의 요인들이 결합된 계급구조, 권력구조, 경제구조, 가족구조 등이며, 사회가 변화한다는 것은 결국 사회의 제 구조가 변화한다는 것이며, 이러한 사회변동의 모습들로는 출산율의 변화, 노사관의 변화, 핵가족의 출현에 따른 남편과 아내의 지위와 역할의 변모, 생활양식의 변화를 들 수 있다.

사회변동은 사회관계나 사회구조 등 외형적인 변동 이외에 철학, 종교, 과학, 예술, 가치관 및 규범 등의 문화적 요소가 변하는 것을 지칭하기도 하는데, 이는 새로운 언어의 창조, 도덕개념의 변화, 음악, 미술, 무용 및 성에 대한 태도의 변화 등이 이 범주에 포함된다. 그러므로 사회변화는 궁극적으로 사회생활의 내용으로서 어떠한 종합적 형태를 이루고 있는 사회적 형상 혹은 문화의 변화를 의미하는 것이며, 따라서 문화변동이라는 말과 동의어로 간주되어도 무방한 경우가 많다.

2. 사회변동의 과정

사회변동의 과정을 발견, 발명, 전파로 보는 견해에 따르면 첫째, 발견이란 인류의 확증된 지식의 누적이며 기존의 사실 또는 관계에 대한 인간의 인지작용이다. 이러한 발견에 의하여 새로운 지식이 새로운 기술을 발전시킬 때 거대한 변동이 따르게 된다. 둘째로, 발명이란 문화의 낡은 요소의 새로운 사용을 말한다.

이들 요소는 아무것도 새로운 것이 아니다. 이 요소들의 연결된 사용이 새로운 것뿐이다. 셋째로, 전파란 집단에서 집단으로 문화 특성이 전파 또는 보급되어 나가는 현상의 이름이다. 이러한 문화전파는 한 사회 안에서만 진행되어 나가는 것이 아니라 사회 간의 접촉과정을 통해서도 이루어진다. 미국 문화와 같이 복잡한 문화도 다른 사회로부터 전파된 것이 대부분이라고 할 수 있다. 문화전파는 몇 가지 특성을 가진다(이위환, 2000).

① 문화전파 현상에서는 주고받는 두 가지의 과정을 겪게 되는 사실을 유럽인들에게서 찾아볼 수 있다.
② 문화전파는 선택과정을 거치게 되는데 어떤 문화는 수용하고 어떤 문화는 거부하게 되는 것이다.
③ 전파문화는 일반적으로 차용한 요소에 어떤 수정을 가하는 작용을 내포하고 있다.

메어릴(Merrill)은 사회변동의 순서를 다음 네 단계로 나누어서 설명하였다.

(1) 기술

기술은 공예 혹은 공예과학을 의미하는 데 순수과학을 인간의 실제적 목적에 이용한 것이라고 한다. 따라서 그 말은 넓은 의미로 과학적 혹은 기술적인 뜻을 내포하고 있다. 기술은 우리가 살고 있는 물리적 환경을 변경시킴으로써 사회변동에 큰 영향을 미치게 된다.

(2) 경제기관

기술적 발명을 가장 직접적으로 응용한 분야가 산업방면이다. 따라서 기술이 발달함에 따라 그 영향을 제일 먼저 받게 되는 것이 경제기관이다. 경제기관은 상품과 서비스를 생산하고 분배하는 조직된 사회기관이다. 경제기관은 과학 기술적 변동에 의존되면서 연쇄 반응적으로 사회기관의 변동을 일으키게 하는 둘째 요인이다.

(3) 사회기관

사회기관은 경제 변동에 의해서 많은 영향을 받게 된다. 사회기관이란 가족, 학교, 교회, 정부 등을 가리키는 말이다. 사회기관의 변동은 기술적 변동보다 완만하게 진행된다.

(4) 사회적 가치

사회진보의 기준은 가치척도에 달려 있다. 사회적 가치는 사회에 따라 다르고 고정되어 있지 않다.

과학적 · 기술적 변동과 거기에 따른 경제적 · 사회적 기관의 구조 변동이 비교적 빠르게 일어나는 데 반해서 사회적 가치의 변동이 지연되는 이유는 사회를 구성하고 있는 각 사람의 가치관이 서서히 변모하기 때문이다(고형일, 1996).

이 사실은 교육적으로 중요한 뜻을 가지고 있다.

오늘과 같은 계획된 사회변화를 로저스(Rogers)의 발명(invention)－확산(diffusion)－결과(consequence)의 이론과 교육의 과정의 비교를 다음과 같은 도식으로 표현해 본다.

〈사회변화의 과정〉

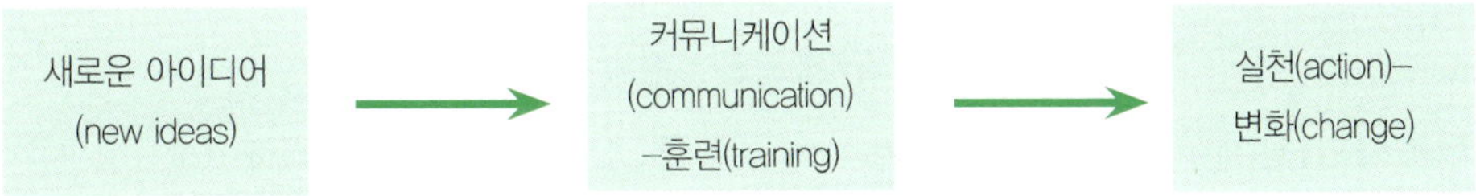

〈교육의 과정〉

위와 같은 국가 계획적으로서의 사회변화는 그것이 비록 정부나 전문기관이나 학교에 의해서 선도된다 하너라도 그 전체 과정이 민주적이고 효과적이기 위해서는 그들의 새로운 아이디어와 방법이 해당 지역사회와 산업체 속에 용해되어 들어감으로써 그 변화가 발생하는 지역사회와 산업체가 그 변화의 주체가 되어야 한다는 것이다.

3. 사회변동의 특성

1) 변동은 자연발생적이고 필연적이다

물론 사회변동에 있어서 인간의 자유의지나 책임을 부인한다는 점에서 포퍼(Karl Popper)와 같은 역사주의의 입장을 반대하는 이론가도 있지만, 헤겔(Hegel)이 인류의 정신사는 완벽을 지향한 흐름이라든가, 신학자들이 인류의 역사는 최후의 심판을 받을 날을 향하여 흐르고 있다는 주장과 같이 사회가 일정한 방향으로 변동한다는 것은 역사적 필연성이라는 것이다.

2) 변동은 연속적이며 대단히 역동적으로 이루어진다

변화의 양상 · 법칙과 관련하여 변동, 즉 사회변동 과정은 어느 특정한 시기에 대단히 연속적이며 역동적으로 이루어진다.

인류학자 모건(Lewis Morgan)이 인류사회의 진화를 야만(savagery) → 미개(barbarian) → 문명(civilized)의 3단계론을, 경제학자 로스토우(Walter Rostow)가 전통사회 단계(traditional society) → 도약 전 단계(per conditioning for the take off stage) → 도약단계(take off stage) → 성숙단계(drive to maturity) → 고도소비사회단계(age of mass consumption) → 질의 추구단계(search for quality)의 6단계론을 말한 바와 같이 일련의 변화단계로 구성된 변화과정을 거침으로써 저급상태에서 고급단계로 진화한다는 것이다.

3) 현대사회는 대단히 급격하게 변화하고 있다

현대사회는 대단히 급격하게 변화한다. 과거 1000년 동안의 변화가 100년 만에 이루어지고, 100년 동안의 변화가 10년 만에, 10년 동안의 변화는 불과 1년 만에 변화한다. 특히 정보통신 분야는 경이로울 정도로 변화의 속도가 빠르다.

4) 사회의 각 분야는 동일한 상태로 변동하지는 않는다

과학, 기술의 변화가 먼저 일어나지만 사회적 제도나 가치관의 변화는 후에 일어난다. 변화라 하더라도 동일한 상태로 변화하는 것이 아니라 단계에 의하여 변화한다.

5) 변동은 필요하다.

사회진보와 발전의 방법에 대하여는 종종 논란이 되고 있지만, 스펜서(Hervert Spenser)가 사회변동, 곧 "진보는 이득이 있는 필수품"이라고 표현한 것처럼, 사회변동의 진화는 보다 좋은 것, 보다 높은 것으로 변화라는 가치관을 내포하고 있다. 인류의 역사는 곧 인류사회의 생활여건의 개선을 위한 노력의 연속이라는

신념에 입각한 인간발전과 사회진화의 목표에 대하여는 사회학의 창시 이래 사회학계의 하등의 이의가 제기되지 않고 있다. 콘드로체(Merquis de Condrocet)는 이와 같은 시각에서 인류의 역사를 인간정신 진보의 역사로 봄으로써 과거에 이루어진 진보가 곧 인류역사의 진보를 계속 추진하는 원동력이라고 보았으며, 봉건사회의 구체제에서의 탈피는 진보의 이념 구현을 위한 사회적 필수요건이라는 샘슨(R. Sampson)의 표현은 이와 같은 입장을 잘 대변하고 있다.

4. 사회변동과 이데올로기

1) 사회변동의 원인(이위환, 2009)

우리 시대의 많은 관찰자들은 현대 사회가 지니는 가장 두드러진 특징 중의 하나를 사회변동에서 찾고 있다. 실로 우리는 짧은 생애 동안이나마 정치 · 경제 영역에서는 물론, 도덕적인 신념체계에 있어서까지도 때로는 공포를 불러일으키는 변동의 산증인이 되고 있는 것이다. 뿐만 아니라 우리가 새로운 발전으로 야기된 어떤 문제를 파악했다고 생각하는 순간, 그것은 또한 전혀 다른 차원으로 발전해

가기도 한다.

사회의 결합과 존속을 위해서 작용하는 힘이 무엇인가에 대한 연구에서 사회학자들은 한동안 기능적인 접근으로 만족했다. 즉, 그들은 사회의 안정에 역행하는 반대의 힘을 과소평가했기 때문에 그것을 고려할 필요성을 느끼지 못했던 것이다. 인간은 적어도 동질적인 집단생활의 지속이 가능할 정도에서 제규범을 받아들인다는 사실을 발견한 후 사회학자들은 너무 쉽게 사회적 균형을 정상적인 것으로, 그리고 불안정을 어떤 사회 구성 부분의 단순한 불완전성에 기인하는 것으로 받아들였다. 그 결과 그들은 인간은 본질적으로 현존하는 제관계를 내면화하고, 그것에 적응하고자 하는 방향으로 자기발전을 꾀한다는 가정을 하게 되었던 것이다.

그러나 이러한 견해까지도 빠른 변화의 소용돌이에 빠지게 되었다. 왜냐하면 개인과 집단 또는 집단과 집단 사이에 존재하는 긴장관계는 그러한 균형이론으로는 더 이상 적절하게 설명될 수 없었기 때문이다. 즉, 각 개인이나 집단은 적응을 위한 일반적인 흐름에 무비판적으로 편승할 뿐만 아니라 내적인 충동이나 이해관계에 의해서 그러한 흐름에 거역 또는 그러한 흐름으로부터 일탈할 수 있다는 사실이 인식되었다. 이것은 개인이나 집단의 창조적이고 일탈적인 행동을 갈등론적인 입장에서 설명하고자 하는 견해이다(Parelius, A. P. & Parelius, R. J., 1978).

따라서 우리가 사회변동의 문제를 고찰하고자 할 때는 이와 같은 인식의 전제에서 출발하는 것이 바람직하다고 생각한다. 일반적으로 사회변동의 원인은 내적인 것과 외적인 것으로 분류된다.

(1) 내적 원인

이미 언급한 바와 마찬가지로 개인이나 집단은 사회의 제규범에 적응할 뿐만 아니라 그것으로부터 일탈하기도 한다. 물론 이때 그러한 일탈행동은 긍정적 또는 부정적으로, 창조적 또는 파괴적으로 평가되기도 하지만 바로 그와 같은 일탈행동이 사회변동의 원동력이 되는 것이다.

사회변동에 특별히 관심을 갖는 학자들의 대부분은 기술적 발명에 주의를 집중시키고 있다. 불, 증기기관, 내연기관, 전기, 핵분열과 같은 기본적인 발명들은 사회의 극적인 변동을 초래했다. 그런데 이러한 발명들은 언제나 누적되어 이루어진다. 즉, 모든 새로운 발명이나 발견은 새로운 것의 낡은 것과의 결합을 통해서 기술발달의 새로운 영역을 여는 것이다.

이러한 새로운 발견들을 창조해 내고 받아들이는 경향은 사회에 따라 큰 차이가 있다. 예컨대, 폐쇄적인 사회, 종교적 또는 전통적인 사회는 새로운 발명이나 발견을 촉진하는 전제가 된다.

(2) 외적 원인

사회변동의 체제 외적 요인은 체제 내적 원인 못지않게 중요한데, 주로 문화 밖에서 작용하는 충격에 의해 야기된다. 사회과학자들은 이념의 교류나 상호적인 영향을 흔히 전파(傳播, diffusion)라고 부르는데, 이러한 전파는 내부로부터 생기는 이념보다 더 강하게 사회변동에 작용하는 것으로 알려졌다.

물론 이 두 요인은 서로 밀접하게 연관되어 있다. 그러나 오늘날 어떤 사회에서 눈에 보이는 변동이 발생한다는 것은 그 사회가 정치 · 경제 · 문화적으로 다른 사회들과 긴밀한 관련을 맺고 있기 때문에 가능하다. 학자들은 어떤 것이 문화전파의 결정적인 요인이 되는가에 관하여 나름대로의 견해를 주장하고 있다. 그래서 어떤 사람은 전쟁을, 또 어떤 사람은 교역활동을 중요한 요인으로 생각한다. 예컨대, 7세기와 8세기에 전파된 이슬람 문화 또는 19세기 유럽에서 발견한 자본주의나 공산주의가 제2차 대전을 전후하여 세계 각 곳으로 전파됨으로써 오늘날 세계를 양대 세력으로 갈라놓은 것 등을 언급할 수 있다.

사실 따지고 보면, 현대 사회에서는 어떤 형태의 사회집단이건 그것은 다른 사회집단 또는 국제사회의 영향을 전혀 받지 않고 존재할 수는 없다. 인류의 문화가 오늘날과 같이 발달하게 된 가장 큰 원인은 국가들 간에 서로 문화를 전파할 수 있는 가능성이 주어졌기 때문이다. 이렇게 볼 때 어떤 의미에서는 문화전파가 내적인 요인보다 사회변동에 더 큰 영향을 끼치고 있다고 할 수 있다. 많은 개발도상국들이 선진국의 기술과 자본을 차용하여 자국의 근대화를 시도하고 있다는 것은 하나의 좋은 예이다.

그런데 이와 같은 외래문화(특히 기술문화)의 수용에 있어서 문제가 없는 것은 아니다. 선진 산업제국의 기술문화는 그들의 문화적 토양 위에서 생성된 것이기 때문에 자신들의 규범문화와는 상호작용에 있어서 이른바 문화지체(cultural lag)의 현상이 두드러지게 나타나지 않지만, 그것이 문화권이 다른 나라로 이식될 때에는 해당 국가의 규범문화와 쉽게 조화를 이룰 수 없으므로 문화지체의 현상이 더욱 커진다. 예컨대, 자동차 산업은 우리나라에서 상당한 수준으로 발달하고 있는데, 교통법규를 지키는 질서의식은 이에 비해 전근대적인 수준에 머물러 있다거나, 생산기술의 발달과 서구 민주주의 사상의 도입으로 사용자와 노동자의 관계가 근본적으로 변화되었음에도 불구하고 노사관계는 아직도 가부장적인 권위주의적 관념에서 벗어나지 못하고 있는 것 등을 생각할 수 있다. 실제로 어떤 이념이나 관념, 관습 그리고 신념 등은 기술이 계속해서 변하는 데 반하여 몇 십 년 또는 몇백 년을 지속하기도 한다(Backman C. W. & Secord. P. E., 1968).

5. 이데올로기의 특징(이위환, 2000)

이데올로기는 우리가 사회현실에 대하여 갖게 되는 어떤 관념이나 견해를 의미한다. 이들 관념이나 견해는 그들이 비록 허구적이고 불완전한 것일지라도 진리와 보편성을 요구한다.

이와 같은 의미에서 볼 때 이데올로기는 사회집단들이 무엇보다도 그들의 지배를 합리화시키기 위하여 역사적 과정 속에서 개발하는 의식인 것이다. 따라서 이데올로기는 사회적 제과정의 기능을 위해서 필수적인 존재이다. 그러나 이데올로기가 이와 같이 사회적으로 필요하고 동기화된 의식이라고 할지라도 그것은 동시에 허구의식으로 남는다. 그것은 무엇 때문일까? 이데올로기의 기능을 살펴봄으로써 이 문제에 대한 해답을 찾고자 한다.

우리가 앞에서 살펴본 바와 같이 이데올로기는 그 자신을 위해서 존재한다기보다는 오히려 그것을 만들어 낸 사람이나 집단의 이익을 옹호해 주기 위해 존재한다고 하겠다. 따라서 이데올로기의 사용자는 자연히 자기주장의 이데올로기적 성격을 부인하거나 은폐하고자 노력한다. 이렇게 하여 이데올로기는 자기의 핵심을 감추면서 자기표현을 하게 된다. 그러나 이때 이것을 사용하는 사람이나 집단에게는 이데올로기가 사적인 이익달성을 위한 그들의 목적을 합리화시켜 준다는 의미에서 수단적 기능을 한다. 예컨대, 악명 높은 독일의 나치가 국가사회주의라는 이데올로기를, 대중을 선동하고 조작해서 전쟁으로 끌어들이기 위한 수단으로 사용한 것과 같다(홍대식, 2001).

그런가 하면 이데올로기는 어떤 계급이나 사회집단 또는 국가사회의 공동가치와 규범으로서 주어진 체제의 통합과 단결을 다지는 데 크게 기여한다. 이것을 우리는 이데올로기의 적극적 기능이라고 표현할 수 있겠나. 예를 들면, 사회체제가 유지될 수 있고, 사회구성원이 협동을 위한 공통의 바탕을 마련할 수 있는 것도 따지고 보면 이와 같은 이데올로기의 기능 때문에 가능한 것이다. 특히 기존의 지배관계를 영속화시키는 것을 목표로 하는 통치 이데올로기는 지배가 피지배자에 의해서 도전받는 것을 예방하는 기능을 한다.

이러한 이데올로기는 지배의 성격을 위장할 뿐만 아니라 동시에 정치적 목표를 정당화시켜 주는 이중적 기능을 한다. 그러나 통치 이데올로기도 영원할 수는 없다. 만약 정당성에 대한 회의가 커지면 이데올로기는 변화된 사회적 조건에 적응하거나 그것이 불가능하다면 새로운 이데올로기에 의해서 대체되어야 한다. 왜냐하면 그 사회의 물질적인 힘을 지배하고 있는 부르주아의 사상이 모든 시대를 지배하는 사상으로 등장하기 때문이라는 것이다.

특히 레닌은 이데올로기를 한 사회집단이나 계급의 이해관계와 결합된 세계관으로 이해하였기 때문에, 그는 프롤레타리아의 이데올로기는 역사의 흐름을 거역하는 허위적인 것으로 판명하였다. 이상과 같은 발전과정을 거치는 동안 이데올로기는 양면가치를 가지게 되었던 것이다.

6. 사회문제

1) 사회문제의 정의

무엇이 사회문제인가를 결정하고 규정하는 일은 사회문제를 해결하기 위한 시초이다. 그러나 복잡하고 다양한 사회문제를 정의하는 것이 현실적으로는 쉽지 않은 일이다. 하지만 통상적으로 어떤 문제가 아래 네 가지의 요소를 충족하는 경우에, 그 문제를 사회문제로 정의할 수 있다.

호톤(P. B. Horton)에 의한 사회문제의 의미를 살펴보면 다음과 같다.

① 사회문제는 사회의 대다수 구성원들에게 영향을 미칠 수 있는 조건을 의미하고, 어느 일부에서 문제가 되었다고 해서 그것이 곧 사회문제가 되지 못한다. 많은 사람들의 관심을 끌고 화제에 오르고 또 글로 쓰여 사람들의 문제가 될 때 비로소 사회문제로 등장하게 된다.

② 사회문제는 인간의 힘으로 해결할 수 있다고 느낄 때 일어날 수 있다. 과학이 발달한 선진 국가에서는 기후가 사회문제로 된다. 과거에는 기후문제를 자연의 탓으로만 돌렸는데, 오늘날에는 필요에 따라 비를 조절할 수 있게 되면서 기후도 사회문제가 된다.

③ 사회문제는 대다수 사람들의 가치관에 의해서 일어날 수 있다. 예를 들면, 소년노동이 필요한 것이라고 사람들이 생각하였을 때에는 그것이 사회문제로 되지 않지만, 소년노동이 인도주의에 어긋나는 일이라고 사람들의 가치판단이 바뀌었을 때에는 소년노동 금지운동이 사회문제가 된다.

④ 사회문제는 집단적인 사회행동을 통하여 해결할 수 있다고 생각될 때 문제시된다. 예를 들면, 어느 한 교사가 교사의 사회적인 지위나 보수권위에 대하여 불평을 한다고 해서 그것이 사회문제가 되지 못한다. 그러나 교사들이 모인 교육단체가 집단적으로 교권확립의 문제를 여론화하고 문제해결을 위해서 집단적인 행동을 할 때 사회문제가 된다.

오늘날 우리는 수많은 사회문제들을 경험하고 있다. 예를 들면, 빈곤문제, 가족문제, 도시문제, 주택문제, 청소년비행문제, 교육문제, 노동문제, 성차별문제 등 수많은 사회문제들이 존재하고 있다. 이러한 사회문제들은 우리 사회의 모든 구성원들에게 직 · 간접적으로 영향을 미치고 있다(진규철 · 이희도, 1992).

이처럼 광범위하게 영향을 미치고 있는 사회문제가 최근 들어 갑자기 생겨난 것이 아니다. 사회의 변화와 함께 사회문제도 발생하고 심화되어 왔던 것이다. 다시 말해서, 오늘날 사회문제는 사회변화(산업화 및 도시화)와 깊은 연관을 맺고 있다. 먼저 산업화는 사회문제의 발생과 직접적인 관련이 있다고 하겠다. 산업혁명은 산업화를 촉발하는 계기가 되었으며, 이후 전개된 산업화는 사회의 구조적 변화를 가져왔다. 산업혁명 이후 생산성이 급격하게 증가하였기 때문이다.

이러한 사회의 구조적 변화는 자본주의의 발달을 포함할 수 있지만, 한편으로 전통적인 관습과 규범의 통제력 약화나 개인의 부적응을 가져왔다. 아울러 부의 불평등한 재분배도 양산되었다. 빈곤문제 등을 포함한 여러 가지 사회문제들은 이러한 산업화 과정에서 발생하였다. 또한 산업화에 수반되어 진행된 도시화도 사회문제의 발생과 깊은 연관이 있다. 이러한 도시화는 환경문제뿐만 아니라 교통문제, 교육문제, 청소년비행문제, 주택문제 등의 사회문제들을 야기하였다.

이와 같이 오늘날 사회문제는 통상적으로 사회의 구조적 변화와 밀접한 관련이 있다. 이러한 점에서 사회문제의 원인이나 사회문제로 인한 피해에 대한 책임을 개개인으로 볼 때에 대응능력이 부족한 개인에게 돌리기는 어려울 것이다. 이는 사회적 차원에서 집단적으로 사회문제에 대한 해결책을 찾고 대응해야 함을 의미한다. 물론 질병, 노령, 빈곤, 실업과 같은 문제들은 산업화 이전의 시대에도 존재하였다. 산업화 이전의 시대에는 이러한 문제들이 개인적 차원에서 인식되었다.

그러나 산업화와 도시화가 급속도로 진행된 오늘날에는 수많은 사람들이 사회문제로 인하여 어려움을 겪고 있다. 그리하여 이러한 문제들을 개인이 아니라 집단적으로 해결하는 노력이 필요하다는 점에서, 개인문제가 아니라 집단 혹은 사회적 차원에서의 사회문제로 인식되어야 하는 것이다.

이러한 사회문제가 광범위하게 영향을 미치긴 하지만, 그 영향의 내용이나 정도가 모든 사람에게 동일한 것은 아니다. 사회문제가 미치는 영향의 정도가 사람마다 다를 수 있고, 심지어는 특정한 사회문제가 존재함으로써 어떤 사람들은 이익을 볼 수도 있는 것이다.

사회문제의 영향이 서로 다른 만큼 이러한 사회문제에 대한 사회 구성원들의 시각이나 인식이 상이할 수 있다. 즉, 사회문제로 인식하고 사회문제의 원인이나 해결방안을 파악하는 것이 사람마다 다를 수 있다는 것이다. 이는 사회문제를 보는 관점이 매우 다양할 수 있음을 의미한다.

사회문제를 보는 관점을 기본적으로 주관적이고 상대적이다. 사람마다 주관이 다른 것처럼 하나의 사회문제를 보는 관점이 사람에 따라서는 정반대일 수가 있다. 사회문제를 보는 관점은 사회문제를 보는 이론적 시각과 밀접한 관련을 지닌다(정영애, 1997).

사회문제를 보는 이론적 시각에 해당되는 사회문제이론으로서, 기능주의 이론과 갈등주의 이론 그리고 상호작용이론을 들 수 있다. 이러한 사회문제이론은 동일한 사회문제에 대해 각기 다른 관점을 지니고 있다. 단적인 예를 들어, 기능주의 이론은 갈등이나 불균형을 사회문제의 원인으로서 부정적으로 파악한다. 하지만 갈등주의 이론에서는 갈등이나 불균형을 사회문제의 원인이 아니라 사회발전을 일으키는 동인(動因)으로서 긍정적으로 파악한다.

이러한 사회문제이론은 사회변화를 보는 시각에서도 차이가 난다. 기능주의 이론은 사회변화를 균형과 기능의 측면에서 파악한다. 그리하여 급속한 사회변화는 균형을 해치고 기능을 저해하는 것으로 설명한다. 단적인 예로 기능주의 이론은 급속한 사회변화가 전통적인 규범을 와해시키고 사회구성원의 사회화를 저해한다고 주장한다. 그러나 갈등주의 이론은 사회변화를 자원의 배분을 둘러싼 갈등의 차원에서 접근한다. 그리하여 갈등의 폭력성(자본주의 체제의 타파)을 주장하거나, 갈등의 점진적 조정(타협이나 협상 등)을 통하여 사회변화를 기할 수 있다고 주장한다.

Sociology of Education

제12장

다문화 사회와 교육

1. 다문화 사회로의 진입

21세기 한국 사회는 국내 체류 외국인의 규모가 빠른 속도로 증가하면서 다문화 사회로 진입하고 있다. 최근 한국 사회는 인종, 피부색, 국적이 다른 해외이주자 수의 급증과 함께 인구학적인 변화를 경험하고 있다. 통계청 자료에 따르면 국내 체류 외국인은 2016년 204만 9,441명, 2017년 218만 498명, 2018년 236만 7,607명, 2019년 252만 4,656명으로 지속적으로 늘어나고 있다(통계청 e-나라지표, 2022). 그 이유는 다음과 같다.

첫째, 외국인 근로자의 급증이다. 1990년대에 들어서며 국내 노동시장에서 기피되었던 3D 업종에 해외노동자들이 몰려들기 시작했다. 고된 노동에 비해 임금이 낮았던 제조업과 생산현장의 일자리를 중국 및 구소련 지역의 동포들이 채우기 시작했다. 이후 해외노동자들의 국적은 아시아와 중동의 여러 국가들을 포함하며 다양해지기 시작했다.

둘째, 결혼이민자 수의 증가를 들 수 있다. 젊은 여성들이 도시와 동떨어진 농어촌에서의 삶을 기피하여 대도시로 대거 이주하면서 결혼 적령기의 농어촌 남성들은 한국 여성을 배우자로 삼아 가정을 이루기 어려워졌다. 농어촌에서는 한국인 남성과 외국인 여성과의 혼인의 비율이 점차 높아지고, 그 사이에서 출생한 2세들은 우리 사회가 다인종, 다문화 사회로 진입하는 데 기여하고 있다. 2019년 통계청에 의하면 다문화 혼인 건수는 24,721건으로 2018년 23,773건에 비해 4.0% 증가하였다. 한국인과 외국인 배우자 간의 국제결혼을 통해 이루어진 다문화가정은 이미 농촌 지역에서는 보편화된 가족의 형태로 여겨지고 있을 만큼 사례가 많다.

셋째, 북한을 탈출하여 한국에 입국한 북한이탈주민(2019년 기준 34,000명) 또한 다문화 사회의 구성원으로 주목할 필요가 있다. 그 숫자는 해외이주노동자와 결혼이민자 그룹에 비해 적으나 해마다 남한에 정착하는 북한이탈주민의 수가 증가하고 있다. 북한이탈주민은 남한 사람들과 민족적 동질성을 갖고 있으면서 언어와 문화적인 측면에서 다소 이질성을 갖고 있는 것이 특징이다.

2. 다문화 사회의 문제

1) 적응문제

한국에 체류하는 해외이주노동자와 결혼이민자들이 공동으로 경험하는 현실적인 문제는 언어적 소통의 문제이다. 언어는 사회에 적응하고 그 안에서 사람들과 관계를 맺어나가는 데 있어서 가장 기본적이고 강력한 수단이라 할 수 있다.

따라서 한국 사회에서 한국어를 능숙하게 말하고 이해하는 능력은 이 사회에 적응해 나가는 데 반드시 필요하다. 기본적인 한국어 의사소통 능력을 갖춘 조선족 동포와 북한이탈주민을 제외한 해외이주노동자와 결혼이민자들은 주로 저개발국가에서 오는 경우가 많다. 또한 한국으로 입국하기 전에 한국어 능력에 대한 대비를 하는 경우가 드물다. 언어는 종종 생존의 문제와 직결된다. 직장에서 산업재해를 입었을 때, 결혼이민자 여성이 몸이 아플 때, 병원에 찾아가 상해와 질병의 증상을 설명하기 위해서는 기본적인 한국어 능력이 필요하다. 해외이주노동자들은 노동현장에서 고용주와의 계약관계에서 그리고 동료들 사이에서 업무상 의사소통이 필요하다. 결혼이민자들 또한 가정과 사회에서 적응해 나가는 데 가장 필요로 하는 도움은 언어교육일 것이다(양영자, 2007).

북한이탈주민 또한 문화적 이질감과 적응에 대한 부담으로 인해 스트레스를 많이 경험하는 것으로 보고되고 있다(조정아 · 정진경, 2006). 개인의 권리와 자유가 지극히 제한되고 개인의 경제활동이 자유롭지 못한 공산주의체제에서 생활해 왔던 이들은 남한의 복잡한 자본주의 경제체제와 민주주의 사회의 기본 논리를 습득하는 과정에서 많은 어려움을 느낀다.

2) 사회적 편견과 차별문제

한국 사회는 다문화 사회에 대한 대비가 거의 없이 타민족과 타문화의 유입을 경험하면서 피부색과 언어가 다른 사람들과 의사소통하고 서로의 문화를 이해하는 데 많은 어려움을 겪고 있다. 국민 정서의 깊게 자리 잡은 단일민족국가에 대한 자긍심은 우리나라보다 열악한 경제적 형편에 있는 나라의 국민과 문화를 폄하하고 저개발국에서 온 해외이주자들을 차별하는 성향으로 이어지고 있다(김재우, 2007).

인종적 · 문화적 차이를 차별의 근거로 삼는 배타적인 풍토는 외국인 노동자들에 대한 심각한 인권침해와 차별을 야기한다. 외국인 노동자 중 다수가 불법체류자 신분이고 이들은 불법체류자라는 신분상의 결점 때문에 고용주와의 관계에서 임금체불, 산업재해, 학대 및 폭력을 당해도 스스로를 보호하고 피해를 보상받을 수 있는 방법을 찾기 힘든 게 현실이다. 결혼이주자로 유입되어 정착하는 과정에서 불법 중계, 학대와 폭력이 야기되기도 한다. 가정폭력에 시달리는 결혼이주자와 지역사회에서 차별받는 그 자녀들의 이야기는 한국의 사회문제로 대두되고 있다.

북한이탈주민 또한 한국사회에서의 적응에서 큰 어려움을 겪고 있다. 이들은 남한 주민의 냉대와 편견 때문에 사회 적응이 어렵다고 말하고 그러한 사회적 냉대와 편견의 원인은 자신들이 경제적으로 어려운 북한에서 왔으며 사고방식과 말씨가 다르기 때문이라고 인지하고 있다. 이러한 사회적 편견과 피해의식을 해소하기 위해 북한이탈주민과 남한 사람들 모두의 노력이 필요하다. 북한이탈주민은 남한이라는 자본주의 사회의 특성과 자기 자신에 대한 객관적 성찰에 기초한 북한이탈주민의 인식 변화가 필요하다.

3) 정체성과 자아존중감의 문제

앞서 살펴본 해외이주노동자, 결혼이민자, 북한이탈주민 그리고 이들 자녀들의 사회 적응은 정체성 혼란과 자아존중감 상실의 원인을 제공하기도 한다. 자신이 살고 있는 사회에서 의사소통 능력과 외모의 다름 때문에 적응하지 못하고 차별을 받게 된다면 자신을 귀하게 여기고 세상을 향해 당당하게 나설 수 없게 된다.

해외이주민들의 피부색, 외모, 언어, 종교, 문화 등의 차이가 차별의 이유가 된다면 이는 그들의 정체성에 대한 공격이 될 수 있다. 한국에 오기 전까지는 아무런 문제가 되지 않았던 자신의 피부색과 언어가 한국 사회에서는 천대받고 멸시받는 이유가 된다면 그들이 이 사회에서 살면서 자부심을 느끼기보다는 환멸과 자괴감을 느끼게 된다(진규철 · 박현숙, 1996).

4) 경제적 자립문제

해외이주노동자, 결혼이민자, 그리고 북한이탈주민 모두 한국 사회에서의 생산적인 직업 활동의 요구를 지니고 있다. 해외이주노동자의 경우 입국의 동기가 한국에서의 취업에 있으며, 결혼이민자의 경우 주로 농어촌 지역사회에 정착하는 비율이 높아 경제적으로 풍요로운 환경에서 정착생활을 시작하는 경우는 많지 않다. 심지어 모국에서는 사회적으로 인정받는 직업을 갖고 있었음에도 한국 문화와 언어에 익숙하지 않아 자기 전문성을 살리지 못하고 무직 상태에 머물고 있는 경우도 있다.

북한이탈주민의 경우 한국 입국 동기가 다양하고 연령, 학력, 직업능력에 개인차가 많이 있으나 정부 보조금에 평생 의지할 수 없기에 직업 활동을 희망하는 인구가 많다. 그럼에도 불구하고 한국의 다문화 교육은 다문화 구성원의 직업능력 개발 요구에는 크게 부응하지 못하는 모습을 보이고 있다.

3. 한국 다문화 교육의 특징

현재까지 한국에서 시행되고 있는 다문화 교육은 해외이주민들을 한국 문화에 편입시켜 문화적 단일성을 추구할 것인가 아니면 해외이주민들의 문화적 다양성을 수용하며 문화적 다양성을 추구해 갈 것인가 하는 두 가지 방향에서 뚜렷한 노선을 잡지 못하고 있다. 다문화 교육에 대한 기본적인 이념이 문화적 단일성의 추구인가 아니면 문화적 다양성의 추구인가는 그 사회가 구성원들의 동질적 특성을 중시하는 사회인지 아니면 다양성을 수용하는 사회인지 보여주는 증거가 되기도 한다(Bullivant, 1981). 교육의 이념적 측면에서 한국의 다문화 교육은 현재까지도 해외이주자들이 한국 사회와 문화에 적응하도록 돕는 단일성 추구에 목적을 두었다고 할 수 있다. 그러나 최근에는 다문화 사회의 다양성을 강조하는 방향으로 전환이 이루어지고 있다.

한국의 다문화 교육은 아직까지 민족적, 언어적, 문화적 소수자의 한국 사회 적응이라는 측면에서 이루어지고 있다. '하나원'은 북한이탈주민의 사회 적응을 돕기 위해 취업 교육과 직업 교육을 실시하는 대표적인 기관이다.

적응 교육과 더불어 다문화 교육의 중요한 부분을 이루는 영역은 사회적 소수자들의 정체성 교육이다. 정체성 증진 교육은 자기 존재에 대한 긍정적인 이미지를 획득하여 자신의 피부색, 자신이 태어난 나라의 언어와 문화에 대해 자부심을 획득하도록 돕는 교육이다. 자신의 민족적, 언어적, 문화적 정체성에 대한 갈등과 한국의 주류사회에 합류하지 못하여 느끼는 소외감은 개인에게 심리적 갈등과 스트레스를 유발할 수 있다. 이러한 갈등과 스트레스가 극심해지면 사회에 대한 원망과 분노로 발전되어 폭력적인 형태로 표출될 수 있으므로 교육적인 지원을 통해 해소하는 것이 바람직하다.

1) 다문화 교육의 효과

(1) 언어교육

한국어를 배운다는 것은 한국 사회의 일원으로 살아가는 데 있어서 가장 필요한 기초 능력을 습득하는 것이다. 과거에는 우리 사회에서 다문화 구성원이 정부기관이나 교육기관을 통해 한국어 교육을 받을 수 있는 기회는 지극히 제한적이었으나 요즘에는 평생교육시스템을 이용하여 그 기회가 점점 늘어나는 추세이다.

(2) 문화교육

문화는 사회구성원들이 공유하는 행동양식의 집합체라고 할 수 있다. 문화는 그 사회에서 발견되는 일반적인 행동양식뿐만 아니라 사회구성원들이 서로의 행동을 이해하고 해석하는 방법을 포함한다.

대부분의 해외이주자들은 한국문화에 대한 사전 학습과 이해 없이 한국을 찾기 때문에 한국에 도착하는 그 순간부터 문화적 충격과 그로 인한 갈등을 경험한다. 이는 직장 내에서의 문화충돌은 해외이주노동자와 고용주 또는 동료와의 인간관계를 불안정하게 만든다. 결혼이민자 가정 내의 이문화 갈등은 화목한 가정생활에 걸림돌이 되기 쉽다. 서로의 문화를 이해하지 못하고 오해와 갈등의 상황 속에서 서로에 대한 불신과 분노가 쌓여간다면 가정과 직장에서 행복과 만족을 얻기 힘들다.

Sociology of Education

제13장

평생교육

1. 평생교육의 정의

평생교육은 “인간에게 행해지는 교육은 가정, 학교, 사회에서 전 생애에 걸쳐 이루어져야 한다는 교육관으로서, 인간은 사회 문물이 크게 변화해 감에 따라 그에 적응하기 위해 끊임없이 교육받아야 한다.”라는 사전적 정의를 가지며 이는 1965년 파리에서 개최된 UNESCO 국제회의에서 당시 사무총장이었던 Paul Lengrand에 의해 정식으로 소개되었다. 이후 ‘교육의 통합’을 핵심지도 이념으로 내세우며 전 세계에 빠르게 보급되었고, 전반적인 교육구조를 재편성하는 데에 이르게 되었다(권대봉, 2001).

이러한 평생교육의 기본적인 이념은 오늘날 대부분 국가의 교육 이념적 토대이다. 평생교육은 그 개념과 목적을 학자나 기관에 따라 조금씩 다른 견해를 보이는데, 큰 범주로 나누었을 때 협의적 정의와 광의적 정의 두 가지로 구분할 수 있다.

협의적 평생교육의 의미는 법적인 맥락에서 정의하는 의미와 동일한 선상에 있다. 우리나라 평생교육법에서 평생교육은 개인의 사회적 삶 중 학교의 정규 교육과정을 제외한 모든 형태의 조직적인 교육으로 한정되며, 여기에는 학력 보완교육, 성인 문자 해독 교육, 직업능력 향상 교육, 성인 진로 개발 역량 향상 교육, 인문 교양교육, 문화예술교육, 시민참여 교육 등이 포함된다(평생교육법(법률 제19588호, 2023.08.08.)).

즉 정규 학교교육을 통해서 접하는 교육 경험을 제외하고 학교교육을 마친 이후에 시기와 그 외 시간에서 발생하는 모든 형태의 교육만을 평생교육으로 규정하고 있다. 반면에 광의의 관점에서 평생교육은 평생교육 고유의 이념과 그 원리에 기초를 두고 정의된 것으로, 평생교육이란 학교교육을 포함하여 개인의 전 생애와 그 삶을 이루는 전체 공간에서 형식에 얽매임 없이 참여하는 교육과 학습을 총칭하는 용어이다(최운실 외, 2018). 즉 개인의 삶을 중심에 두고 일생에 걸쳐서 성장과 적응을 이끄는 다양한 배움을 모두 포괄하는 것이다.

평생교육으로 인한 교육 시기 및 공간의 확장은 개인의 학습권 보장을 위한 사회 체제적 실현이다. 평생교육의 이념처럼 개인은 자신이 원하는 형태, 내용, 시간, 장소 등을 유연하게 조절하여 원하는 교육에 접근할 수 있고, 나아가 물리적 조건을 넘어서서 개인이 바라는 목표와 삶의 계획에 따라 얼마든지 교육을 활용할 수 있어야 한다(김한별, 2020).

평생교육은 개인과 집단생활의 질을 높이기 위해, 사적 교육의 단계에서 모든 사람에게 교육 기회를 보장하는 공적 교육의 단계로 진화하는 것을 목표로 한다.

교육의 최상위 개념으로 인생의 전 생애에 걸쳐 이루어지고 있는 유아교육, 아동교육, 청소년교육, 성인교육, 노인교육 등을 포함하고, 모든 생활영역에서 실시되고 있는 가정교육, 학교교육, 사회교육, 산업교육, 사이버교육 등 교육을 통칭하는 개념이다.

평생교육은 개인이 전 생애를 통해 능동적으로 계속 학습할 기회를 포착함으로써 인간성의 조화로운 발달을 꾀하며, 변화하는 현대생활에 슬기롭게 대처하고 창조적으로 개척해 나갈 수 있는 지식과 기능을 익히며, 다른 사람과 더불어 공동체의 복지를 증진시키는 인간화 교육을 말한다.

2. 평생교육과 노인교육

인간의 발달 단계에 따라 수직적으로는 유아교육, 아동교육, 청소년교육, 성인교육, 노인교육을 통합하고 수평적으로는 가정교육, 사회교육, 학교교육을 통합하는 교육을 말한다. 교육법 제31조에 의하면, "모든 국민은 법 앞에 평등하다. 모든 국민은 성별, 종교 등에 관계없이 교육받을 권리가 있다."라고 명시하고, 이 법은 "모든 국민이 언제, 어디서나 학습할 수 있는 평생교육기회를 부여함으로써 개인의 삶의 질 향상과 국가사회의 발전에 기여함을 목적으로 한다."고 명시하고 있어, 평생교육은 교육을 아동과 청소년을 가르치는 학교에 국한시켜서는 안 된다는 주장에서부터 출발한다. 사람은 태어나서부터 무덤에 들어갈 때까지 끊임없는 배움의 과정 속에서 살아가므로 교육제도를 아동기와 청소년기의 교육을 담당하는 학교에 국한하지 말고, 평생에 걸쳐 필요한 교육을 받을 수 있는 제도로 확장해야 한다는 것이다.

이 말은 교육의 종적 확대를 의미하는 데 그치지 않고 학교를 포함한 다종다양한 각종 교육기관과 교육기회를 포괄하는 횡적 확대도 동시에 의미한다.

첫째, 학교중심의 교육제도 하에서는 학교의 졸업자만 학력을 인정받는다. 그러나 평생교육제도가 실현되면 모든 종류의 교육에 대하여 그 내용과 수준에 상응하는 학력과 자격을 인정하는 것이다.

둘째, 보편성은 성, 계급, 종교, 연령, 학력에 관계없이 누구나 자신의 삶의 질을 향상시키기 위하여 계속 교육받을 수 있는 체제를 수립한다는 것이다. 보편교육 이상은 17세기 체코 교육사상가 코메니우스가 주장한 바 있다. 평생교육은 이 보편교육 이상을 실현하려는 이론이다.

셋째, 통합성은 평생교육제도 하의 각종 교육활동을 각각 유리되지 않게, 긴밀한 횡적이며 종적인 연계 하에 운영한다는 것이다. 그렇게 함으로써 누구나 학습자로서 상황에 따라 횡으로 종으로 무리 없이 다양한 교육기회를 이용하여 교육적 욕구를 충족시킬 수 있도록 만든다는 것이다.

김승한(1991)은 "요람에서 무덤까지"라는 용어가 말해주듯, 교육이나 학습 활동이 전 생애를 통해 연장되고 확대되는 것을 의미한다고 하였다. 즉, 평생교육은 사회변동에 효과적으로 대처할 수 있도록 하고 사회발전을 촉진시킬 수 있는 한 사회의 교육역량을 증대시키기 위해서 필요하며, 개인이 날로 팽창하는 지식을 시시각각으로 습득하고 새로이 출현하는 사회가치를 창조적 · 비판적으로 수용하기 위해서 필요하다. 또한 이것은 점점 전문화되고 특수화되며 조직화되어

가는 현대사회에서 개인이 기능적으로 적응하기 위해서 필요하며, 개인이 그의 잠재력의 개발가능성을 평생 동안 끊임없이 최대한으로 개발하기 위해서 필요하다(장인협 · 최성재, 2002).

3. 평생교육과 다문화시민교육

일반적으로 포괄적 개념으로서 다문화는 국민국가 내에서 언어, 인종, 문화, 역사적 동질성과 이질성을 가진 공동체가 다수 존재하는 현상을 말한다. 정책적으로 국가가 선포한 다문화주의와 일반시민들이 일상생활에서 체감하고 상호작용하는 다문화적 실천이 차이가 있듯이(김진희 · 허영식, 2013: 158), 다문화주의의 개념과 유형화의 접근방식도 조금씩 상이하다(김진희, 2013). 다문화주의의 개념이나 정의는 사용하는 목적이나 지역에 따라서 매우 다양하고 중층적으로 정의 되고 있어 한마디로 규정하기 어렵다. 한국 사회에서 다문화라는 용어는 명확한 정의 없이 다인종 또는 다민족 등과 동의어처럼 혼용되어 쓰이고 있다. 다문화 사회란 다양한 문화적 가치와 태도를 공유하는 사회라는 점에서 다인종, 다민족 사회와는 차별성을 가진다고 할 수 있다. 다인종 사회나 다민족사회와 달리 다문화 사회란 다양한 삶의 가치들이 존중되고 모든 사회구성원이 각자의 문화적, 사회적 배경으로 인해 차별받지 않는 사회에 대한 지향점이 담겨 있다고 볼 수 있다.

미국의 대표 학자인 뱅크스(James A. Banks)는 다문화 교육의 개념을 다양한 문화, 민족, 성, 사회적 지위, 종교와 배경에 관계없이 모든 학생이 평등한 교육을 학교에서 받아야 하며 이들이 '민족적 갈등이 깊어지는 시대를 살아가는 데 있어서 식견을 갖추고 남을 배려하며 활동적인 시민으로 성장하도록 돕는 것'이라고 정의하였다.

또한 다문화 교육은 '교육철학이자 교육개혁운동이므로 교육기관의 구조를 바꾸는 것이 중요함'을 강조하였다. 다문화 교육은 '학생들이 스스로의 자아정립과 삶의 방식 사회적 관계를 형성하는 과정에서 자신들이 속해 있는 문화뿐 아니라, 서로 다른 문화에 대해 올바른 지식과 가치를 갖출 수 있도록 다양한 문화에 대한 교육의 필요성을 강조한 개념'이라고 하였다.

아울러 다문화 교육은 모든 사람들이 차별받지 않고 모두에게 공평한 교육의 기회를 갖도록 교육과정을 변화해 가는 개혁운동이고 양질의 학습기회를 향유할 수 있도록 하는 교육적 기획이라 할 수 있다.

이렇듯 다문화 교육의 개념과 정의 또한 연구자에 따라 매우 다양하고 상이하게 규정되는 것을 알 수 있다. 가장 포괄적 의미의 다문화 교육은 '다양한 민족, 인종, 계층, 성별, 지역 등에 의해 생성되는 다양한 집단의 문화를 이해하는 능력과 문화적 가치를 존중하는 태도를 기르며, 문화적 차이에 의해 발생 되는 편견과 갈등문제에 긍정적이고 적극적으로 대처하여 상호 소통하며 원만한 관계를 형성할 수 있도록 하는 능력을 기르는 모든 교육 활동'이라고 정의할 수 있다(김진희, 2013).

결국 다문화 교육이란 소수 집단 문화의 불평등을 문제 삼고 그들의 권리를 민주적 차원에서 인정하는 데서부터 시작된 것이고, 그것이 가능하기 위해서는 소수 집단뿐만 아니라 그들과 함께 살아가는 모든 사람들을 대상으로 자신의 문화와 다른 문화의 가치를 인정하고 그 속에서 나름대로 자신의 문화적 정체성을 확립하면서 살아가도록 하는 것이라 할 수 있다(배영주, 2009: 181).

다문화 교육은 일반적으로 다문화사회가 직접 겪게 되는 다양한 형태의 갈등과 대립에서 벗어나 화합과 공존의 분위기를 조성하는 것과 아울러 궁극적으로 사회적 발전을 꾀하는 모든 교육적 노력을 가리키는 것으로 파악된다. 물론 다문화 사회의 양상은 그 사회의 여건이나 역사에 따라 차이가 있을 수밖에 없으며, 이 점에서 다문화 교육이 추구하고자 하는 공존과 화합 및 사회적 발전은 서로 다른 방식으로 실현될 수밖에 없다. 한국사회가 진입하고 있는 다문화사회에 대처하기 위한 다문화시민교육도 예외일 수 없다. 특히, 우리나라는 짧은 기간에 아주 빠른 속도로 다문화사회로 진입하고 있으며, 거기에는 이주노동자와 결혼이주민, 북한이탈주민이라는 특이한 사회적 요인이 배경으로 영향을 미치고 있다. 한국의 다문화 교육이 동화주의 노선을 걷고 있는 현실과 그러한 과정에서 발생하는 다양한 문제점들은 우리의 다문화사회가 나타내는 그러한 특징과 원인이라고 말할 수 있다.

한국사회의 다문화시민교육은 다문화 포용과 다문화사회로의 전환이라는 방향과 목표와는 다르게 다문화가족의 한국사회에서의 동화에 집중되었으며, 다문화가족을 위한 시민역량강화, 다문화교류와 다문화공동체 문화보호와 같은 다양한 문화의 공존을 위한 노력이 미흡하였다. 또한 지역사회 전반에 다문화적 인식을 높이고 소통과 포용을 위한 교육 프로그램은 거의 없는 것이 현실이다(김진희, 2016). 우리나라 학교 다문화 교육은 2006년 이후 급속히 확대되고 있는데, 이러한 상황은 한국 다문화 교육이 짧은 시간 동안 급격히 진행되어 왔음을 의미하고 다문화 교육의 짧은 역사성은 다문화 교육의 문제점과 효과를 장기적인 관점에서 검토하기가 어려운 점을 야기하고 있으며, 다문화 교육에 대한 인문 · 사회과학적 연구가 철학이나 정치 이데올로기 측면에서 심도 깊게 진전되지 못하고 있는 배경으로 작동하고 있다.

한국의 다문화 교육에 대한 여러 가지 비판은 불가피하게 그러한 방향으로 진행됨으로써 빚어진 부작용을 지적한 것이다. 그렇다고 한국의 다문화 교육이 걷고 있는 동화주의 노선은, 계속 유지해야 할 노선이라 할 수 없으며, 좀 더 발전된 방향으로 나아가기 위한 일종의 과도기로 간주되어야 할 것이다(박채형, 2012).

4. 학교평생교육의 운영 실태

우리나라의 학교평생교육 운영 형태는 평생교육시범학교, 지역사회학교 등의 형태가 있으며, 학부모 학교참여 지원사업의 일환으로 운영되는 학부모교육 등이 있다. 평생교육시범학교 운영 초 · 중등학교에서 지역주민에게 학교시설을 개방한 역사도 일천하다. 1983년 사회교육법의 시행으로 시 · 도 교육청이 사회교육업무를 수행하게 되었고, 시 · 군 · 구교육청이 직 · 간접적인 행 · 재정적 지원 아래 지역사회교육협의회를 운영하였다.

각급 학교에서도 학부모교실 등 사회교육에 관심을 두고 평생교육 프로그램을 운영하는 학교가 나타났다(교육인적자원부, 2001). 그러나 이 시기의 학교에서의 평생교육은 주된 초점이 여전히 학생교육에 있었으므로 학교평생교육이 본격적으로 이루어지지는 않았다.

이처럼 평생교육 시범학교는 학교를 중심으로 지역주민에게 다양한 내용과 형태의 평생교육 프로그램을 제공하고 학교를 지역사회의 중심센터화하고자 하는 사업이다. 즉, 학교의 유휴시설 자원을 지역주민의 학습의 장으로 활용하자는 취지의 사업이라고 볼 수 있다. 예컨대 학교운동장, 학교도서관, 컴퓨터실, 체육관, 각종 실습실 등 시설자원을 이용하여 지역 주민들의 학습에 활용하자는 것이다. 평생교육 시범학교는 크게 교육부 지정 평생교육 시범학교와 시 · 도 교육청 지정 평생교육 시범학교 두 가지 종류가 있으며 시범학교는 2년간 운영된다. 평생교육 시범학교의 관리주체는 교육부와 시 · 도교육청이며 운영주체는 학교장이다. 교육대상자는 학생, 학부모, 지역주민이며 강사로 교사, 전문강사, 지역주민들이 참여하고 있다.

평생교육 시범학교의 성과는 지역주민에게 평생학습 실천을 통한 능력개발 기회 부여, 직업능력 개발교육을 통한 고용력 증진, 지역주민들의 생활의 센터로서의 기능부여, 평생교육에 대한 홍보, 학습 동아리 구성, 지역사회 네트워크 체제 구축, 자녀와의 이해 증진, 학교와 학부모와의 유연한 관계형성 등 유사한 결과를 산출하고 있다.

지역사회의 형태로서는 '평생교육진흥기본계획'에서 지역사회 평생학습 문화 확산을 위한 '지역과 함께하는 학교' 사업추진을 발표하며 더욱 구체적으로 학교평생교육 활성화를 위한 노력을 기울이고 있다. 이는 국민들에게 보다 많은 평생교육의 기회를 제공해 줄 수 있다는 점에서 매우 바람직한 현상이라고 볼 수 있다.

1) 지역사회학교의 개념과 역사

지역사회학교(community school)의 개념을 이해하기 위해서는 우선 지역사회 교육에 대한 개념이 먼저 정리되어야 한다. 지역사회학교는 영어로 커뮤니티 스쿨이다. 커뮤니티는 지리적인 특성의 '지역성'의 개념뿐만 아니라, 지역사회교육을 통하여 형성된 지역공동체를 의미하기도 한다. 지역사회 교육에 대한 다양한 정의와 관련해서, 지역사회개발의 관점에서 추진되는 교육적 과정으로 규정하는 민제이와 리타아트(Minzey & LeTarte, 1979)의 정의를 들 수 있다. "지역사회교육이란 지역사회 모든 주민들의 교육적 필요에 대비함으로써 전체 지역사회에 봉사하는 철학적 개념이다. 그것을 긍정적 공동체 의식을 발전시키고, 지역사회 생활을 개선하며 공동체의 실현을 그 목적으로 하면서 지역사회를 발전시키고자 노력하는 과정이다. 지역사회가 지니고 있는 자원을 지역의 문제해결에 효과적으로 관련시키는 촉매기관으로 지역의 학교를 활용하는 것이다."라고 정의하고 있다. 이 같은 관점은 학교가 교육적봉사를 통해 지역사회의 문제해결에 기여함으로써 지역공동체 의식을 증진시키고 지역사회를 개선해 나가는 과정을 통해 공동체를 실현하고자 하는 이념적성격을 강조하는 것이다. 김종서(1990)는 지역사회교육을 "지역공동사회를 기초로 하는 주민생활의 보다 전체적이고 역동적인 향상을 위한 평생교육활동"으로 정의하면서 평생교육의 한 형태로 구분하고 있다. 즉, 지역사회교육은 지역사회주민의 입장에서 보면 개개인의 교육적 필요와 욕구를 충족시켜 줌으로써 자아실현에 도달하게 되는 평생학습의 과정이며, 지역사회발전의 측면에서 보면 주민의 공동참여를 통한 지역사회 문제해결 및 봉사과정이다. 이를 토대로 하여 지역사회교육과 지역사회학교는 개념상 차이가 있다.

우리나라에서 지역사회학교의 개념이 소개된 것은 1953년 2월의 일이었다. 즉, 1952년에 내한한 '유네스코 · 운크라 파한 교육개혁 사절단'의 최종 보고서가 '대한민국 교육의 재건'이라는 제목으로 1953년 2월에 프랑스 파리에서 발간되었다. 한국의 교육재건을 위한 108가지의 건의가 있는데 이 건의들 중에 지역사회학교 건설에 관한 내용이 있다. 이것이 공식문서상에 나타난 최초의 지역사회학교이다. 이후부터 지역사회학교에 관한 논의가 활발히 이루어졌다. 물론 지역사회학교 자체가 이론보다 실천에 역점을 두고 있기 때문에 이론적인 논의가 있기 이전부터 실천을 해 온 사례들이 도시나 농촌지역에 있었지만, 이와 같은 실천들은 이론적인 뒷받침을 받아 더욱 활발하게 되었다.우리나라 지역사회학교 발전에는 두 갈래가 있으니 그 하나는 정부에서 주도하는 운동이며, 또 다른 하나는 '한국지역사회교육협의회'에서 주도하는 운동이다(김종서 2006). 여기에서는 주로 민간주도의 지역사회학교 운동을 개관하면, 민간주도의 지역사회학교의 활동은 1969년 초부터 시작되었다. 1968년 8월 동아일보사와 주한 미국 공보원은 '변화하는 세계에 있어서의 지역사회활동'이라는 주제를 가지고 속리산에서 국제회의를 개최하였다. 이때 'To Touch A Child'라는 영화를 상영하였는데, 세미나에 참여한 사람에게 깊은 감명을 주어 한국에서의 지역사회학교 운동의 필요성이 강조되었다. 이 같은 계기로 1969년 1월 24일 한국 지역사회학교 후원회의 명칭을 '한국지역사회교육협의회'로 개칭하고 보다 폭넓은 지역사회 교육운동을 전개하였다. 즉, 초기에는 주로 학교개방운동에 중점을 두었으나 오늘에 이르러서는 부모교육 등 전문 프로그램의 보급을 통한 시민의식 개선, 지방자치단체와의 협력 사업을 통한 주민실천운동으로 확대되고 있다.

2) 지역사회학교 현황

지역사회학교후원회 발족 당시 지역사회학교는 1개교로 시작하였으나, 2006년 현재회원으로 가입한 학교가 1,650여 개에 이른다. 30개의 시 단위 협의회와 1개의 도 · 단위연합회(경기도)로 확대되었으며, 2000년도 이후부터는 시 단위 협의회가 자발적으로 구성되고 있다. 민간단체에서 모든 학교를 지원하는 것이 사실상 어려우므로 단체회원이라는성격으로 관련을 맺는 학교에 한해서 '지역사회학교' 현판을 부착하고 활동을 지원해 왔다. 지역사회학교로 참여를 원하는 학교는 학교장과 학부모 대표가 공동으로 가입신청서를 제출하고 지역사회교육협의회는 학부모 조직의 임원들을 중심으로 지역사회학교의 이념, 운영방법, 프로그램계획과 추진방법, 인간관계 및 리더십 등에 대한 교육을 실시하고 지역사회학교로서 발을 내딛는 '지역사회학교 현판식'을 통해 지역사회학교로 활동을 시작하게 된다.

5. 평생교육사 전문가 제도

평생교육사는 직무와 역할 교육전문가로서 전문적인 지식과 기술을 가지고 자신들이 담당해야 할 역할과 주어진 직무를 효과적으로 수행해 낼 수 있는 능력이 요청된다.

평생교육사의 직업적 전문성의 구성요소는 기본적으로 세 영역으로 찾아볼 수 있다. 첫째는 평생교육사가 담당해야 할 역할(roles)이 무엇인가이며, 둘째는 평생교육사가 수행해야 할 직무(duty)와 과업(tasks)이 무엇인가이다. 셋째로 평생교육사가 담당해야 할 역할과 주어진 직무를 효과적으로 수행하는 과정에서 기본적으로 필요한 기술(skills)이 무엇인가이다(김진화, 2003).

직무란 해당 분야의 종사자가 현재 어떠한 일을 맡아 수행하고 있느냐에 초점이 맞추어진다. 그러므로 평생교육사의 직무란 간략히 말해 평생교육사가 평생교육 현장에서 실질적으로 맡아 수행하고 있는 일이라 할 수 있을 것이다. 그러나 과업(tasks)이란 현재 맡고 있는 직무를 수행하는 과정에서 단계적으로 이루어지는 업무라 정의할 수 있다. 그러므로 평생교육사의 과업이란 평생교육사가 실질적으로 맡고 있는 직무를 수행하는 과정에 반드시 필요로 하는 임무라 정의할 수 있다.

평생교육사의 역할은 평생학습 제도와 학습자와의 관계, 그리고 소속하고 있는 평생교육기관과 그 조직 내부와 생활권에 속하는 지역사회에서 담당해야 할 임무(missions)라고 할 수 있다. 일반적으로 어떤 직업이든 자신이 책임감 있게 담당해야 할 역할이 명확할 때 직업적으로 정체성이 뚜렷해진다. 그렇지 못하고 그 역할이 불분명하다든지 모호하다면 역할갈등이라는 혼란을 겪게되고 자신이 담당해야할 직무를 효과적으로 수행해 낼 수 없게 될 것이다

권두승(1999)에 의하면 평생교육 담당자의 역할에 대한 기존의 논의가 행정적인 측면에 초점을 맞추었던 반면에 역할의 범위를 확대하여 평생교육 담당자의 직무 수행은 전통적인 교수자의 역할뿐만 아니라 프로그램 개발자, 관리자, 변화 촉진자, 협력자의 역할을 수행하는 것이다. 그는 프로그램 개발자의 역할을 프로그램 기획, 요구분석, 설계, 운영 및 평가로 세분화하였으며, 교수자의 역할을 가르치는 전문가, 공식적인 권위자, 사회화의 매개자, 학습 촉진자, 이성적 자아 제공자, 인간주의적 접근으로 세분화하였다.

평생교육사의 전문성을 논의하는 과정에서 평생교육사 자격의 성격에 대한 기본적인 공감이 필요하다(김진화, 2003).

첫째, 평생교육사의 자격은 자격의 유형에 따라 조망할 수 있다. 평생교육사 자격은 기능별로 보면, 업무 독점형이라기보다는 일정한 기능과 지식을 소유하고 있음을 나타내는 능력 인정형의 성격이 강하다. 내용별로 보면 일반자격보다는 특정 직종의 직무를 수행하는 데 필요한 지식과 기술의 습득 정도를 나타내는 전문자격의 성격이 강하다. 자격의 시행주체 측면에서 보면, 민간자격과는 분명히 차별화되어야 할 국가자격이다. 평생교육사의 자격의 성격에 맞게 평생교육사의 직업적 전문성을 향상시키는 전략이 향후 절실히 필요하다.

둘째, 평생교육사의 자격제도의 문제점은 평생교육사의 직업적 전문성 향상 과정에서 극복되어야 할 중요한 과업이 아닐 수 없다. 이제까지 제기된 평생교육사 자격제도의 문제점은 다섯 가지로 지적할 수 있을 것이다(김현수, 1999). ① 자격의 투명성 미흡이란 그간에 평생교육사 자격 취득자가 현장에서 필요한 직무 수행 능력을 소유하고 있음을 정확하고 분명하게 전달해 주는 기능을 충분히 발휘하지 못하고 있다. ② 상당수의 평생교육사 자격은 현장에서 참고 자료 혹은

학력의 보완재로 이용될 뿐 공신력을 충분하게 인정받는 직업능력 증명서가 되지 못하고 있다. ③ 평생교육사 자격제도는 제도와 법규에 의해 인위적으로 제한받으면서 평생교육의 다양한 수요에 신속하게 대응하지 못하는 탄력성의 부족이 심각하였다. ④ 평생교육사 자격 제도는 교과과정 운영의 문제점과 현장 실습기관의 비 전문성으로 인해 적절한 자질과 능력을 갖추도록 하는 내적 역량의 약화로 자격의 경쟁력이 부족한 것이 현실이다. 이상의 문제점들은 평생교육사의 직업적 전문성 확보를 위해 자격제도의 종합적인 차원에서 반드시 개선되어야 할 과제가 아닐 수 없다.

셋째, 평생교육사 자격제도의 발전 전략을 새롭게 모색하여 단계적이고 체계적으로 추진해 나가야 할 것이다. 그 첫 출발은 대외적으로 평생교육사의 역할에 대한 명확성이 하루빨리 확보되어야 하며, 이를 토대로 표준화된 평생교육사의 직무능력을 추출하고 관련된 교육과정을 새롭게 개발해 나가야할 것이다. 또한 평생교육사 자격의 현장 적합성을 확보하는 것도 매우 중요한 과제가 아닐 수 없다. 왜냐하면, 자격의 가장 중요한 기능이 현장에서 요구하는 직무능력을 보유한 인재에 대한 정확한 정보를 제공하는 것이기 때문이다. 만일, 현장적합성을 상실한 자격은 이미 자격으로서 의미가 없고, 오히려 자격의 수용자에게 잘못된 정보를 제공함으로써 혼란만 가중시킨다. 그러므로 평생교육사 자격제도에 대한 전향적인 수정이 절실히 요청된다.

드레이브스(W. Draves)는 성인이 주 고객인 평생교육 상황에서 평생교육사가 갖추어야 할 자질로 ① 이해력(understanding), ② 융통성(flexibility), ③ 인내심(patience), ④ 유머(humor), ⑤ 실용적 태도(practicality), ⑥ 창의성(creativity), ⑦ 준비된 마음가짐(preparation) 등이 필요하다고 주장하였다. 이처럼 모범적인 평생교육사가 갖추어야 할 역량을 정리해 보면 일반적인 특성은 기술적인 능력과 대인관계 기술은 물론이고 학습자에 대한 관심정도가 중요하다. 이러한 속성들은 교육주제 및 내용에 대한 식견, 관련된 이론과 실천원리 보다 더 중요하기 때문이다. 실제 교육현장에서 모범적인 평생교육사는 평생교육사로서의 확신감, 개방적인 교수방법의 적용, 인간미 넘치는 태도, 학습촉진을 위한 격려, 긍정적인 학습 분위기 창출 능력 등을 필요로 한다고 하였다.

참고문헌

강순원(1992). 한국교육의 정치경제학. 서울: 한길사.

고영구(1992). 국민학생의 북한관에 관한 연구. 연세대학교교육대학원 석사학위논문.

고형일(1996). 근대화 정보화 그리고 한국교육. 경기: 교육과학사.

고형일(2005). 한국 평생교육기관 실태 분석 연구. 한국교육개발원.

교육과학기술부(2008). 평생학습도시 조성사업 성과분석 연구. 교육인적자원부.

교육인적자원부 · 한국교육개발원(1999). 평생교육백서.

교육인적자원부 · 한국교육개발원(2004). 평생교육백서.

교육인적자원부 · 한국교육개발원(2008). 평생교육백서.

구지은(2006). 국제결혼 이주여성을 위한 한국어 교재 개발 방안. 부산경남지역 중심으로. 부산외국어대학교교육대학원 석사학위논문.

권대봉(1996). 평생학습 사회교육. 서울: 학지사.

권석만(2004). 젊은이를 위한 인간관계의 심리학. 서울: 학지사.

권이종(2000). 교육사회학 탐구. 서울: 교육과학사.

권이종 외(1998). 신교육사회학 탐구. 서울: 교육과학사.

김경동(1995). 현대의 사회학. 서울: 박영사.

김기홍(1996). 문화교육의 필요성과 의미에 대한 고찰. 교육사회학 연구, 6(1).

김남선(2000). 지역사회조직론. 서울: 홍익출판사.

김남선(2001). 지역사회교육개론. 서울: 형설출판사.

김남선(2003). 지역사회교육론. 서울: 형설출판사.

김남선(2004). 평생학습도시 운영 사례집. 한국교육개발원.

김문환(1999). 문화교육론. 서울: 서울대학교 출판부.

김병섬(1993). 교육사회학. 서울: 양서원.

김부태(1995). 한국학력사회론. 서울: 내일을 여는 책.

김세훈(1999). 평생교육법 제정과 문화교육의 방향. 문화정책논총, 11. 한국문화정책개발원.

김신일(1993). 교육사회학. 서울: 교육과학사.

김신일(2000). 교육사회학(3판). 서울: 교육과학사.

김영우(1995). 교육사회. 서울: 장학사.

김재우(2007). 다문화 사회로의 전환. 다문화 교육의 구체적인 적응을 위한 현장사례발표 및 발전방향 제안 토론회. 아시아공동체학교 세미나 자료집.

김종서 · 황종건(1987). 교육사회학. 경기: 교육과학사.

김종서 외(1990). 지역사회학교의 이론과 실제. 서울: 교육과학사.

김준기(1996). 교육사회학. 서울: 재동문화사.

김현덕(2007). 다문화 사회에 대한 인식: 국제이해교육과 다문화 교육. 아태교육원 제2차 국제이해교육포럼.

김현택 외(2003). 심리학: 인간의 이해. 서울: 학지사.

남정걸(2001). 교육조직행위론. 서울: 교육과학사.

대한신경정신의학회(2005). 신경정신의학. 서울: 중앙문화사.

문선모(2007). 인간성장을 위한 교육의 과제. 계명교육포럼.

박권생 외 6인 역(2006). 심리학과 삶. 서울: 시그마프레스.

박아청(2006). 성격발달심리의 이해. 경기: 교육과학사.

박용헌(1977). 학교사회. 서울: 배영사.

배종건 · 이미나(1988). 한국교육의 실체. 서울: 교육과학사.

배종건 · 이미나(1989). 교육에 관한 국민여론의 집단역동성에대한연구. 학술진흥재단 보고서.

석태종(2002). 교육사회학. 서울: 교육과학사.

설기문(2004). 인간관계와 정신건강. 서울: 학지사.

송명자(1995). 발달심리학. 서울: 학지사.

송병순(2000). 평생교육이론과 실제. 서울: 원미사.

송병순 · 안병환 역(1996). 교육사회학. 서울: 문음사.

성병창(1995). 학교교직구조론. 서울: 양서원.

신득렬(2007). 행복의 철학. 서울: 학지사.

안경식 외(2008). 다문화 교육의 현황과 과제. 서울: 학지사.

양영자(2007). 한국 다문화 교육의 개념 정립과 교육과정 개발 방향 탐색. 이화여자대학교 박사학위논문.

양은아(2003). 지역사회 평생교육의 현황 및 발전방안. 서강대학교교육대학원 석사학위논문.

여성가족부(2006). 여성결혼이민자 가족의 사회통합 지원 대책.

오욱환(2000). 한국사회의 교육. 서울: 교육과학사.

오혁진(2007). 지역공동체와 평생교육. 서울 :집문당.

우조현(1999). 대학부설 평생교육에 대한 지역사회의 요구 및 프로그램 특성 분석. 창원대학교교육대학원 석사학위논문.

유재열(2003). 대학부설 평생교육기관 성인학습자의 프로그램 만족도에 관한 연구. 동아대학교교육대학원 석사학위논문.

윤정일(1996). 한국교육 정책의 탐구. 서울: 교육과학사.

유태용(1999). 문화한 무엇인가. 서울: 학연 문화사.

이광규(1980). 문화인류학 개론. 서울: 일조각.

이규환(1977). 지역사회의 이해와 개발. 서울: 이화여대출판부.

이규환(1978). 교육사회학. 서울: 배영사.

이미나(1987). 학교교육에 대한 문화기술연구의 비판적 검토. 교육이론, 2(1).

이상주(1997). 미래를 위한 한국교육. 서울: 교육과학사.

이서행(1994). 통일교육 내용의 재정립 방향. 통일원 '94 통일교육활성화를 위한 세미나' 주제발표 논문.

이순형 외(1999). 한국 도시가계의 사교육비 지출. 서울: 건국대출판부.

이영덕(1990). 사회교육의 이해. 서울: 교육과학사.

이영호(2001). 리프킨 노동의 종말. 서울: 민음사.

이영자 · 진규철(1992). 교육사회학. 서울: 배영출판사.

이옥화 · 천세영(1996). 정보사회의 도래와 교육체제 재설계. 교육과학연구.

이용교(1993). 청소년 문제론. 서울: 상조사.

이원종(1994). 국민학생의 대북한 인식실태와 통일교육의 방향모색. 석사학위논문. 국민대학교 교육대학원.

이위환(2000). 현대사회와 교육. 상주대학교 출판부.

이위환(2018). 현대사회와 인간관계. 서울: 창지사.

이위환 · 김용주(2008). 교육심리학. 서울: 청목출판사.

이위환 · 송유진(2008). 생활 속의 심리: 생활 속 명품심리를 찾아서. 서울: 청목출판사.

이위환 · 진규철(1997). 도시사회와 교육. 대구: 중문출판사.

이종각(2001). 학교위기의 실상과 대안 탐색. 교육연구. 21(10). 20-25.

이종각(1997). 교육사회학 총론. 서울: 동문사.

이종태(1990). 한국 교육과정의 변천과 외세. 분단시대의 학교교육 2. 서울: 푸른나무.

이지혜(1993). 학습하는 사회. 서울: 배영사.

이철국(1994). 분단과 민족교육이 나아갈 길. 서울: 교육현실과 교사.

이현청(1994). 교육사회학. 서울: 양서원.

이희수 외(1974). 사회교육의 제 문제. 한국교육학회.

이희수 외(2000). 평생교육 기관 간 연계체계 유지 및 활성화방안 연구. 한국교육개발원.

이희수(2003). 평생교육의 진화와 지역사회교육의 갈림길. 한국교육문제연구, 8. 한국교육문제연구소.

임규혁(2005). 학교학습 효과를 위한 교육심리학. 서울: 학지사.

장원동 외(2005). 현대사회와 교육. 서울: 상조사.

장진호(1983). 평생교육과 사회 교육. 서울: 대은출판사.

장현갑 외 5인 역(2004). 힐가드와 애트킨슨의 심리학 원론. 서울: 학지사.

장현갑 외 7인(2006). 심리학. 서울: 시그마프레스.

전석호(1994). 정보사회론. 서울: 나남.

정범모(1972). 교육과 교육학. 서울: 배영사.

정범모(1996). 교육 풍토. 행동과학 9호. 서울: 행동과학연구소.

정세구(1993). 통일교육의 실태와 문제점. 사회과교육, 26. 한국사회과교육연구원.

정영수(1995). 한국교육 정책의 이념(Ⅱ). 한국교육개발원.

정영애(1997). 정보사회의 교육 패러다임의 변화와 딜레마. 교육사회학 연구, 7(3). 177-198.

정옥분(2004). 아동발달의 이해. 서울: 학지사.

정용석(1992). 분단국 통일과 남북통일. 서울: 다나.

정용석(1994). 통일교육의 효과적 실시방법 모색. 통일원 '94 통일교육활성화를 위한 세미나' 주제발표 논문.

정우현(1994). 교육사회학 연구. 서울: 교육과학사.

정원식(1969). 인간과 교육. 신교육학전서 제3권. 서울: 배영사.

조용환(2001). 한국문화교육의 정책과 실상. 서울: 문음사.

조정아 · 임순희 · 정진경(2006). 새터민의 문화갈등과 문화적 통합 방안. 한국여성개발원 통일연구원.

조정아 · 정진경(2006). 새터민의 취업과 직장생활 갈등에 관한 연구. 통일전책연구, 15(2). 29-52.

진규철(1989). 대학의 사회봉사적인 측면에서의 사회 교육참여. 김천대학보 6면.

진규철(1989). 학교교육의 팽창과 사회적 평등. 삼락 제6권. 김천전문대학.

진규철(1990). 사회통제방식에 따른 아동의 언어 모형 및 인성특성에 관한 연구. 교육학 논문 제9집. 대구 · 경북 교육학회.

진규철(1992). 교육사회학의 학문적 동향. 아동교육, 2(1). 대구 · 경북 아동교육학회.

진규철(1993). 사회 교육효과에 관한 연구. 사회 교육연구 제18권. 한국사회 교육협회.

진규철(1998). 청소년 평생교육의 실태와 복지사회 구현을 위한 미래지향적 발전과제. 아동교육 제9집. 대구 · 경북아동학회.

진규철(2000). 평생교육 평가모형개발연구. 아동교육, 9(1). 한국아동교육학회.

진규철 · 박현숙(1996). 사회문제해결을 위한 지식의 역할. 논문집 제9집. 신일전문대학.

진규철 · 엄익명 · 이위환(1995). 사교육에 대한 학부모 인식. 지역사회 개발 심포지엄. 상주산업대 인문사회과학부.

진태원(1996). 폭력과 비행. 종합보고서. 서울: YWCA 청소년유해환경 감시단.

차경수(2005). 교육사회학의 이해. 서울: 양서원.

차경수 외(1991). 현대사회의 제 문제. 서울: 한국방송통신대학출판부.

최성호(2002). 평생학습 차원의 여성 여가교육 참여 실태와 요구분석. 아주대학교 교육대학원 석사학위논문.

최운실(1983). 평생교육체제의 정착. 신세호편. 학국교육의 나아갈 길. 한국교육개발원.

최운실(1987). 평생교육적 관점에서 본 학교교육체제 발전전략. 한국교육개발원.

최운실(1990). 한국의 평생교육. 서울: 교학사.

최운실(1994). 한국 평생교육의 성장 가능성 탐색을 위한 정책적 시론. 한국교육 2. 이규환 교수 정년퇴임기념 논문집.

최운실(1995). 학습하는 사회와 사회의 학습화: 학습공동체 구축을 중심으로. 광복 50주년 기념 사업회. 학술진흥재단. 광복 50주년 기념 학술 논문집: 교육부문.

최운실 · 백은순 · 최돈민(1993). 한국사회 교육의 과거, 현재, 미래. 한국교육개발원.

최정웅(1983). 교육사회학. 서울: 양서원.

최정웅(1992). 교육사회학(학교와 지역사회). 서울: 양서원.

추병완(1992). 학교통일교육의 개선방향. 새교육. 한국교육신문사.

크리스찬 아카데미 편(1997). 정보화 시대 교육의 선택. 서울: 대화출판사.

통계청 e-나라지표(2022). 출입국 외국인정책 통계연보.

한덕웅 외(2005). 인간의 마음과 행동. 서울: 박영사.

한상철(1998). 청소년학개론. 서울: 중앙적성 출판사.

한상철(2000). 청소년 심리의 이해. 서울: 학문사.

한인명 외(1999). 학교와 사회복지. 서울: 학문사.

한준상(1994). 한국 교육 개혁론. 서울: 학지사.

홍대식(2001). 현대심리학개론. 서울: 청암미디어.

홍웅선(1983). 평생교육과 학교교육. 유네스코 한국위원회(편). 평생교육의 기초와 체제. 서울: 법문사.

황원영(1984). 교육사회학. 서울: 교육과학사.

황종건(1983). 평생교육의 원리. 유네스코 한국위원회(편). 평생교육의 기초와 체제. 서울: 법문사.

Apple, M. W. (1982). *cultural and economic reproducation in education: Essays on class, ideology and state*. London: Routledge & Kegan Paul.

Backman C.W. & Secord. P. E. (I968). *A social psychological view of education*. New York: Harcourt. Btace & World, Inc.

Ballantine, J. H. (2001). *The sociology of education: A systeamatic analysis*(fifth ed). Prentice Hall.

Bandura, A. (1969). *Social Learning Theory*. New Jersey: Prentice-Hall. Inc.

Banks, J. A. (2010). Multicultural education: Characteristics and goals. In J. A. Banks & C. A Banks(Eds.). *Multicultural education: Issuse and perspectives*, 7th edition (pp. 3-32). Hobeken, NJ: John Wiley & Sons.

Bernstein, B. (1977). Class, codes and control. Vol. 3. *Toward a theory of educational transminssions*(2nd ed). Routledge and Kegan Paul.

Blackledge, D. & Hunt, B. (1985). *Sociological interpretations of education*. London: Croom Helm.

Bloom. B S. (1976). *Human charicteristics and school learning*. N.W.: McGrawHill Book Company.

Bourdieu, P. (1977). *Reproducation in education society and culture*. London: Sage Publication.

Bowles, S. & Gintis, H. (1977). *Schooling in Capitalist America*. New York: Basic Book.

Brookover. W. B. Flood. C. P. Beady. Schweitzer J. and Wisenvaker. J. (1979). *School social systems and student achivenment: school and make a difference*. New York: Praeger Pullishers.

Bullivant, B. M. (1981). *The pluralist dilemma in education*. sydney: George Allen & Unwin.

Cook L. A. and Cook, E F. (1960). *A Sociological Approach to Echicvtioru*(3rd ed.)New York: McGraw-Hill.

Copley A. J. & Dave. R.H. (1978). *Lifelong education and the training. Hamlurg*. Unesco Institute of Education.

Cross, K. P, J. R. Valley & Associates(1986). *Planning notnrudirionalprograms*. San I;ranciso: Jossey-Bass Puhlisheis.

Dave. R. H.(1973). *Lifelong education and school curriculum*. UTE Monographs I. Humburg: Unesco Institute for Education.

Davis. P., (1995). *Adults in higher education: international perspectives in access and participation*. JKR: United Kingdom.

Eysenchk. H. J.(1971). *The I.Q. argument*. N.Y: Library Press.

Gelpi, E.(1990). *A Future for Lifelong Education*. Manchester University Press.

Horton, P. B & Hurt, C.L.(1976). *Sociology*(4th ed.). N.Y.: McGraw-Hill. Inc.

Kneller, G. F. (1977). *Foundations of Education*. New York: John Wiley & Sons.

Lengrand, P.(1970). *Introduction to Lifelong Education*(7th ed.) Paris: UNESCO.

Levin, D. U. & Havighurst, R. J.(1992). Society, R. J.(1992). *Society and Education*(7th ed.). Boston: Allyn and Bacon.

Lieberman, A. & Miller, L.(1990). "Teacher development in professional practice school". Teacher College Record. 92(2).

Maclver,K. M. &Pagy, H.C.(1959). Society. N. Y.: MaCmillan Co.

Newman, F. M.(1985). The radical perspective on social studies: A synthesis and critique. *Theory and Research in Social Education. X, Ⅲ*(1).

Ogburn, W. F.(1922). *Social Change*. New York: Viking Press.

Olweus(1994). Annotation: bulling of school based intervention program. *Journal of Child Psychology and Psychiatry. 35*.

Parsons, T.(1969). *The System of Modern Societies*. Prentic-Hall.

Lich. I.(1971). *Deschooling society*. N.Y: Harper & Raw.

Knapper. C. K.. & A. J. Cropley(1985). *Lifelong learning and higher education*. London. Sydney: Croom Helm.

Leirman, W. and Kulich.(Eds.).(1987). *Adult education and the challenges of the 1990s*. London: Croom Helm.

lenerand. Paul(1970). *Introduction to lifelong education*. Paris: Unesco, 1970.

Martin. J. P..(1970). *Technological forecasting for decision making*. New York: American Elsevier Publishing Company.

Mead. M..(1935). *Sex tanperament in three primitive societies*. New York. Morrow.

Merriam S. B.. & Cunningham P. M. Editors. (1989). *Handbook of Adult and Continuing Education*. San Francisco: Jossey-Bass Publishers.

Miles. D. P.(1975). Affectives goals in open education. Studies in Open Education. Agathon Press. Inc.

National University Continuing Education Association.(1992). *Lifelong learning trends: A profile of continuing higher education*. ED 353376.

Nyquist, E. B.(1972). *Open education*. Bantam Books.

Olsen, E. et al (1954). *School and community*. New York: Prentice-Hall.

Penland, P. R.(1981). *Towards self-directed theory*. Washington D C: National Institute of Education.

Peters, J. M., Jarvis, P., & Associartes.(1981). *Adult education: Evolution and achievements in a developing field of study*, San Francisco: Jossey-Bass Publishers.

Rober D.. & Torney. J. V.(1967). *The development of political attitudes in children*. Chicago: Hldine.

Santrock, J. W.(1993). *Adolescence*(6th ed). Brown & Benchmak.

Senge. P.(1992). *The fifth discipline*. New York: Double Day.

Sprintal, N. A & Collins, W. A.(1995). *Adolescent Psychology: A development View*(3rd ed). New York: Mcgraw-Hill. Inc.

Theodore Newcomb(1943). *Personality and social change*. New York: Dryden.

Thibadeau. G.(1995). *Open education*. Teaching and Teacher Education. Pergamon.

Tonnies F.(1955). *Community and association*. London: Routlege and Kegan Paul.

저 자 소 개

이위환(1900393@knu.ac.kr)

영남대학교 교육학과에서 학사와 석사, 계명대학교 교육학과에서 박사학위를 취득하였다. 경북대학교 인문사회대학 학장, (미) Ball State University 객원교수를 역임하였으며, 현재 경북대학교 명예교수이다.
학회활동은 한국교육사회학회, 한국아동교육학회, 한국교육심리학회, 한국통합치료학회 이사를 역임하였으며, 현재는 한국아동심리학회 회장을 맡고 있다. 세부 전공은 교육심리학과 교육사회학이며, 그중 아동의 사회성발달, 심리측정 및 평가에 주로 관심이 있다.
주요 저서로는 생활 속의 심리(청목출판사), 교육심리학(청목출판사), 현대사회와 인간관계론(공동체) 등 다수가 있다.

제2판

교육사회학

초 판 1쇄 발행 2021년 1월 11일
제2판 1쇄 발행 2025년 2월 25일

지 은 이 | 이위환
펴 낸 이 | 김기섭
편 집 인 | 오선율
펴 낸 곳 | 창지사 www.changjisa.com
08589 서울시 금천구 가산디지털 1로 83 파트너스타워 1차 9층
전화(02) 719-2211~3
팩스(02) 701-9386
등 록 | 1977년 4월 28일 · 제1-421호

ISBN 978-89-426-1926-9 (93370)

값 19,000원